AF572905

Martina Parker

Eintunkt

Martina Parker

Eintunkt

Garten-
krimi

GMEINER

*Personen und Handlung sind frei erfunden.
Ähnlichkeiten mit lebenden oder toten Personen sind rein zufällig und nicht beabsichtigt. Ausnahmen sind Personen des öffentlichen Lebens, mit denen eine Namensnennung abgesprochen wurde.*

Besuchen Sie uns im Internet:
www.gmeiner-verlag.de

Im Ehnried 5, 88605 Meßkirch
Telefon 07575/2095-0
info@gmeiner-verlag.de

2. Auflage 2024

Lektorat: Claudia Senghaas, Kirchardt
Herstellung: Mirjam Hecht
Umschlaggestaltung: U.O.R.G. Lutz Eberle, Stuttgart
Illustration und Coverdesign: Magdalena Zotti
Druck: GGP Media GmbH, Pößneck
Printed in Germany
ISBN 978-3-8392-0694-2

Años, amores y copas de vino, no se deben contar nunca.
Spanisches Sprichwort
(Jahre, Lieben und Gläser von Wein
sollten niemals gezählt werden.)

*

Auch dieses ist für dich

INDEX

PERSONENVERZEICHNIS

Das ist das 5. Abenteuer des *Klubs der Grünen Daumen*. Aber keine Angst. Sie werden sich auch bestens auskennen, wenn Sie die vorherigen Bände nicht gelesen haben. Da der Gartenklub mittlerweile gewachsen ist, gibt es hier eine Übersicht der wichtigsten handelnden Personen.

Johanna Blum: Chefin und Gründerin des *Klubs der Grünen Daumen*. Liebt alles, was wächst.

Mathilde Werderits: Köchin mit einem Faible für Mode im 50er-Style. War Hauptperson im 2. Abenteuer *Hamdraht*.

Isabella Hohenfelsen, geborene Kirnbauer: Kräuter- und Waldpädagogin und Jungmama. War Hauptperson im 3. Abenteuer *Aufblattelt*.

Vera Horvath: Lokaljournalistin beim »Burgenländischen Boten« mit einem Hang zur Verbrecherjagd. Mischt bei jedem Abenteuer mit.

Hilda Horvath: Veras Mutter. Ist immer Hauptperson, hat aber vor allem im 4. Band *Ausgstochen* ihren großen Auftritt.

Letta Horvath: Veras Tochter, will aus Oma Hilda einen Social-Media-Star machen.

Tom Dunkel: Wirt, Gin-Produzent und Veras große Liebe, die sich (noch) nicht erfüllt hat.

Max Mustermann: Veras Kollege, Fotograf beim »Burgenländischen Boten«, hilft auch in Bettys Bestattung aus.

Betty Pomper: Bestatterin und Leichenschminkerin, war mal kurz mit Tom zusammen.

Hacki Liszt: Bettys aktueller Freund, ein Weinbauer.

Bernd Biela: Weininvestor und Veras missglückter One-Night-Stand.

Alex Woods: Bettys Schwester, die als Rocksängerin beim *picture on festival* auftritt.

Marlies Murlasits und **Franz Grandits:** Kriminalbeamte in Oberwart.

Eva Achleitner und »Inkaerde«-Produzent **Finz Kreishofer:** die Stars des ersten Abenteuers *Zuagroast*. Ihr habt die beiden zurückgewollt. Hier sind sie.

PROLOG

Es fühlt sich an, als würde ich innerlich ausbluten. Es tut so weh. So, als wäre mein Innerstes mit feinen, messerscharfen Glassplittern gespickt, die ständig in Bewegung sind. Mir hat noch nie etwas so wehgetan wie dieses *Nein*. »*Nein*, ich will nicht. *Nein*, ich will dein Kind nicht. *Nein*, ich sehe keine Zukunft für uns. Du versaust mir meine Zukunft, mein Leben.«

»Ich will dich doch glücklich machen«, habe ich gewimmert.

»Indem du mich ins Unglück stürzt?«

»Ich liebe dich!«, habe ich geschrien. »Aber ich kann das nicht.« Und der eigentliche Abschied war dann ein fucking Post-it. »Das ist nicht das, was ich suche. Ich wünsche dir trotzdem viel Erfolg und alles Liebe.«

Und dann hatte ich diese einmalige Chance zu entscheiden. Wie ein römischer Kaiser. Daumen hoch oder Daumen runter. Kann es mir irgendwer verdenken, dass ich mich für Daumen runter entschieden habe?

KAPITEL 1 _ BETTY HAT ES NICHT LEICHT

Reptilien in Terrarien durchlaufen in den ersten Lebensmonaten eine Futterprägung. Es ist deshalb wichtig, sie von Anfang an artgerecht und vielseitig zu ernähren, um eine Prägung auf ungesunde Nahrung zu verhindern. Starkes Übergewicht bei Echsen erkennt man an deutlich sichtbaren Fetteinlagerungen und straff gespannter Haut. Schildkröten quellen oft regelrecht aus ihren Panzern heraus.

»Darf ich Ihnen einen Kaffee anbieten?« Betty rückte höflich die Sessel nach hinten, sodass ihre Besucher Platz nehmen konnten. Es war schwül in dem kleinen, getäfelten Empfangsraum. Schwerer Lilienduft lag in der Luft. Sie schwitzte in ihrem langärmligen Kleid und den schwarzen Strümpfen. Aber sie wusste, die Etikette war wichtig. Es gibt keine zweite Chance auf den ersten Eindruck. Und die Konkurrenz schlief nicht.

Sie überlegte kurz , ob sie die Klimaanlage einschalten sollte, entschied sich dann aber dagegen. Das Kühlhaus im Keller fraß schon genug Strom.

»Nein, danke. Kein Kaffee, aber ein Glas Wasser wäre

sehr freundlich.« Die Frau räusperte sich leise, als sie den Wunsch aussprach. Ganz so, als ob sie erst einen Frosch im Hals hinunterwürgen musste. Es war nicht leicht für sie hierherzukommen. Sie blickte ihren Mann an, der geradeaus starrte und kaum merkbar nickte. »Für ihn auch ein Wasser, bitte«, fügte sie hinzu.

Betty griff zu der bereitstehenden Karaffe und füllte drei Gläser möglichst geräuscharm mit Wasser.

Sie wählte ihre Worte sorgsam: »Es ist immer sehr schlimm, wenn ein junger Mensch stirbt.« Sie machte eine Pause. »Darf ich fragen, was die Denise …«

Das Ehepaar zuckte bei der Nennung des Namens unmerklich zusammen.

Betty sah die beiden mitfühlend an und vollendete dann den Satz: »… was die Denise gehabt hat?«

Die Frau blickte Betty mit schmerzerfüllten Augen an. »Ihr Herz. Es hat aufgehört zu schlagen.« Die Frau war klein und knochig. Ihr kurzes, dünnes Haar erinnerte an den Flaum eines jungen Vögelchens. Tränen purzelten über ihre Wangen, die mit einem Spinnennetz aus geplatzten Äderchen überzogen waren.

»Mit 26 Jahren. Ein Herzinfarkt. Das ist doch nicht zu glauben. Das kann doch nicht sein. Wie gibt es so was? Sie war doch noch so jung.« Betty schob die Box mit den Taschentüchern in Richtung ihrer Besucherin. Es war immer gut, wenn man die Leute reden ließ. Erst sollte alles heraussprudeln. Dann war es für sie später leichter, sich auf die Fakten zu konzentrieren.

»Mein aufrichtiges Beileid, Frau …«, Betty räusperte sich und schaute verstohlen auf ihre Notizen, wo der

Name notiert war, »Frau Csmarits. Darf ich fragen: Wo liegt denn die Denise jetzt?«

»Im Oberwarter Spital.« Herr Csmarits meldete sich mit sonorer Stimme zu Wort. Er straffte seinen Rücken. »Man hat sie mit der Rettung dorthin gebracht. Wir waren bei einer Geburtstagsfeier in Jabing. Und auf einmal ging es der Denise nicht gut. Sie wollte auf die Toilette, und dann ist sie einfach umgekippt. Wir dachten erst, es wäre der Kreislauf. Es ist ja so heiß diesen Sommer.« Sein Blick wanderte zum Fenster, hinter dem die Sonne erbarmungslos vom südburgenländischen Himmel brannte. »Sie ist noch im Rettungswagen gestorben.« Frau Csmarits formte das mit Tränen durchtränkte Kleenex in der Faust zu einem Ball. »Wir konnten uns nicht einmal von ihr verabschieden.«

Betty schielte auf ihre Checkliste. Es war eine lange Liste, die sie abarbeiten musste.

Und Frau Csmarits hatte ihr unbewusst ein passendes Stichwort gegeben.

»Wir haben in unseren Räumlichkeiten auch einen Verabschiedungsraum«, erklärte Betty. »Wenn Sie möchten, können wir hier eine private Verabschiedung für Denise ausrichten. Viele unserer Kunden finden einen neutralen Ort angenehmer als …«

»… als eine Leichenhalle«, beendete Herr Csmarits bitter den Satz. »Ja, das ist eine gute Idee.« Er war groß und kräftig, hatte wulstige Tränensäcke und eine Bürstenfrisur. Die Schultern seines schwarzen Kurzarmhemdes aus bügelfreier Kunstfaser waren mit feinen weißen Schuppen bedeckt.

Betty überlegte, wie alt das Ehepaar wohl war. Denise war 26 gewesen. Wenn die beiden, wie so viele hier am Land, mit Anfang 20 Eltern geworden waren, mussten sie um die 50 sein. Dieselbe Generation wie Bettys neuer Freund, der Leo. Im Vergleich mit dem Leo kamen ihr die beiden aber uralt vor.

Betty machte neben dem Wort »Verabschiedung« auf ihrer Liste ein Hakerl.

»An welche Art von Bestattung haben Sie denn gedacht?«

»Wie meinen Sie, welche Art?« Das Vögelchen blickte verwirrt auf.

»Nun, es gibt eine Sargbestattung, eine Urnenbestattung. Es gibt religiöse und nicht religiöse Zeremonien, ja sogar Baumfriedhöfe.«

»Normal. Wir wollen es normal«, brauste Herr Csmarits auf. »Katholisch. Mit einem Pfarrer. Die Leute reden eh schon genug. Da brauchen wir nicht noch irgend so ein ausgefallenes Brimborium.« Eine ungesunde Röte überzog sein Gesicht.

Seine Frau legte ihm beruhigend die Hand auf den Arm.

»Ein traditionelles kirchliches Begräbnis mit Sargbestattung also. Das leiten wir gerne in die Wege«, sagte Betty professionell. »Ich gebe Ihnen hier eine Liste zum Ausfüllen, in der Sie Ihre Wünsche deponieren können.«

»Mein einziger Wunsch ist, dass meine Tochter wieder lebt«, sagte Herr Csmarits bitter.

»Jetzt lass gut sein, Egon, die Dame will uns doch nur helfen«, beschwichtigte ihn seine Gattin.

Betty wechselte das Thema. »Ich schlage vor, wir sprechen als Nächstes über die Parte. Dann kann mein Mitarbeiter diese gestalten, während wir hinübergehen und die weiteren Dinge aussuchen.«

Drüben, dort war das Sarglager, in dem eine Entscheidung über Sarg, Pölster und Stoffbezug zu treffen war. Aber Betty wusste, dass es manchmal besser war, Dinge nicht beim Namen zu nennen.

Sie trank noch einen Schluck Wasser. Es schmeckte warm und schal. Der Lilienduft war unerträglich. Sie ärgerte sich, dass sie vergessen hatte, die Staubgefäße der Blumen abzuschneiden. Kurz überlegte sie, das Fenster zu öffnen, aber da würde nur heiße Luft hereinströmen. »Sie entschuldigen mich bitte kurz.« Betty stand auf und trug die Vase mit den Lilien aus dem Raum. Orangefarbener Blütenstaub fiel dabei auf den Ärmel ihres Kleides.

»Max?« Sie rief den Namen ihres Kollegen Richtung Büro. Die Tür war nur angelehnt. »Kannst du uns bitte die Mappe mit den Vorlagen für die Traueranzeigen bringen?«

Ein schlaksiger Mann mit tief liegenden Augen und einer ausgeprägten Nase erschien. Er war auf eine anziehende und gleichzeitig abstoßende Art attraktiv. Alles andere als durchschnittlich, auch wenn sein Name dies vermuten ließe. Max hieß mit Nachnamen Mustermann. »Meine Eltern haben in der Brotdose neben dem Scherzerl geschlafen, bevor sie mich getauft haben«, pflegte er zu sagen. Max Mustermann. *Der* Platzhaltername auf Drucksorten. Und jetzt gestaltete er Drucksorten in einer Bestattung. Was für eine Ironie.

Max war freier Fotograf beim »Burgenländischen Boten«, der lokalen Bezirkszeitung, und half stundenweise im Büro von Bettys Bestattung mit. Dank seiner fotografischen Künste hatte sich das Repertoire in der Mappe mit den Vorlagen für Traueranzeigen deutlich erweitert. Waren dort früher vor allem Himmelsleitern, Engel und Dürers betende Hände zu finden gewesen, standen nun auch von Max angefertigte burgenländische Landschaftsaufnahmen zur Auswahl.

»Wir wissen schon, welches Bild wir auf der Parte wollen«, sagte Frau Csmarits und kramte in ihrer großen schwarzen Kunstlederhandtasche mit Krokoprägung. »Hier«, sie reichte Betty ein Foto. Es zeigte einen kleinen, beigefarbenen Hund mit hervorquellenden Augen und einer rosa Zunge, die schief aus seinem Maul hing. Sein üppiges, weiches Fell und seine Winzigkeit ließen ihn extrem niedlich wirken.

»Ach, wie entzückend«, log Betty höflich. Sie war gegen den Charme von Schoßhunden immun. »Ein Spitz?«

»Ein Zwergspitz, ein Pomeranian. The King of Toys«, sagte Frau Csmarits. Ein wehmütiges Lächeln machte sich in ihrem Gesicht breit. »Der Butzi war der Denise ihr Ein und Alles.«

»Wir könnten die Traueranzeige mit einem Bild von Butzi blass hinterlegen«, schlug Max vor. Denises Eltern nickten glücklich.

»Der Butzi soll auch namentlich bei den trauernden Hinterbliebenen stehen«, bestimmte Frau Csmarits: »Die Denise war so tierlieb. Wir haben deshalb gedacht … dieser Spruch von Franz von Assisi, der würde gut auf die Anzeige passen. Der war ja der Schutzheilige der Tiere. *Wer stirbt, erwacht zur Ewigkeit …*« Sie zögerte und sah ihren Mann an. »Wie ging der Spruch noch mal?«

»*Wer stirbt, erwacht zum ewigen Leben*«, zitierte dieser und wackelte dabei bedeutsam mit dem Kopf. Ein paar weiße Flöckchen rieselten dabei auf sein Kurzarmhemd.

»Ja«, wiederholte das Vögelchen beseelt: »*Wer stirbt, erwacht zum ewigen Leben.*«

Betty notierte den Spruch.

»Gibt es außer Ihnen beiden noch Angehörige, die wir namentlich erwähnen sollen? Geschwister?«

»Ja, den Lukas und den Marco, das sind ihre Brüder«, erklärte das Vögelchen und fuhr sich durch den Haarflaum. »Lukas mit K, Marco mit C.«

Max notierte die Namen.

»Gab es auch einen Partner, vielleicht einen Verlobten?«, fragte er weiter.

»Ja«, sagte Frau Csmarits zögernd.

»Nein«, sagte Herr Csmarits entschieden.

Betty blickte die beiden verwirrt an.

»Sie hatte einen Freund, aber das war nix G'scheites«, sagte Herr Csmarits verbittert. »Und der Neue, das ging erst ein paar Wochen, der hat auf der Parte nichts verloren, der … der war … der hat …«

»Ist schon gut«, beschwichtigte ihn seine Frau. »Das interessiert die Frau Bestatterin nicht.«

Betty sah Max an. Es kam öfters vor, dass sich die Hinterbliebenen in Details nicht einig waren oder sogar zu streiten begannen. Sie beschloss, diplomatisch das Thema zu wechseln.

»Während Max für Sie einen Erstentwurf der Traueranzeige auf dem Computer macht, könnten wir alle weiteren Dinge aussuchen. Wenn Sie mir folgen möchten.« Sie zeigte auf eine Tür.

Der Raum, der sich dahinter verbarg, war fensterlos und deutlich kühler als der Empfangsraum der Bestattung »Gut gebettet mit Betty«.

An der linken Wand lehnten zwei Särge aus unlackiertem Weichholz. Rötliche Lärche und beigegelbe Fichte. Die günstigsten und deshalb am häufigsten gekauften Modelle. Die teureren Exemplare waren auf Gestellen übereinander zu besichtigen. Edles Tropenholz, stattliche Eiche, weißer Schleiflack. An der gegenüberliegenden Wand befand sich das Regal mit den Urnen, aber eine Urne kam für die Csmarits ja nicht infrage.

Die beiden sahen sich unschlüssig um und wechselten dann einen sorgenvollen Blick.

Betty vermutete, dass sich die beiden Gedanken wegen des Budgets machten. Bis jetzt hatten sie noch gar keine Fragen zu den Preisen gestellt. Sie wusste aus Erfahrung, dass es vor allem die Reichen waren, die um jeden Cent feilschten. Die weniger betuchten Kunden vermieden es, das Thema anzusprechen, oft aus Angst, sich dabei eine Blöße zu geben.

Betty beschloss, es dem Ehepaar leichter zu machen, indem sie ihre Preise offenlegte.

»Unsere Standardsärge beginnen bei 800 Euro, dazu kommen noch Polster und Decke ab 170 Euro. Die Stoffe können Sie hier aussuchen.« Sie wies auf einen offenen Schrank, in dem Stoffmuster auf einem Ständer hingen wie Mustervorhänge in einem Möbelhaus.

Die Csmarits blickten betreten zu Boden.

»Wir bieten auch Ratenzahlung an«, erklärte Betty.

»Das ist es nicht«, sagte Herr Csmarits. »Das Geld ist nicht das Problem.«

Betty sah die beiden verwirrt an. Was war denn dann das Problem? Gefielen den beiden die Särge nicht? Sie war immer der Ansicht gewesen, ihr Repertoire würde alle Geschmäcker abdecken.

»Das Problem ist …« Frau Csmarits wirkte auf einmal verunsichert. Sie musste sich einen richtigen Ruck geben, bevor sie weitersprach.

Betty sah sie erwartungsvoll an.

»Das Problem ist, dass die Denise da nicht reinpasst.«

Betty holte tief Luft. »Ah, ich verstehe, Ihre Tochter war sehr groß. Das sind die Mädchen heutzutage alle. Da kann ich Sie beruhigen. Die Särge wirken hier in dem großen Raum kleiner, als sie sind. Aber das sind Standardmaße. Da passt man bis 1,85 Meter Größe locker hinein, und es gibt auch Überlängen.«

»Gibt es auch Überbreiten?«, platzte Frau Csmarits heraus. »Wissen Sie, recht groß war die Denise nicht, eher ein bisserl stärker.«

»Ein bisserl stärker«, echote Betty.

»Ja«, bekräftigte Herr Csmarits. »So 140, 150 Kilo wird sie schon gehabt haben. Sie hatte auch schwere Knochen, die hat sie von meiner Seite.«

Betty wusste aus Erfahrung, dass Herr Csmarits vermutlich untertrieb.

Beim Gewicht logen viele, sogar für die Toten.

»Wir haben auch Überbreiten«, sagte sie und malte ein kleines T auf ihre Liste. Das stand für Truhensarg in Übergröße mit zusätzlichen Verstärkungen im Boden.

»Wissen Sie was?«, sagte sie dann. »Die Auswahl ist bei den Sondermodellen nicht ganz so groß. Aber das nimmt Ihnen auch die Qual der Wahl. Sie entscheiden sich, ob Sie lieber Lärche oder Fichte haben wollen, und ich sorge dafür, dass die Denise einen Sarg bekommt, der ihr wie angegossen passt.«

KAPITEL 2 _ DAS WIRD EIN GUTES JAHR

Schweine erkennen sich im Spiegel. Sie gehören zu den wenigen Tieren, die den sogenannten »Spiegeltest« bestehen. Für Professor Donald Broom von der Cambridge University ein Beleg dafür, dass Schweine ein Ich-Bewusstsein haben, sich also ihrer selbst bewusst sind.

Betty verabschiedete das Ehepaar Csmarits. Die von Max entworfenen Traueranzeigen konnten die beiden mehrfach ausgedruckt mitnehmen. Der Hund hatte es auf die Parte geschafft, der ominöse Verlobte nicht.

»Brauchst du noch was von mir?«, fragte Max.

Betty nickte. »Du hast mir doch mal einen Anhänger voll alter Ausgaben eurer Zeitung versprochen, gilt das noch?«

Max nickte. »Ja, das wurde alles digitalisiert. Wir heben nur mehr je eine Ausgabe für die Jahresordner auf, der Rest wird entsorgt. Wozu brauchst du denn alte Zeitungen?«

»Füllmaterial«, sagte Betty lapidar.

»Füllmaterial?«

»Ja, Füllmaterial.« Betty wollte sich gedankenverloren

durchs Haar fahren, weil sie aber dieses zu einem französischen Zopf geflochten hatte, blieben ihre Finger darin hängen und verursachten Unordnung in ihrer Frisur.

»Ich bestatte gerne traditionell. So eine Leiche im Sarg kann safteln«, erklärte sie. »Früher hatten Bestattungen häufig eine Tischlerei dabei, da fielen dann Sägespäne als Füllmaterial an. Die haben das gut aufgesaugt. Ich denke, wenn ich eure Zeitung schreddere, könnte das auch funktionieren.«

»Die Vera wird eine Freude haben, wenn du ihre Artikel zu Grabe trägst«, neckte Max sie.

Vera Horvath war die stellvertretende Chefredakteurin beim »Burgenländischen Boten«. Vera und Betty waren parallel in denselben Mann verliebt gewesen. Tom Dunkel, Wirt und Gin-Produzent am Csaterberg, war allerdings bekennender Langzeitsingle und wollte sich seine angebliche Freiheit weder von seiner langjährigen On-off-Freundin Vera noch von Kurzzeitflamme Betty nehmen lassen.

»Zwischen der Vera und mir ist alles klar. Erstens sind wir im selben Gartenklub«, sagte Betty, die Max' Gedanken lesen konnte.

»Und zweitens: Den Dunkel, den schenk ich ihr ung'schauter.«

»Jetzt kannst leicht großzügig tun, wo du dir den Hacki gekrallt hast«, spottete Max.

Betty sah ihn scharf an. »Erstens hab ich ihn mir nicht gekrallt, und zweitens heißt er Leo und nicht Hacki.« Dieser dumme Spitzname nervte sie extrem. Hissi, Broudla, Schneck, Mööch, Wossamau. Es war ihr ein Rätsel, warum so viele gut aussehende Männer im Südburgenland so unattraktive Spitznamen trugen.

»Die Zeitungen kannst du mir nächste Woche auch bringen, aber jetzt sollten wir die Denise abholen. Ich hab gerade das Spital angerufen. Sie ist schon freigegeben. Da kann ich deine Hilfe auf alle Fälle gebrauchen.« Sie überlegte kurz. »Die Eltern haben gemeint, sie wäre ein bisschen stärker. Im Klartext heißt das: Wir brauchen einen Truhensarg. Ich hab noch einen im hinteren Lager. Der ist für den Abdecker aus Stoob bestellt worden, der dann doch verbrannt wurde, weil seine Witwe so einen großen Sarg unschick fand.«

»Klar komm ich mit«, sagte Max.

Er war ein absoluter Glücksgriff für die Bestattung »Gut gebettet mit Betty«. Insofern verzieh sie ihm auch, dass er sie oft auf der Schaufel hatte.

Max half Betty, den leeren Sarg in ihren zum Leichenwagen umgebauten Mercedes Vito zu laden, was mittels hydraulisch höhenverstellbaren Rollwagerls tadellos gelang. Dann nahm er neben ihr auf dem Beifahrersitz Platz. Bettys Bestattung war nur wenige Minuten vom Oberwarter Spital entfernt.

»Sollen wir gleich nach hinten zum Einsargungsraum fahren?«, fragte Max.

Betty sah kurz auf die Uhr. »Das können wir machen. Aber ich würde noch gerne mit der Rosa reden.«

Rosa war Pathologin im Oberwarter Krankenhaus und durch das berufliche Naheverhältnis eine gute Freundin von Betty geworden. Diese Freundschaft bedeutete für Betty, dass sie neben einer Leiche auch ein Dessert bekommen würde. Rosa war nämlich einem Kaffeeplausch nie abgeneigt und buk außerdem hervorragende Mehlspeisen, die sie zur Freude ihrer Kollegen regelmäßig mit in die Arbeit brachte.

Tatsächlich wurden Bettys Erwartungen auch heute nicht enttäuscht. Rosa bat Max und Betty in ihr Büro und wartete sofort mit Kaffee und Kuchen auf.

»Hier, nehmt, es ist genug da«, sagte sie und hievte allen Anwesenden inklusive sich selbst ein Stück Ribiselschaumschnitte auf ihre Teller.

»Ihr kommt also wegen der Csmarits Denise. Traurige Sache, Herzinfarkt mit nur 26. Sie war sehr adipös.« Rosa schob sich ein Stück Mehlspeise in den Mund.

»War es sicher ein Herzinfarkt?«, fragte Betty.

»Ganz sicher. Die Schnittfläche des Herzens war lehmfarben. Ich habe sie selbst obduziert.«

»Obduziert ihr alle Toten?«, fragte Max.

Rosa nahm einen Schluck Filterkaffee und lächelte. Ein entzückendes Grübchen bildete sich dabei auf ihrer linken Wange. »Nein, nicht alle, aber bei so jungen Menschen ist ein Herzinfarkt ja eher selten. Und da will man sich schon mögliche Ursachen anschauen. Die Eltern haben auch darauf gedrängt. Ich glaube, sie wollten ausschließen, dass Drogen im Spiel waren. Wobei, wenn man die Adipositas mit einbezieht …« Rosa betrachtete versonnen ihre Ribiselschaumschnitte. »Zucker ist ja auch eine Droge.«

Sie schob den Teller resolut zur Seite und wischte sich die Hände an ihrem Arztkittel ab. »Wollen wir es angehen?« Sie sah erst auf die Uhr und dann auf eine Kinderzeichnung mit Kopffüßern, die prominent über ihrem Schreibtisch hing. »Ich muss um 16.30 Uhr meine Kleine vom Kindergarten abholen.«

Betty und Max erhoben sich. Der Weg zum Einsargungsraum, in dem Denise bereits auf sie wartete, führte durch den Kühlraum der Pathologie.

»Full House?«, fragte Max und deutete auf die Kühlfächer, deren Griffe so unverfänglich aussahen wie die im Kühlraum eines Nobelhotels.

»Full House und hoher Besuch«, sagte Rosa verschmitzt. »Heute ist sogar ein echter Graf anwesend.«

Betty und Max blickten Rosa neugierig an.

»Ich kann es euch nur sagen, weil es ohnehin schon in der Zeitung steht. Fritzgoli Hohenfelsen ist verstorben. Krebs. Traurig für die Gräfin. Ihr Mann, ihr Sohn, die Stiefkinder – alle tot.« Sie blickte Betty an. »Ist die Witwe ihres Sohns Ferdinand nicht in deinem Gartenklub?«

Betty nickte. »Ja, Isabella. Aber diesen Fritzgoli hat sie nie gemocht. Der war ein ziemliches Arschloch.«

»Hört, hört. Man soll nichts Schlechtes über die Toten sagen«, sagte Max halb scherzhaft, halb im Ernst.

»Na, wenn die Toten Arschlöcher waren, dann schon«, widersprach Betty.

Rosa sagte gar nichts, sie war mit den Gedanken im Feierabend.

»Ich muss gleich los. Die beiden Obduktionsgehilfen können euch beim Einladen zur Hand gehen. Das war die schwerste Frau, die ich je obduziert habe. Bis ich da zu den Organen vorgedrungen bin …«

Max hörte weg. Er fand dieses ganze Pathologengerede im wahrsten Sinne des Wortes aufschneiderisch.

»Ist sie das?«, fragte er. Eine rein rhetorische Frage, denn Denise war die einzige Leiche weit und breit, die vor ihrer Nase von den Obduktionsgehilfen in den Einsargungsraum geschoben wurde.

Betty lüftete das Tuch an der Kopfseite. Das Gesicht der jungen Frau wirkte grotesk, was einerseits an der bläulichroten Gesichtsfarbe lag, andererseits an der Tatsache, dass ein Auge weit geöffnet war. Auch wenn Denise schon seit Tagen tot war. Ihr blutunterlaufener Augapfel mit seiner stechend blauen Iris schien immer noch starr zur Decke zu blicken.

»Die Schwester hat ihr die Augenlider geschlossen, aber das linke wollt einfach nicht zubleiben«, sagte Rosa.

Max wurde leicht übel, was auch am ganz leichten Totengeruch lag, den er aber als Einziger wahrzunehmen schien. Unglaublich, wie abgebrüht die beiden Frauen waren.

»Können wir?«, drängte er. »Ich muss noch in die Redaktion.«

»Klar«, sagte Betty und öffnete die Tür des Einsargungsraumes, die zur Verladerampe führte, wo der Vito bereits geparkt war. »Ich hab ja heute auch noch was vor.«

*

Leo »Hacki« Liszt saß in seinem Büro und machte das, was er in seinem Leben am allermeisten hasste: die Buchhaltung. Die Zahlen, die da vor ihm in den Excel-Listen auf und ab schwirrten, bereiteten ihm latentes Unwohlsein. Eine Beklemmung, die ihm die Luft raubte. Er zerrte am Kragen seines Polohemdes und ließ seine verspannten Schultern rotieren. Dann schloss er das geöffnete Excel-Dokument, zog es in das Fenster einer Mailnachricht, fügte den Adressaten und eine kurze Grußformel ein und drückte auf Senden.

Bernd würde wissen, was zu tun war. Bernd war gut mit Zahlen, mit Betriebswirtschaft, mit dem Aufstellen neuer Kunden. Mit dem ganzen Kram, den Leo hasste und fürchtete.

Leo war froh, dass er diesen Teil des Geschäfts endlich abgeben konnte, um sich voll und ganz auf das zu konzentrieren, was er am besten konnte: den besten Wein des Burgenlandes zu machen. Ja, was heißt, des Burgenlandes? Sein Erfolg ging weit über die Landesgrenzen hinaus. Leos Vorzeigetropfen, der *Cuvée Löwenwacht 2018*, war erst kürzlich mit unglaublichen 99 Parker-Punkten ausgezeichnet worden und gehörte damit zu den besten Weinen der Welt.

Leo stand von seinem Schreibtischsessel auf. Seine braune Labradorhündin Tipsy erhob sich fast zeitgleich und blickte ihren Besitzer erwartungsfroh an.

»Zeit für einen Spaziergang«, sagte Leo. Tipsy antwortete mit einem freudigen Bellen.

Tipsy und Hacki. Man konnte glauben, Hund und Herrl trügen ihre Namen deswegen, weil sie ständig betrunken waren. Denn Tipsy ist Englisch und heißt zu Deutsch beschwipst, und bei Hacki kommt man leicht auf die Idee, dass sich hier gerne jemand umhackt, sprich sich ins Koma säuft. Tatsächlich hieß Tipsy so, weil ihr Züchter sie so genannt hatte. Tipsy vom Ulmengrund, und Hacki hieß schon seit der Schule Hacki. Eigentlich seit der Film »Vier Hochzeiten und ein Todesfall« im Oberwarter Kino gelaufen war. »Du siehst ein bisserl aus wie der Hugh Grant«, hatte ein Mädchen damals vor der ganzen Clique zu ihm gesagt. Weil sie nicht wusste, dass man Hugh wie »Juu« ausspricht, hatte sie »Hack« Grant gesagt. Insofern konnte sich Hacki glücklich schätzen, dass Hacki hängen geblieben war und nicht Granti, das man ja leicht mit einem Grantscherben, also einem grantigen Menschen, assoziieren konnte.

Tatsächlich war Hacki zumeist ein glücklicher Mensch. Außer wenn er Buchhaltung machen musste oder mit seiner mühsamen Ex-Frau zu tun hatte. Was zum Glück kaum mehr der Fall war, seit die gemeinsamen Kinder groß waren und ihre eigenen Wege gingen.

Hacki blickte sich um und merkte, wie sich die dunkle Wolke, die die Excel-Listen auf seinem Gemüt hinterlassen hatten, lichtete. Sein Csaterberg. Sein Zuhause. Das schönste Platzerl im Südburgenland. So idyllisch, dass es fast schon kitschig war.

Hacki und Tipsy spazierten vorbei an pittoresken Kellerstöckln, urigen Buschenschänken und einem windschiefen Marterl. Ab und zu wurden sie von Radfahrern überholt, die ihnen ein fröhliches »Guten Tag« zuriefen. Die Touristen hatten den Csaterberg entdeckt. Eine Entwicklung, die Hacki mit einem lachenden und einem weinenden Auge sah. Klar, das war potenzielle Kundschaft für seinen Weinbaubetrieb, aber wenn er sah, wie rasend schnell im Südburgenland Ferienunterkünfte und Chaletdörfer aus der Erde schossen und hier alles zugebaut und verhüttelt wurde, tat ihm das Herz weh.

Hacki bog nach links ab. Die Hitze störte ihn nicht im Geringsten. Die Sonne war gut für die Trauben. Und hier, am Südhang in bester Lage, befand sich einer seiner liebsten Weingärten. Er strahlte, als er seine Stöcke betrachtete. Seine Arbeiter hatten in den letzten Tagen das Laub ausgelichtet und die Trauben ausgedünnt, sodass die verbliebenen Beeren in der heißen Augustsonne ihre Reifephase beginnen konnten.

Es würde ein gutes Jahr werden, frohlockte Hacki. Nicht so ein Desaster wie damals 2016, als ein unerwarteter Spätfrost Anfang Mai 80 Prozent seines Ertrags in einer einzigen Nacht vernichtet hatte. Vor allem die frühen Sorten wie Blaufränkisch, Muskateller und Zweigelt hatte es damals erwischt. Heuer war zum Glück auch noch kein Hagel gekommen. Die Trauben der Sorte Welschriesling, die zwischen den mit Draht bespannten Stöcken wuchsen, waren prall, dicht und makellos. Hacki wusste, es würde ein guter Wein werden. Er tätschelte Tipsy den Kopf, bevor sich die beiden auf den Rückweg machten.

Der Spaziergang hatte Hacki hungrig gemacht. Also führte ihn sein erster Weg in die Küche. Dort schnitt er sich eine ziemlich windschiefe Scheibe Bauernbrot ab, die er erst mit Senf bestrich und dann mit luftgetrocknetem geselchtem Karree belegte. Tipsy sah ihn erwartungsvoll an. Die Hündin hatte – typisch Labrador – einen Hang zur

Verfressenheit, aber Hacki brachte es nicht übers Herz, sie hungrig zusehen zu lassen, während er selber aß, also schüttete er etwas Trockenfutter in Tipsys Napf.

Er war eben dabei, sich ein Bier aus dem Kühlschrank zu nehmen, als es an der Tür läutete.

Hacki war überrascht. Er erwartete keinen Besuch, und der Postler kam immer schon zu Mittag. Vermutlich Touristen, die fragen, ob sie hier Wein kaufen können, dachte er und schlurfte zur Tür. Die Person, die geläutet hatte, hatte diese schon geöffnet, und sie sah keineswegs aus wie diese typischen Radfahrer in neonfarbenen Dressen und gepolsterten Hosen, die normalerweise an seiner Tür läuteten. Vor ihm stand eine Blondine, die ihm so exotisch erschien wie ein Wesen von einem anderen Stern. Das blondierte Haar hing ihr stufig bis zum Busen. Der breite Mund grinste ihn an. Die Nase hatte den perfekten Schwung einer Kinderskisprungschanze. Ein Hauch zu perfekt für Alter und Statur war der Busen, der sich unter dem knappen, grauen Top, das mit einem Totenschädel aus Strass-Steinen verziert war, ganz deutlich abzeichnete. Kein BH. Sie trug trotz der Hitze enge, schwarze Jeans und hochhackige, silberne Cowboyboots.

Über der Schulter hatte sie eine Gitarre, am Boden neben ihr stand ein Seesack.

Die Blondine ließ die Gitarre ganz vorsichtig zu Boden gleiten, machte einen Schritt auf Hacki zu und umarmte ihn. Eine Sekunde lang dachte er, sie würde ihn auf den Mund küssen, so nah war sie ihm, aber dann streiften ihre vollen Lippen doch nur seine Wangen.

»Zeigst du mir bitte, wo die Dusche ist?«, fragte sie.

Ihre Stimme klang nach einem Packerl Tschick und einer Flasche Whisky am Tag. »I feel so dirty.«

*

Betty sah auf die Uhr ihres Smartphones. 18 Uhr. Zeit, Schluss zu machen und die Bestattung zuzusperren. Denise ruhte in ihrem Truhensarg in der Kühlkammer. Betty hatte dann noch aufgeräumt, die morbid duftenden Staubgefäße der Lilien entsorgt und ein paar Mails beantwortet. Aber jetzt war es genug. Sie hatte am Abend etwas vor und wollte unbedingt davor noch nach Hause zu Hacki, sich duschen … eigentlich mit Hacki duschen. Betty und Hacki waren noch immer in dieser köstlichen Phase der ersten Verliebtheit.

Sie sah, dass Hacki sie angerufen hatte, aber sie hatte den Anruf überhört. Der Empfang war in der Kühlkammer der Bestattung schlecht, und statt ihn zurückzurufen, wollte sie lieber gleich zu ihm fahren.

Ihre Mundwinkel verzogen sich zu einem Lächeln. Immer, wenn sie an Hacki dachte, stellte sie sich ihn nackt vor. Wenn sie an ihn dachte, störte sie auch der dumme Spitzname nicht, auch wenn sie Leo wirklich schöner fand.

Auf der Fahrt zum Csaterberg sang sie aus voller Kehle zu dem Song *Because The Night* von Patti Smith, der aus den Boxen ihres klapprigen Fiats dröhnte. Sie war sich ziemlich sicher, dass Patti Smith der streng geheim gehaltene Headliner beim *picture on* sein würde. *Der* Hauptact des kultigen Musik-Festivals im südburgenländischen Bildein, auf das sie sich schon das ganze Jahr freute. Und

Betty dachte, wenn Patti wirklich käme, wäre es gut, auf jeden Fall textsicher zu sein.

Because the night belongs to lovers
Because the night belongs to lust
Because the night belongs to lovers
Because the night belongs to us

Betty und Patti grölten im Chor, während sich der Fiat die hügelige Straße auf den Csaterberg hinaufschraubte.

Betty wusste sofort, dass irgendetwas anders war als sonst, als sie die Haustür öffnete.

Laute Musik, Gläserklirren, Stimmen. Feierte Hacki eine Party?

»Hallo?« Verwirrt betrat sie das Wohnzimmer.

Aber es war keine Party. Es war schlimmer. Sie sah auf einen Blick, was hier los war.

Eine Frau saß da auf ihrer Couch. Sie war nur mit einem Stringtanga und einem knappen Top bekleidet. Ihre nassen blonden Haare fielen ihr wie ein Vorhang ins Gesicht. Sie war mit etwas beschäftigt. Die Frau lackierte sich die Zehennägel. Mit Bettys Nagellack. Genau gesagt, mit ihrem Lieblingsnagellack. Der Lack war feuerwehrautorot und hieß *Spice it up*. Wie seltsam, dass Betty genau in diesem Moment, als sie die Frau da sitzen sah, der Name des Nagellacks einfiel.

Die Zehen des linken Fußes, deren Nägel die Frau soeben lackierte, berührten die Kante des Couchtischs. Das rechte Bein war angewinkelt, wodurch die Blonde, die ja nur ein Schnürl zwischen den Beinen hatte, einen beeindruckenden Einblick in ihren Schritt gab. Der war eindeutig nicht blond, sondern haarlos, vermutlich gewaxt. Und Hacki, ihr Hacki, saß da genau gegenüber und konnte wohl auch nicht wegschauen.

»Was? Was zum Teufel?«, entfuhr es Betty wütend.

Der Kopf der Frau hob sich, der feuchte Haarvorhang teilte sich. Und als Betty sah, wer da saß, wurde die Wut in ihrem Bauch zu rasendem Zorn.

Im selben Moment war draußen auf der Terrasse ein ohrenbetäubender Lärm zu hören. Ein Grunzen, ein Röhren und Quieken. Die Blonde sah erschrocken zur Terrasse. Betty ging zur Terrassentür und öffnete diese. Ein Schwein stürmte herein und direkt auf die Blonde zu.

Diese sprang kreischend auf und stieß dabei das Fläschchen mit dem Nagellack um. Roter, zähflüssiger Lack tropfte erst auf den Couchtisch und dann auf den cremefarbenen, hochflorigen Teppich. Das Schwein sprang auf die Couch und nahm grunzend Platz.

»Das Schwein«, sagte Betty und versuchte, ihre Contenance zu bewahren, was ihr in ihrem schwarzen Bestatterinnenoutfit auch halbwegs gelang. »Das Schwein sitzt immer hier.«

Dann verließ sie den Raum und knallte die Tür hinter sich zu.

KAPITEL 3 _ DER GARTENKLUB BAUT EIN TRICHTERBEET

Durch den Klimawandel fühlen sich in unseren Breiten neuerdings auch tropische Gelsen wie die asiatische Tigermücke wohl. Tigermücken wachsen wie auch heimische Mücken und Gelsen beispielsweise in Wasserreservoirs in Kleingartenanlagen, in alten Autoreifen, auf Friedhöfen und auch im Gartenteich heran.

»Du hast wirklich ein Schwein auf Alex Woods gehetzt?« Mathilde starrte Betty mit großen Augen an.

»Ich hab es nicht auf sie gehetzt. Es wollte einfach auf seinen Platz, auf seine Couch. Es sitzt immer da!«

»Alex Woods? Die Sängerin Alex Woods? Was macht Alex Woods in eurem Wohnzimmer?«, fragte Vera.

»Ihr habt ein Schwein als Haustier? Ein echtes Schwein, ein Meerschwein oder ein Hängebauchschwein?«, forschte Johanna.

Eigentlich hatte sich der *Klub der Grünen Daumen* in Johannas Hofladen getroffen, um Maßnahmen zum Gärtnern im Klimawandel zu besprechen und umzusetzen, aber aktuell war Bettys Story viel spannender.

Betty holte tief Luft. »Also … das Schwein hat Leo beim Preisschnapsen gewonnen.«

»Welcher Leo?«, fragte Vera verwirrt.

»Der Hacki«, erklärte Mathilde.

»Der Hacki heißt Leo?«, wunderte sich Vera.

»Bitte, was ist jetzt mit dem Schwein?«, kam Johanna zurück zum Punkt, bevor die Diskussion komplett aus dem Ruder lief.

»Er hat es als Ferkel gewonnen, im Frühling, beim Kartenspielen im Wirtshaus. Und es war so süß. Er hat es nicht übers Herz gebracht, es schlachten zu lassen, also lebt es jetzt im Garten.«

»Wie groß ist dieses Schwein?«, wunderte sich Mathilde. »Bricht da nicht die Couch zusammen?«

»Genauso groß wie Tipsy, das ist der Labrador vom Le… also vom Hacki. Tipsy und Keks sind beste Freunde. Keks ist noch ein Teenager. Er wird natürlich noch größer, aber wir mästen ihn nicht, also wird er wohl kleiner und schlanker bleiben als andere Hausschweine«, erklärte Betty. »Hoffentlich. Er braucht jetzt schon jede Menge Sonnencreme.«

»Sonnencreme für ein Schwein!«, wunderte sich Johanna.

»Er hat eine sehr empfindliche Haut. Hausschweine sind ja nicht für die Outdoorhaltung gezüchtet«, sagte Betty.

»Drum sitzt er also lieber drinnen auf der Couch«, feixte Mathilde, »… mit Alex Woods, der Rocksängerin. Also echt jetzt, Betty. Ich glaub, du bindest uns allen einen riesengroßen Bären auf.«

Mathilde fächelte sich mit einer Serviette Luft zu. Ihr rundes Gesicht war mit einem feinen Schweißfilm überzogen und glänzte. Obwohl es bereits später Nachmittag war und die Klubmitglieder im Schatten der Uhudlerlaube saßen, war es drückend heiß.

»Ich lüg euch nicht an«, sagte Betty. »Und Alex Woods ...«, sie machte eine Pause und zog scharf Luft ein, »Alex Woods ist meine Schwester.«

»Deine Schwester!!!«

»Meine Zwillingsschwester.«

»Ja, aber wie geht das?« Mathilde sah aus wie ein lebendes Fragezeichen.

»Ganz einfach. Wir haben dieselben Eltern«, sagte Betty trocken. »Wir sind zweieiige Zwillinge. Und sie hieß natürlich nicht immer Alex Woods. Sie wurde als Alexandra Elvira Pomper geboren. Elvira nach unserer Großtante. Und dass sie Elvira heißt, steht nicht auf *Wikipedia*. Das passt nicht zu ihrem coolen Rockstarimage.«

Betty wusste, dass es gehässig war, diese Information preiszugeben, noch dazu, wo Vera, die Journalistin, anwesend war, aber sie war immer noch stinksauer auf Alex. Dass diese halb nackt mit gespreizten Beinen vor ihrem Freund gesessen war, hatte sie dem Gartenklub im Detail verschwiegen. Aber das war so typisch Alex. Dieses narzisstische Biest. Immer den Marktwert testen. Immer schauen, was geht oder was gehen könnte.

Sie verzog verärgert die Stirn, als sie an den gestrigen Streit dachte, der auf die Schweine-Aktion gefolgt war. Alex hatte natürlich auf unschuldig getan. Sie hatte sich doch nur die Nägel lackiert, und Betty solle nicht so verklemmt sein. Dass man daheim im Kreis der Familie in Unterwäsche herumhängt, sei doch ganz normal. Vor allem, wenn es 30 Grad hat.

»Im Kreis der Familie, du hast Hacki gerade mal eine Stunde lang gekannt!«, hatte Betty gebrüllt.

»Du bist paranoid. Ich will nichts von deinem Hacki. Was ist das überhaupt für ein blöder Name? Und außerdem dachte ich, du freust dich, wenn ich ein paar Tage vor dem Festival bei euch einchecke, Sis.«

»Sis!!!« Betty hasste diese pseudocoole Anrede. Alex hatte immer schon gewusst, welche Knöpfe sie drücken musste, um Betty zur Weißglut zu treiben.

»Ich pack es nicht, dass Alex Woods deine Schwester ist«, sagte Mathilde verträumt. »Ich dachte, sie sei Amerikanerin.«

»Wir haben beide in Amerika gelebt«, sagte Betty. »Und sie hat geheiratet und ist dort geblieben. Wobei sie mittlerweile auch schon wieder geschieden ist.«

»Wos fir a Alexandra Wut? Wer is dei iwahaupt, i kenn dei nit*«, meldete sich Mitzi zu Wort, die Altbäuerin, die musikalisch eher bei den *Edelseern* beheimatet war.

»Alex Woods ist eine bekannte Sängerin, die am Samstag in Bildein beim Musikfestival *picture on* spielt«, klärte Mathilde sie auf.

»Du musst sie nicht kennen, Mitzi. Sie ist nicht soooo bekannt. Sie hatte *einen* Hit. 2003. Und das ist über 20 Jahre her«, mischte sich Betty ein.

»Aber was für einen Hit. *Two Times a Fool.*« Mathilde blickte verklärt drein. »Dieser Song hat mein Leben verändert! Den spielen sie im Radio immer noch rauf und runter.«

»Haben wir was verpasst?« Kräuterpädagogin Isabella, eine zierliche Frau mit dunklen, raspelkurzen Haaren und

* Was für eine Alexandra Wut? Wer ist das überhaupt, ich kenn die nicht.

einem Baby im Tragtuch, näherte sich der Uhudlerlaube. »Entschuldigt bitte, dass ich zu spät bin, aber mit Kind dauert es immer ewig, bis man aus dem Haus kommt. Und Ivy war heute so unruhig. Ich glaube, das ist die Hitze.« Sie strich beruhigend über das verschwitzte Köpfchen des Säuglings.

»Nein, du hast nichts verpasst. Wir wollten gerade anfangen«, sagte Johanna. »Also los, Ladys, gehen wir nach hinten in den Garten.«

Johanna, die Gründerin des *Klubs der Grünen Daumen*, war eine kleine, praktisch veranlagte Frau mit feuerrotem lockigem Haar, das sie heute wegen der Hitze mit einem Tuch zusammengebunden hatte. Johanna hatte ihre Passion zum Beruf gemacht. Sie betrieb einen kleinen Hofladen, in dem es vom frisch gebackenen Bauernbrot über Emailletöpfe und selbst gesiedete Seifen bis zur Gartenkralle alles zu kaufen gab, was gut und nützlich war. Besucher bekamen von ihr nicht nur Kuchen und Kaffee serviert, sondern auch manch nützlichen Gartentipp. Denn das Garteln war Johannas absolute Leidenschaft. Niemand im ganzen Bezirk wusste so gut über Pflanzen und die Natur Bescheid wie Johanna.

Für Betty war Johannas Bauerngarten eine verzauberte Welt. Er lag gleich neben der Streuobstwiese, auf der um diese Jahreszeit die ersten Klaräpfel heranreiften. Hellgelb, knackig und zitronig frisch. Zumindest, wenn man sie frisch vom Baum verspeiste. In der Obstschale wurden Klaräpfel in wenigen Stunden mehlig. Vermutlich der Grund, warum sie nie in den Handel gelangten.

Johannas Gemüsegarten war von einem Staketenzaun umgeben, der von Duftwicken umrankt war. Sobald man eintrat, fühlte man sich in eine andere Welt, ja in eine andere Zeit versetzt. Kleine Wege aus Klinkertrittsteinen sorgten für eine geometrische Ordnung. Die Wege waren in der Form eines Kreuzes angelegt mit einem Rondell in der Mitte, in dem eine Rose namens *Rose de Resht* blühte. Eine betörende fuchsiafarbene Duftrose, aus der auch das berühmte bulgarische Rosenöl gewonnen wird. Johanna verwendete das Rosenöl für ihre Seifen. Zu Füßen der Rose reckte Lavendel seine blauen, duftenden Blüten der Sonne entgegen. Durch die kreuzförmige Aufteilung ergaben sich vier Beete, die mit circa 30 Zentimeter hohen Holzplanken eingefriedet waren. Die Planken waren mit Moos und einer grünen Kletterpflanze mit winzigen blauen Blümchen überwachsen. Zimbelkraut hieß das.

Hier in diesem Bauerngarten wuchs auf kleinem Raum eine große Vielfalt an Gemüse, Blumen und Beeren. So war das schon zu Zeiten von Johannas Großmutter gewesen. Wie diese war auch Johanna dank des Gartens in vielen Bereichen Selbstversorgerin. Das Gemüse und das Beerenobst, das sie dort anbaute, landete in der Küche und auf den Tellern und wurde für den Winter durch Einkochen, Einlegen, Einfrieren, Trocknen oder Fermentieren haltbar gemacht. Aus den selbst gezogenen Kräutern gewann sie Tees und Arzneien: Salben, Tropfen und Tinkturen. Und die dort angepflanzten Blumen und Blühstauden verwandelte Johanna in wunderschöne Sträuße. Diese schmückten ihren Hofladen, wurden verschenkt oder waren bei Hochzeiten und christlichen Festen auf Tafeln und Altären zu bewundern.

In diesem zauberhaften Garten gab es immer etwas zu sehen, zu entdecken und zu bestaunen. Sogar im Winter, wenn Vögel die letzten getrockneten Beeren von den Sträuchern zupften, Eichkatzerl nach zuvor vergrabenen Walnüssen suchten und die Stauden von Raureif überzogen waren.

Jetzt im Hochsommer lagen die Düfte von Gurken, Dill und der unverwechselbare Geruch der Tomatenblätter in der Luft. Und egal, wohin man sich wandte, überall fanden die Besucher etwas zu naschen. Süße, samtig rote Himbeeren, pfeffrige, knallorange Kapuzinerkresseblüten, die zwieblig scharfen, weißen Blüten vom Lauch und saftige, fruchtig süße Tomaten. Wer sich hier durchkostete, bemerkte: Alles schmeckte zwar ganz unterschiedlich, dennoch passte alles zusammen.

Johanna ging mit der Gruppe zu dem vom Eingang aus gesehen linken hinteren Beet, das mit einer Mulchschicht aus Rasenschnitt bedeckt war.

»Im Sinne der Klimaveränderung ist es wichtiger denn je, dass die Erde nie nackt ist«, erklärte Johanna. »Hier habe ich im Frühling Kohlrabi, Radieschen und Spinat angebaut, nach der Ernte habe ich gemulcht. Diese Mulchschicht können wir jetzt einfach in den Boden einarbeiten. Dort wird sie von den Regenwürmern in Humus verwandelt.«

»Und was willst du jetzt hier anbauen?«, fragte Mathilde neugierig.

»Das verrat ich euch gleich, aber erst einmal werden wir hier ein neues Beet anlegen.« Johanna blickte verheißungsvoll in die Runde. »Habt ihr schon mal von einem Trichterbeet gehört?«

Alle Anwesenden schüttelten den Kopf.

Johanna steckte in die Mitte des Beetes einen Holzpflock, an dem sich eine ein Meter lange Schnur befand. Mit diesen Hilfsmitteln und einem Säckchen Sand markierte sie einen regelmäßigen Kreis.

»Na, dann schnappt euch die Spaten. Wir graben jetzt eine kegelförmige Grube. Und wozu das Ganze gut ist, verrat ich danach.«

»Die Johanna ist schon arg, lädt uns ein, damit wir ihr Beet umgraben«, feixte Mathilde, als Johanna außer Hörweite war. Diese war mit Isabella, die wegen des Babys von der Gartenarbeit befreit war, zurück in den Hofladen gegangen, um selbst gemachte Kräuterlimonade und frisch gebackenen Heidelbeerkuchen für die Gruppe zu holen. Zuckerbrot und Peitsche, dachte Vera.

Mathilde, Vera und Betty, die fleißig am Graben waren, stand der Schweiß auf der Stirn. Mit der ausgehobenen Erde formten sie am Rand des Kraters einen Wall.

»Gartenhandschuhe habe ich auch vergessen, ich krieg sicher Blasen«, stimmte Vera in das Gejammere ein. »Wie tief soll das Ganze werden? Was hat Johanna gesagt? Ein halber Meter? Ist das schon ein halber Meter?«

Nur Mitzi, der Ältesten in der Runde, sah man die Anstrengung nicht an, aber die stammte auch noch aus einer Generation, die ganze Obstwiesen mit der Sense gemäht hatte.

»Hearts auf zum Sudern. Mir san jo eh scho firti*«, sagte sie nur lapidar.

»Perfekt«, freute sich Johanna, die ein Tablett mit Getränken und Kuchen balancierte.

Während die anderen im Schatten des Klarapfelbaumes auf mitgebrachten Picknickdecken Platz nahmen und sich stärkten, verteilte Johanna das Skript zum heutigen Thema.

Kraterbeete sind im Südburgenland noch recht unbekannt. In Gegenden, in denen es regelmäßig zu langen Trockenperioden im Sommer und vielen Regengüssen im Winter kommt, setzen die Menschen schon lange auf kraterförmige Beete, um trotz schwieriger Wetterbedingungen erfolgreich zu gärtnern, las Betty.

»Bei *Star Wars Episode IV* lebt Luke Skywalkers Familie in einem trichterförmigen Haus im Boden auf dem Wüstenplaneten Tatooine«, fiel Vera ein.

»Die Idee hat George Lucas von tunesischen Wüstenbewohnern«, erklärte Johanna.

»Vor zwei Jahren haben wir noch ein Hügelbeet gebaut, jetzt ein Kraterbeet, sind das nicht nur Moden so wie bei der Rocklänge? Von wegen einmal lang, einmal kurz. Einmal hoch, einmal tief«, meinte Vera zweifelnd.

»Unsere Sommer werden immer heißer und trockener«, dozierte Johanna. »Bei einem Hügelbeet rinnt das Wasser nach außen ab und versickert. Bei einem Trichter- oder Kraterbeet läuft es nach innen, dadurch sparen

* Hört auf zu sudern (jammern). Wir sind ja eh schon fertig.

wir Gießwasser. Und vor Spätfrösten schützt so ein Kraterbeet auch. Man legt einfach ein altes Fenster oder eine Folie darüber, und die Jungpflanzen sind geschützt. Und was den Platzanspruch angeht, ist die Kraterbeetanlage gerade für Kleingärten eine echte Empfehlung.«

»Genial«, freute sich Betty, bevor sie laut weiterlas.

Kühle im Sommer und Wärme im Winter. Krater- oder Trichterbeete sind ideal im Klima-Garten. Sie speichern Wärme und Feuchtigkeit und schützen empfindliche Pflanzen vor Wind und Kälte. So können vor allem Gemüsepflanzen besser gedeihen.

»Klingt gut«, unterbrach Mathilde, die als Köchin essbaren Pflanzen immer den Vorzug gab.

Der umgebende Wall sollte etwa 30 bis 35 Zentimeter höher sein als der umliegende Untergrund und kann zusätzlich mit Steinen umfriedet werden, die die Wärme speichern. Als Tiefe sind etwa 0,4–0,5 Meter anzustreben. Wichtig ist, dass der Krater nicht zu steil wird. Unbedingt empfehlenswert ist, den Boden mit großzügiger Kompostgabe respektive Organdünger zu verbessern.

»Hör ich da Kompost?«, ertönte eine Männerstimme. »Redet ihr etwa von mir?«

Alle drehten sich um.

»Finz!«, schrie Vera auf. Und dann: »Eva!« Sie blickte zu dem Pärchen, das beschwingten Schrittes Hand in Hand näherkam. »Ich glaub es nicht! Seid ihr eine Fata

Morgana? Bitte zwickts mich. So eine Freude!« Sie sprang auf und fiel ihren Freunden um den Hals. »Finz, Eva, ihr seid wieder da!«

KAPITEL 4 _ ICH KANN ES IMMER NOCH NICHT GLAUBEN

Um 1900 zerstörte die Reblaus fast den ganzen Weinbau in Europa und wurde zu einem gefürchteten Schädling. In ihrer ursprünglichen Heimat Nordamerika blieb die Reblaus hingegen lange Zeit völlig unbeachtet, weil die dort heimischen Reben dagegen resistent sind. Diese sind evolutionär in der Lage, die Einstichstellen der Reblaus an den Wurzeln mit Korkgewebe zu verschließen, bevor es zu größeren Schäden kommt.

»Ich kann es noch immer nicht glauben, dass ihr wieder hier seid«, sagte Vera wohl zum sechsten oder siebenten Mal an diesem Abend. »Was für eine Freude!«

Vera, Eva und Finz hatten beschlossen, auf das Wiedersehen anzustoßen, und befanden sich nun im *Il Sapore* in Oberwart, einer beliebten italienischen Weinbar an der Hauptstraße.

Katrin, die Besitzerin, schien die Freude zu teilen. »Welcome home. Das geht aufs Haus«, sagte sie und stellte eine Runde Prosecco auf den Tisch.

»Man muss nur ein paar Monate weg sein, und die Menschen in Oberwart lieben einen«, feixte Finz.

»Erstens wart ihr nicht ein paar Monate weg, sondern über zwei Jahre, und zweitens haben dich die Frauen immer schon geliebt«, korrigierte ihn Vera.

Finz sah zwar objektiv betrachtet durchschnittlich aus, aber er hatte dieses gewisse Etwas. Außerdem – glaubte man den Oberwarter Buschtrommeln – war er ein wahnsinnig aufmerksamer Liebhaber. Gut für Eva, dachte Vera. Die hatte eh lange genug unter ihrem chauvinistischen und brutalen Ex-Mann gelitten. Wie glücklich ihre Freundin aussah!

Eva war immer schon hübsch gewesen, Typ Schneewittchen. Aber sie hatte früher immer so einen gehetzten, ängstlichen Blick gehabt. Damals, als Vera sie kennengelernt hatte.

Eva, die Zuagroaste, und Vera, die Rückkehrerin, hatten einander sofort sympathisch gefunden, als sie sich vor drei Jahren zum ersten Mal über den Weg gelaufen waren. Über ihre beiden Töchter, die dieselbe Tanzschule besuchten, hatten sie sich kennengelernt.

Die beiden Frauen teilten ein ähnliches Schicksal. Beide hatten damals ihr altes Leben mehr oder weniger freiwillig hinter sich lassen müssen.

Eva, weil ihr Ex-Mann, der in einen Bauskandal verwickelt gewesen war, beschlossen hatte, dass es klüger wäre, seine Zelte im Nordburgenland abzubrechen und im Südburgenland neu aufzuschlagen. Dort, wo ihm – so glaubte er – sein mieser Ruf nicht vorauseilte. Vera, weil sie ihren Job in Wien als Redakteurin bei der Fachzeitschrift »Lust aufs Land« verloren hatte und sich die teure Miete in der Großstadt nicht mehr hatte leisten können. Als Alleinerzieherin war ihr gar nichts anderes übrig geblieben, als ins Haus der verstorbenen Urlioma zu ziehen und das anfangs noch äußerst schlecht bezahlte Jobangebot als freie Mitarbeiterin beim »Burgenländischen Boten« anzunehmen. Inzwischen war viel Wasser die Donau – oder besser gesagt die Pinka – hinuntergeflossen.

Vera hatte sich in der Redaktion hochgearbeitet und neue Freundinnen im *Klub der Grünen Daumen* gefunden.

Und Eva, die war mit ihrer neuen Liebe Finz und ihrer Tochter Carla für einige Zeit nach Südamerika gegangen.

»Wie war es in Brasilien?«, fragte Vera.

»Toll«, sagte Finz. »Ich habe weiter an der Terra Preta forschen können. Die Schwarze Erde bietet großes Potenzial bei der Bekämpfung des Klimawandels.«

Vera wusste um Finz' Leidenschaft für die ewig fruchtbare Erde, die Forscher im Amazonasbecken gefunden hatten. Indigene Ureinwohner hatten diese Erde aus Holz- und Pflanzenkohle, Tonscherben, Knochen, Fischgräten und tierischen und menschlichen Fäkalien über Jahrhunderte geschaffen, um den nährstoffarmen Boden am Amazonas fruchtbar zu machen. Finz besaß im Südburgenland ein Unternehmen, das schon vor ein paar Jahren begonnen hatte, diese Technik zu kopieren. *Inkaerde* hieß die Firma, die in seiner Abwesenheit von seinem Partner weitergeführt worden war.

»Ich bin mit ganz vielen neuen Ideen zurückgekommen«, sagte Finz. »Das Thema Mikroorganismen zur Bodenaktivierung beschäftigt mich momentan ganz stark.«

»Oh, kann ich dich dazu interviewen?« Als Lokaljournalistin war Vera immer auf der Suche nach neuen Storys für den »Burgenländischen Boten«.

»Ja klar, aber da haben wir noch einen aktuellen Aufhänger für dich«, wandte Eva ein.

»Und der wäre?«

»Komposttoiletten.«

»Komposttoiletten?«

»Ja, Komposttoiletten«, bekräftigte Finz. »Ich bin da in ein neues Business eingestiegen. Komposttoiletten für Festivals. Komposttoiletten arbeiten ohne Chemie und Wasser. Anstatt eine Wasserspülung zu betätigen, schüttest du einfach einen Becher Sägespäne über deine Notdurft. Das ist quasi die Basis für die Kompostierung. Zusammen mit dem Toilettenpapier und dem Fäkalienanteil entsteht Biomasse, die wenig fruchtbare Böden verbessern kann.«

»Stinken solche Klos nicht ganz schrecklich?«, wollte Vera wissen und rümpfte die Nase.

»Ganz und gar nicht. Es riecht total gut nach Holz und Sägespänen. Du kannst dich nächstes Wochenende in Bildein beim *picture on* selbst davon überzeugen«, lachte Eva.

»Finz wird dort seine Komposttoiletten aufstellen. Du bist doch dort, oder?«

»Natürlich bin ich dort!«, sagte Vera. »Nie würde ich mir das entgehen lassen. Ich habe gehört, Patti Smith spielt am Samstag. Sie ist der noch geheim gehaltene Headliner.«

Ein seliges Grinsen ging über ihr Gesicht, als sie an das kleinste und beliebteste Musik-Festival des Burgenlandes dachte.

Das *picture on festival* im 350-Seelen-Dorf Bildein war jedes Jahr Garant für einmalige Gemütlichkeit, sensationelle Stimmung und einen absolut durchmischten Musikstilmix, der von Blasmusik bis Punk-Rock, von Rap bis Reggae, von Independent bis Jazz reichte.

picture on, das war Campen und Chillen, Rocken und Relaxen. *picture on* – das beinhaltete den legendären »musikalischen Dorfspaziergang« zu den schönsten Flecken des Dörfchens. Und es beinhaltete das Literaturprojekt »Anschiffen«, eine Lesung auf einem Floß, bei der sich die Literaten, gefolgt von ihren Zuhörern, gerne auch einmal in die Fluten des Flusses Pinka stürzten. *picture on*, das war das Festival, bei dem Pinkarocker Pinkawasser tranken. Nein, nicht das aus dem Fluss. Pinkawasser war der Codename für einen Uhudlerspritzer – ein Gemisch aus Uhudlerwein und Sodawasser.

»Katrin, ich hab Lust auf ein Glas Uhudler«, sagte Vera. »Wollt ihr auch? Dann bestell ich noch eine Runde.«

Die Tür ging auf, und zwei Männer und eine Frau betraten das kleine Lokal.

Sie gingen vorbei an Vera, Finz und Eva, die am Fenster saßen, hinauf auf die Galerie und nahmen an der kleinen Bar Platz.

»Ist das nicht die Frau, die vorher beim Gartenklubtreffen dabei war?«, fragte Eva.

»Ja«, sagte Vera und nickte den Ankömmlingen kurz zu. Die Blonde erwiderte den Gruß ebenso knapp. Dann wandte sich Vera zurück an Eva. »Das ist die Pomper Betty. Du hast sie noch nicht kennengelernt. Sie ist dem Klub beigetreten, als ihr schon in Brasilien wart. Sie ist Bestatterin.«

»Bestatterin? Das klingt spannend. Dicke Freundinnen seid ihr aber keine«, bemerkte Finz.

»Wie kommst du denn darauf?«

»Kein Bussi, Bussi, kein Hallo, Schatzi«, feixte dieser.

Vera zuckte nur mit den Achseln.

»Und wer sind die zwei Typen, mit denen sie da ist?«, wollte Finz wissen.

Vera sah kurz zur Galerie. Bettys und Veras Blicke kreuzten sich dabei. Schnell drehte sie den Kopf weg.

»Der neben ihr, der mit dem blauen Hemd und dem leicht gewellten Haar, ist ihr Freund, der Hacki, der hat ein Weingut am Csaterberg. Eigentlich heißt er Leo, Leo Liszt. Er hat in den letzten beiden Jahren einige Medaillen gewonnen mit seinen Weinen. Und der andere ...«, sie schaute noch einmal hinauf und musterte den zweiten Mann verstohlen.

Als Journalistin war sie es gewohnt, Menschen blitzschnell zu scannen und mit Worten zu beschreiben.

Hätte sie über diesen Mann geschrieben, wäre die Beschreibung wie folgt gewesen: Er war Mitte 50, schlank und hatte einen Bartschatten, der ihn verwegen wirken ließ. Sein Haar war so kurz geschnitten, dass man die Kopfhaut durchschimmern sah. Wahrscheinlich ließ er es so kurz schneiden, weil es nicht mehr so dicht war, wie er es sich wünschte. Der Mann trug ein schwarzes Leinenhemd, dessen Ärmel er tagsüber wohl aufgekrempelt gehabt hatte, denn der Stoff von der Manschette bis zu den Ellenbogen war verknittert. Kein Ehering. Aber das sagte heutzutage gar nichts. Ein Siegelring am kleinen Finger. Suchende Augen, rastloser Blick. Der Mann hatte eine außerordentliche Präsenz. Bedrohlich oder anziehend? Vera konnte sich nicht auf ein Urteil festlegen.

Sie wandte wieder den Kopf zu ihren Freunden. »Keine Ahnung. Ich habe ihn noch nie hier gesehen.«

Einen Moment später ging wieder die Tür auf. Eine Blondine in Skinny Jeans und grauem ärmellosem T-Shirt betrat das kleine Lokal und sah sich suchend um. Dann drehte sie auf dem Absatz um und war genauso schnell verschwunden, wie sie gekommen war.

Eva und Vera, die mit dem Rücken zum Eingang auf ihren Barhockern lümmelten, hatten die Frau gar nicht gesehen. Dafür aber Finz.

»Da hat gerade eine ihre Nase hier reingesteckt. Ich glaub, das war …«

»Was? Wer?« Vera drehte sich um.

»Die hat ausgesehen wie diese Sängerin … Die mal diesen einen Hit hatte früher. Die spielt sicher in Bildein …«

»Patti Smith?«, fragte Vera hoffnungsvoll.

»Nein, nicht Patti Smith … irgendwas mit A.«

»Alanis Morissette?«, fragte Eva.

»Nein«, Finz schüttelte den Kopf. »Nicht sooo bekannt. Aber das Lied kennt ihr sicher. Irgendwas mit fool …«

»*Two Times a Fool*!«, riefen Vera und Eva wie aus der Pistole geschossen.

»Ja, *Two Times a Fool*«, bestätigte Finz. »Ich glaub, so hat das geheißen. So eine Liebeskummer-Schnulze.«

»Das ist keine Schnulze. Das ist eine der schönsten Rockballaden aller Zeiten«, widersprach Eva.

»Wie du meinst, mein Engel«, sagte Finz und strich seiner Freundin über den Oberschenkel.

Veras journalistische Neugier war geweckt. Sie stürmte aus dem Lokal und wandte sich an die beiden Stammgäste, die draußen rauchten. »Die Frau, die da gerade rein- und gleich wieder rausgegangen ist, habt ihr die gesehen? Wir glauben, dass das Alex Woods war. Die Sängerin!«

Einer der Raucher, ein dünner Mann mit Nickelbrille, dämpfte seine Zigarette aus. »Wir haben uns auch grad über sie unterhalten. Der Flo«, er deutete auf seinen Begleiter, »glaubt auch, dass sie das war. Laut dem neuen Line-up spielt sie in Bildein am Samstag auf der Apfelbühne. *Two times an idiot …*«

»*Two Times a Fool*«, korrigierte Vera, bevor sie wieder ins Lokal ging.

»Voll arg. Die sagen auch, das war Alex Woods«, berichtete sie Eva und Finz.

Auch auf der Galerie war das Auftauchen der Frau nicht unbemerkt geblieben. »Haltet mich nicht für verrückt, aber ich glaube, dass ich gerade Alex Woods beim Eingang gesehen habe«, sagte der Mann, den Vera so aufmerksam gemustert hatte, zu Hacki und Betty.

Er lachte und nahm einen Schluck aus seinem Rotweinglas. »Dieser Cuvée von dir ist wirklich unglaublich, Hacki. Der wird im Export auch voll einschlagen.«

»Du hast dich nicht getäuscht, das war sie«, sagte Betty etwas steif.

»Aber das kann doch gar nicht sein!« Der Mann wischte sich einen imaginären Krümel vom Mundwinkel. »Was würde Alex Woods an einem Mittwochabend in Oberwart machen?«

»Alex ist Bettys Schwester«, erklärte Hacki.

»Deine Schwester?« Der Mann blickte Betty interessiert an. »Echt jetzt? Ich wusste, dass sie Österreicherin ist, aber Oberwart?«

»Hackerberg, wir sind aus Hackerberg. Aber waren lange drüben. Unsere halbe Familie lebt in den USA.«

»Ich hab mal gelesen, dass mehr Burgenländer in den USA leben als im Burgenland«, bemerkte Hacki.

»Und was macht deine Schwester hier?«, nahm sein Begleiter den Gesprächsfaden wieder auf.

»Sie springt last minute für eine andere Band ein. Beim *picture on*, das ist so ein Festival in Bildein.«

»Ah, verstehe.« Der Mann strich mit dem Finger geistesabwesend über den Rand seines Weinglases und betrachtete dann die Schlieren, die der Wein im Inneren an der Glaswand hinterlassen hatte.

»Warum ist sie gleich wieder gegangen und nicht zu uns raufgekommen?«, wunderte er sich.

»Wahrscheinlich ist sie immer noch sauer auf mich. Ich habe gestern unser Schwein auf sie gehetzt«, sagte Betty trocken.

Der Mann lachte. Es war ein höfliches Lachen. So wie man eben lacht, wenn man glaubt, jemand macht einen Witz, aber den Witz nicht versteht.

»Kennst du sie?«, fragte Hacki.

Der Mann griff zur Flasche, betrachtete kurz das Etikett und den Löwen, der darauf abgebildet war, und schenkte dann zuerst seinen Begleitern und schlussendlich sich selbst nach.

»Ich bin Fan der ersten Stunde.«

KAPITEL 5 _ VERA WIRD VERKUPPELT

Störche sind von Natur aus Baumbrüter. Erst die Rodung großer Waldflächen hat sie erfinderisch gemacht. In Südeuropa brüten Weißstörche noch auf Bäumen. In Spanien auf Stein- und Korkeichen, in Portugal auf Eukalyptusbäumen. Manchmal dienen auch Felsblöcke als Storchenhorst. Vielleicht betrachten die Vögel manche Bauwerke einfach nur als künstliche Felsen.

»Er ist hier. Er ist hier. Er ist hier.« Wie ein Mantra rasten die drei Worte durch Alex' Kopf. Wieder und wieder und wieder. Sie war aus dem Lokal gestürmt und kopflos Richtung Stadtpark gerannt. Es war inzwischen dunkel geworden. Laternen beleuchteten den Eingang zum Park. Der sah heute auch anders aus als früher. Überall gepflasterte Wege. Nur die alten Kastanien waren noch dieselben. Alex blieb stehen und fummelte in ihrer Handtasche nach ihren *Gauloises*. Mit zittrigen Fingern klopfte sie eine Zigarette aus dem Päckchen und steckte sie sich in den Mund. Sie fand das Feuerzeug und versuchte, dieses anzuzünden. Es funktionierte nicht. Es bildeten sich zwar Funken, aber keine Flammen. Wieder und wieder betätigte sie das Rädchen, bis ihr rechter Daumen brannte. Kein Erfolg.

»Darf ich?« Eine Hand, wie aus dem Nichts. Kurz überkam sie Panik, dass er es sein könnte.

Aber das Gesicht, das im Schein der Zündholzflamme hell leuchtete, gehörte einem Fremden.

Er gab erst sich selbst und dann ihr Feuer. »Danke«, sagte sie und nahm einen tiefen Zug. Das Nikotin flutete ihren Körper. Sorgte dafür, dass sie klarer dachte.

»Gern geschehen«, sagte er.

Er sah nicht schlecht aus. Gut auf diese Bad-Boy-Art, die in seinem Alter allerdings anfing, ein bisschen lächerlich zu wirken. Die dunklen Haare ein bisschen zu lang, dichte Bartstoppeln und eine ständig brennende Zigarette in der Hand. Vermutlich hatte er irgendwo unter seinem verwaschenen *Sisters-of-Mercy*-T-Shirt und der Jeansjacke ein Tribal-Tattoo.

Sie musste lächeln.

»Ich freue mich schon auf dein Konzert.«

Das Lächeln gefror.

Ein Fan. Bei Fans musste man immer auf der Hut sein. Ihre blinde Zuneigung war schmeichelhaft, aber auch beängstigend. Nicht einzuordnen, weil Fans so unberechenbar waren. Sie wollten immer etwas von einem, aber was? Damals, kurz nachdem *Two Times a Fool* Nummer 1 geworden war, war einmal eine ganze Horde Fans auf das Auto zugerannt, in dem Alex und ihr Gitarrist Mike gesessen waren. Sie hatten ihre Hände gegen die Scheiben gedrückt und mit ihren drängenden Körpern das Auto zum Schaukeln gebracht. Rhythmisch und wild. Was hätten sie getan, wenn der Fahrer nicht Gas gegeben hätte? Wenn die Glasscheiben nachgegeben hätten? Hätten sie Alex zerdrückt?

»Ich freue mich schon auf deinen Auftritt«, sagte der Fan noch einmal.

»Mhm.« Alex' Körper versteifte sich unbewusst. Kampf oder Flucht, riefen ihre Instinkte.

»Ich bin auch Musiker.«

»Aha.«

»Nicht so berühmt wie du«, er lachte nervös. »Aber ich hab vor ein paar Jahren ein ganz passables Album produziert. Jetzt lass ich mir ein bisschen Zeit. Beim zweiten Album muss alles passen. Sonst ist man für immer weg vom Fenster.«

Spielte er darauf an, dass sie nach *Two Times a Fool* keinen nennenswerten Erfolg mehr gehabt hatte?

Alex zog scharf Luft ein und dämpfte dann die Zigarette am Absatz ihres rechten Stiefels aus, bevor sie den Stummel in den Mistkübel warf.

»Ich muss weiter«, sagte sie.

»Warte!«, rief er.

Sie drehte sich um.

»Was?«

»Du hast da was.«

Seine Hand fuhr ihren Rücken hoch und berührte dabei ganz leicht ihren Hals.

Alex zuckte zurück.

»Das Etikett von deinem T-Shirt ist rausgestanden.«

»Danke«, sagte sie spröde und entfernte sich mit raschem Schritt. Sie hatte ihr Mietauto beim Supermarkt an der Hauptstraße geparkt.

»Man sieht sich!«, rief er ihr nach.

Alex antwortete nicht.

*

Sankt Martin in der Wart war eines dieser Dörfchen, die so typisch waren für das Südburgenland. Entlang der Hauptstraße reihte sich ein Streckhof an den anderen. Dahinter lagen Felder und Wiesen, auf denen Pferde grasten. Es gab Hühner, die auf Misthaufen pickten, und ein Storchenpaar, das die Sommermonate im Storchennest auf dem hohen Holzturm des Feuerwehrhauses im Ortszentrum verbrachte. Man wusste nicht, ob es immer dasselbe Storchenpaar war, aber die Bevölkerung von Sankt Martin begrüßte es Jahr für Jahr medienwirksam und mit großem Enthusiasmus wie lang vermisste Freunde.

Es war ein Dorf mit Geschichte, das schon 1479 als »Zenthmarton« erwähnt worden war.

120 Häuser und 270 Einwohner zählte es aktuell. Und eine Bewohnerin war drauf und dran, eine *TikTok*-Berühmtheit zu werden.

»Oma, wenn ich die Hand hebe, fangst du an zu reden. Du musst nicht freundlich tun. Red einfach so wie immer. Das mögen die Leute am liebsten.« Letta Horvath strahlte ihre Oma Hilda auffordernd an.

»Was soll ich denn reden?«

»Erzähl das von den burgenländischen Spitznamen.«

»Da gibt es nichts Großes zu erzählen. Bei uns heißt a Barbara Wetti, a Gerlinde Lintschi und a Mathias Motz.«

Oma Hilda strich sich über die geblümte Kittelschürze,

die sie auf dem Oberwarter Markt gekauft hatte. Letta hatte ihr die eingeredet. Sie hatte gemeint, so eine Kittelschürze wäre authentisch für eine burgenländische Oma, auch wenn Hilda eigentlich zu eitel für eine altbackene Kittelschürze war und lieber die neumodischen pastellfarbenen Pullis trug, die es auch am Markt zu kaufen gab.

Letta ließ das Handy sinken.

»Nein, Oma, das mit den anderen Namen. Diese verrückten Hausnamen.«

»Ach, das meinst du. Na, da gibt es den *Hianadreckdreizehna*. Der wohnt auf Nummer 13 und heißt so, weil die Hendl bei ihm alles vollgacken. Im Norden draußen gibt es auch einen 17er, der ist nach seiner Hausnummer benannt, und sein Sohn, die halbe Portion, ist der 8 ½er. Auch logisch, oder?«

»Voll logisch«, sagte Letta.

»Eben, aber heutzutage denkt ja keiner mehr logisch«, schimpfte Hilda.

»Und nach dem Aussehen geht's auch, oder, Oma?«

»Ja. In fast jedem Dorf wohnt a *Gfüüda* und a *Lounga* und a *Rostiga*. Ich hab auch einmal einen Maler gekannt, den haben sie *Klecksi* genannt, und an *Bremser*, der is immer alles so gemächlich angegangen. Und *Weltmeister* gibt es viele im Burgenland. Weil, wenn du saufst wie ein Weltmeister, dann heißt auch gleich so.«

»Was macht ihr hier?« Vera war durchs Tor in den Innenhof des Urliomahauses getreten und sah sich fragend um.

»Geh bitte, Mama. Jetzt hast uns in die Aufnahme reingeredet«, beschwerte sich Letta.

»Ich filme die Oma für *TikTok*, das sieht man doch.«

Das sah man tatsächlich. Letta hatte den ganzen Hof mit altem Gerümpel aus Keller und Schuppen dekoriert, Vera sah eine rostige Sense, ein altes Wagenrad mit gebrochenen Speichen, einen Sautrog mit Loch, eine Schmalztesen aus blauem Emaille, bei der die Farbe abplatzte.

»Was soll das Graffl da heraußen?«, fragte Vera. »Das räumst aber schön wieder weg.«

»Das ist unsere Deko. Das ist authentisch!«, belehrte Letta sie und schüttelte ungeduldig ihre dunklen Locken. »Mama, bitte, du verstehst das nicht.«

»Das versteh ich wirklich nicht«, sagte Vera. »Was soll daran authentisch sein? So sieht es doch sonst nicht aus bei uns. Und du«, sie zeigte auf ihre Mutter, »du läufst sonst auch nie so herum. Fehlt nur, dass du dir ein Kopftuch aufsetzt.«

»Gute Idee«, sagte Letta, »das gefällt den Leuten sicher, von wegen südburgenländische Kopftuchmafia. Wir kaufen dir auch noch so knöchelhohe Hausschuhe aus Filz mit einem Reißverschluss vorne dran. Die Leute werden das lieben.«

»Welche Leute?«

»Die Fans von der Oma. Die Oma hat schon fast 3.000 Fans. Wenn das so weitergeht, bekommt sie bald Sachen geschenkt.«

»Was für Sachen?«

»Na, Sachen eben. Eine andere *TikTok*-Oma in Oberösterreich hat schon mal eine Wurstplatte bekommen. Eigentlich ein Wurstabo vom lokalen Fleischer. Das hat sie dann in ihren Videos promotet. Sie hat dann gebratene Wurstschüsserln damit gemacht. Vor der Kamera.«

»Ich mag keine gebratenen Wurstschüsserln«, bemerkte Vera.

»Ich würde gerne Sachen geschenkt bekommen. Auch Extrawurst. Eine Wurstsemmel kostet schon fast drei Euro, das sind 40 Schilling in richtigem Geld, früher hat sie drei Schilling gekostet. Was glaubst, was wir da für ein Geld sparen täten«, sagte Hilda.

»Können wir weiterdrehen?«, fragte Letta.

Hilda winkte ab. »Nein, wart kurz, Letta, ich muss was mit deiner Mutter besprechen.«

»Na gut, dann geh ich inzwischen in mein Zimmer und bearbeite das, was wir schon aufgenommen haben, am Computer. Es gibt da einen voll lustigen neuen Filter, Oma.« Der Teenager entfernte sich.

»Was möchtest du mit mir besprechen?« Vera nahm auf der kleinen Bank unter den Arkaden Platz. Eindeutig auch der Lieblingsplatz ihrer Haustiere. Das zahme Huhn namens Queen Latifah, der ehemalige Straßenhund Herr Schröder und die namenlose Katze hatten es sich ebenfalls hier im Schatten gemütlich gemacht. Die früheren Generationen haben schon gewusst, wie man Häuser baut, dachte Vera. Unter dem gemauerten Arkadengang war es sogar jetzt im Hochsommer angenehm kühl und luftig. Hier trocknete Vera ihre selbst angebauten Kräuterbuschen, Zwiebelzöpfe und Kukuruzkolben. Wobei letztere von Queen Latifah regelmäßig angepickt wurden. Sie war zwar ein äußerst kluges Huhn, aber den Unterschied zwischen Fressen und Deko kannte sie nicht.

Vera zog die Flip-Flops aus und massierte die wunden Stellen zwischen den großen Zehen. Sie hatte äußerst empfindliche Füße. Dann zog sie die Beine unter den Körper. »Also schieß los, Mama.«

Hilda überlegte. Sie musste strategisch vorgehen, wenn sie wollte, dass ihr Plan aufging. Ein Plan, den sie mit ihrer besten Freundin geschmiedet hatte, der Frau Fuith aus dem Bauernladen, mit der sie auch gemeinsam im Kirchenchor sang.

Hilda und Frau Fuith hatten beschlossen, die Vera zu verkuppeln. Mit dem Geidl, dem Taufkind von der Frau Fuith. Das Geidl war männlich, also ein Godlbua. Und er war lange weg gewesen, aber jetzt war er wieder da. Im Südburgenland. Bereit für einen Neuanfang mit der Vera. Zumindest wenn es nach dem Willen seiner Taufpatin ging. Noch kannte er die Vera ja nicht. Ein Klassebursch sei dieser Godlbua, hatte die Frau Fuith geschwärmt. Gut aussehend, erfolgreich, wohlhabend. Irgendwas mit Finanzen würde er machen. Was dieses Irgendwas sei, wusste die Frau Fuith leider nicht, aber er hätte ein tolles Auto, eine Dachterrassenwohnung in Wien und ein Landhaus in der Nähe des Burger Badesees. Das Haus wurde aktuell renoviert. Deswegen würde er derzeit im Hotel wohnen. Das klang wirklich so, als ob er Geld hätte. Das hatte der Hilda gleich gefallen. Denn was man sich erheiratet, das muss man sich nicht erarbeiten. Natürlich hatte Hilda gleich nachgeforscht, ob der Godlbua auch charakterlich in Ordnung war. Da hatte die Frau Fuith gesagt, dafür würde sie sich verbürgen. Beide Hände würde sie für den Godlbuam ins Feuer legen. Er wäre zwar geschieden, der Bua, aber unschuldig geschieden. Die Ex-Frau sei halt eine Kanaille gewesen. Dass man mit über 50 eine Vergangenheit hatte, hatte dann auch die Hilda akzeptiert. Und überhaupt, ein Mann, der noch nie verheiratet war, wäre ihr noch verdächtiger vorgekommen. Da hätte die Vera ja gleich beim Tom bleiben können, diesem ewigen Junggesellen. Ein Wirt, der noch dazu mehr trank als seine Gäste. Ihre besten Jahre hatte ihre Tochter an den Hallodri verschwendet. Nein, es war wirklich höchste Zeit, dass die Vera mit jemand Rechtschaffenem unter die Haube kam.

»Mama?«

»Ja?«

»Du wolltest was mit mir besprechen?«

»Ja. Also. Du musst heute ins *AVITA*.«

»In die Therme?«

»Nein, nicht in die Therme, ins Hotel. Der Godlbua von der Frau Fuith wohnt grad dort, weil sein Haus umgebaut wird. Er ist neu zuazogn.«

Vera schlug nach einer Fliege, die sie ins nackte Bein gebissen hatte, verfehlte diese aber knapp. Es klatschte laut, als ihre Hand den Oberschenkel traf. Herr Schröder öffnete ein Auge und gähnte.

»Und warum soll ich den Godlbuam von der Frau Fuith treffen?«

»Na, du bist ja Journalistin und kennst so viele Leute. Und er kennt noch niemanden und sucht neue Kontakte.«

»Kontakte?« Vera musterte ihre Mutter misstrauisch.

»Berufliche Kontakte. Er macht was mit Geld und Immobilien auch … glaub ich.«

»Mama, ich weiß nicht, ob ich da die Richtige bin.«

»Geh, bitt di gar schön, Vera, wenn ich dich einmal um etwas bitte. Ich hab es der Frau Fuith versprochen.«

»Du kannst ihr doch nix versprechen, ohne vorher mit mir zu reden.«

»Vielleicht ist er ein interessanter Interviewpartner für deine Zeitung? Er investiert auch in Wein.«

»Also Mama, was soll das für eine Story sein?« Vera blickte ihre Mutter zweifelnd an.

»Na, das wirst wohl selber herausfinden. Du bist ja die Journalistin, nicht ich. Heute Abend, 19 Uhr. Die Letta schlaft bei mir, wir müssen noch tiktoken, wegen der Wurstplatten warats. Bitte sei pünktlich. Und pick dir dieses Tattoo am Arm mit einem Pflaster ab.«

Sie deutete auf die japanische Mangafigur auf Veras rechtem Unterarm.

»Dieses schiarche Peckerl tu abkleben. Sonst schreckt sich der Godlbua leicht noch. Anständige Menschen fürchten sich vor so was.«

Vera verdrehte die Augen.

Hilda seufzte. Sie hätte ihrer Tochter auch noch gerne gesagt, dass sie bitte nicht eines dieser verschnittenen, schlammfarbenen Sackkleider anziehen solle, die diese als »urban« bezeichnete. Aber das verkniff sie sich dann doch. Nicht, dass Vera noch Lunte roch.

Hilda lehnte sich zurück und freute sich. Der Plan würde hinhauen. Da war sie sich ganz sicher.

KAPITEL 6 _ POST FÜR DENISE

Insekten legen auf Pflanzen winzige Spuren. Besucht eine Biene eine Blüte, hinterlässt sie ein kleines bisschen Speichel. Spinnen lassen winzige seidene Fäden zurück, Käfer Eier oder auch etwas Kot. In einem Projekt der Universität Trier haben Forschende frisch getrocknete Kräutertees untersucht. In einem einzigen Teebeutel fanden sie Spuren von bis zu 400 Insektenarten!

Ihr müsst diesen Leib verwandeln. Der Satz eines alten Mönches war Bettys Berufsmotto geworden. Viele denken ja, die einzigen Aufgaben einer Bestatterin wären es, die Verstorbenen schnell anzuziehen und in den Sarg zu legen. Dabei ging es bei diesem Beruf um so viel mehr. Betty verwandelte teils sehr grotesk aussehende Leichen wieder in Körper, die wirkten, als würden sie einfach nur friedlich schlafen. Betty machte es möglich, dass die Hinterbliebenen ihre Verstorbenen so in Erinnerung behielten, wie sie sie einst gekannt hatten.

Noch war Betty von diesem Ziel aber meilenweit entfernt. Denise wirkte wie ein kaltes Riesenbaby mit blaulila Antlitz. Und dann auch noch dieses weit aufgerissene Auge, das wirkte, als würde es seine Betrachter unentwegt anglotzen.

»Entschuldige bitte, aber das muss jetzt sein!«, sagte Betty. Sie streifte sich Handschuhe über und beugte sich über die Tote. Geschickt setzte sie der Leiche eine Kontaktlinse ein, auf der sich außen kleine Widerhaken befanden. Wie winzige Rosendornen, dachte sie. Dann griff sie zu einer Pinzette, packte damit das störrische Augenlid, hob es an und zog es mit Schwung über die Kontaktlinse. Problem gelöst. Betty richtete sich wieder auf. »Puh, du riechst schon ziemlich streng«, sagte sie halblaut. Sie griff zu einer Spraydose und sprühte eine großzügige Ladung Air Freshener in die Truhe. »*Desodin* überdeckt Verwesungsdünste und verbreitet Frische«, textete Betty. Sollte es je einen Werbespot für *Desodin* geben, wäre das der passende Slogan.

Denise war trotz ihres strengen Odors sehr sauber. Sollte sie sich beim Sterben eingekotet haben, so hatten die Pfleger im Oberwarter Spital das Malheur zum Glück schon beseitigt. Der Körper des toten Mädchens war von einem zeltartigen Kleid bedeckt. Denises Eltern hatten das Kleidungsstück vorbeigebracht, und Betty hatte es der Toten mit Max' Hilfe angezogen. Die Rückseite hatten sie dafür aufschneiden müssen. Da niemand auf die Idee kommen würde, Denise noch einmal umzudrehen, würde das aufgeschnittene Rückenteil hoffentlich niemandem auffallen. Es war ein hübsches Kleid aus luftigem, hellblauem Baumwolljersey. Die Tupfen darauf entpuppten sich bei genauem Hinsehen als winzige Mopsgesichter. Denise musste wirklich eine große Hundefreundin gewesen sein. Betty betrachtete das Foto, das die Eltern ihr gegeben hatten. Sie hatte darum gebeten, weil sie sich ein Bild machen wollte, wie die Verstorbene zu Lebzeiten ausgesehen hatte. Denise strahlte auf dem Foto, den Mund zu einem breiten Lächeln verzogen. In ihren Armen hielt sie den Hund, der ihre Traueranzeige zierte.

Sie konzentrierte sich wieder auf Denises Äußeres. Denise hatte regelmäßige Gesichtszüge, eine Stupsnase und volle Lippen. Die Ästhetik wurde allerdings durch die ungesunde Gesichtsfarbe massiv gestört. Außerdem stand Denises Mund leicht offen, was ihr ein dümmliches Aussehen gab.

Auch dafür hatte Betty eine Lösung, ein unauffälliges Utensil in Form einer beigen Achterschleife, die unter das Kinn geklemmt wurde und dieses nach oben drückte.

Betty griff nach ihren Make-up-Utensilien. Sie verteilte mit einem Pinsel großzügig gelblichbeige Grundierung im Gesicht der Toten, um die blaulila Gesichtsfarbe zu überdecken.

Denise strahlte Kälte aus. Eine Kälte, die jede Leiche umgibt, die stunden- oder tagelang in einem vier Grad kalten Kühlhaus gelegen hat. Die Kälte und vor allem die Haptik des toten Fleisches hatten Betty anfangs immer an die Rollbraten und Putenbrüste in den Kühlvitrinen der Supermärkte erinnert. Inzwischen war es für sie die normalste Sache der Welt, eine Leiche zu berühren.

Sie legte den Make-up-Pinsel weg. Die meisten Bestatter hätten ihre Arbeit jetzt für beendet erklärt, aber Betty hatte in Amerika, dem Land der offenen Sargbestattungen, die Kunst des Leichenschminkens in Vollendung gelernt. Sie beherrschte die Kunst des Contouring, eine Make-up-Technik, bei der Betty mit Bronzepuder Schatten und mit

Highlighter optische Lichtpunkte schuf, die Denises volles Gesicht definierter und schärfer und lebendiger wirken ließen.

Denise hatte auf dem Foto falsche Wimpern getragen. Betty fand in ihrem Schminkkoffer zwei künstliche Wimpernbänder, die wie tote Tausendfüßler aussahen. Sie kürzte sie auf die richtige Länge ein und befestigte sie dann mit Klebstoff auf den oberen Lidrändern der Toten. Pfirsichfarbenes Lipgloss, etwas Rouge und dann noch schnell die Haare mit Trockenshampoo einsprühen und aufföhnen … Schon sah Denise aus wie eine amerikanische Prom-Queen in einer Disney-Serie. Betty betrachtete stolz ihr Werk.

»Betty, da ist wer.« Max stand an der Tür. »Er würde sich gerne von Denise verabschieden.«

Betty drehte sich um: »Sag ihm, er hat sich im Tag geirrt. Die Verabschiedung ist erst morgen.«

»Das hab ich ihm gesagt, aber er lässt sich nicht abwimmeln.« Max senkte die Stimme. »Er wirkt total verzweifelt. Er hat mir alles erzählt. Es ist der Lebensgefährte von ihr. Du, das ist der, der nicht auf die Parte durfte. Morgen ist er auch nicht eingeladen.«

Betty seufzte. Sie hatte schon öfters erlebt, dass ihre Auftraggeber versuchten, Verwandte von Beerdigungen und Verabschiedungen auszuschließen: den ungeliebten Halbbruder, den verhassten Ex-Mann, die Kinder aus erster Ehe.

Sie erinnerte sich sogar an einen Fall, in dem eine Witwe die Traueranzeigen handschriftlich mit folgendem Vermerk versehen hatte: »Die anderen Weiber von meinem Karli mögen bitte zu Hause bleiben.« Da hatte es vielleicht ein Gerede in Oberwart gegeben. Vor allem, weil nicht klar war, ob nur die beiden Ex-Frauen gemeint waren oder alle, mit denen der Karli etwas gehabt hatte. Fakt war: Es kamen nur sehr wenige Frauen zur Beerdigung vom Karli.

Betty seufzte erneut. Sie dachte nach. Rechtlich war die Sachlage nicht so eindeutig. Es war ihr Bestattungsunternehmen, aber die Csmarits hatten den Verabschiedungsraum für morgen gemietet und dadurch während der Zeremonie eine Art Hausrecht erworben.

Betty beschloss, es gar nicht auf eine Eskalation ankommen zu lassen. »Er kann sie jetzt sehen. Hilf mir«, sie deutete auf das Rollwagerl, auf dem der Truhensarg stand, »wir bringen sie in den Verabschiedungsraum.«

»Aber der ist noch gar nicht geschmückt«, widersprach Max.

»Das ist doch egal. Er ist ja nicht wegen der Blumen und Kerzen da, sondern um seine tote Freundin noch einmal zu sehen.«

Der Mann, den sie zehn Minuten später in den Verabschiedungsraum führte, hatte tatsächlich nur Augen für Denise. Betty erschien er deutlich älter als das tote Mädchen. Sein Gesicht war von Kummer gezeichnet, dennoch wirkte er jugendlich. Er hatte einen fitten, geschmeidigen Körper und bewegte sich leichtfüßig wie Pierre Brice in diesen uralten Winnetou-Filmen. Der lief auch immer so elastisch, wenn er etwas auskundschaftete. Der Mann trat in Pierre-Brice-Manier auf den Sarg zu und legte Denise ungeschickt die Hand auf die Schulter. Dann nahm er die Hand schnell wieder weg, als hätte er sich verbrannt.

Er sah Betty vorwurfsvoll an. »Sie sieht schlecht aus!«

»Wie bitte?« Betty war in ihrer Bestatterinnenehre erschüttert.

Er rang nach Worten. »Nein, ich meine nicht das Makeup … Sie … sie sieht schlecht aus. So eingefallen.« Er biss sich auf die Zunge. »Entschuldigen Sie bitte. Ich … Ich kann es immer noch nicht glauben, dass sie tot ist.«

»Das verstehe ich gut. Das braucht Zeit«, sagte Betty. »Gerade die unerwarteten Todesfälle sind besonders schmerzvoll. In einem Moment fühlt man sich der Person noch ganz nah, und im nächsten Augenblick realisieren wir, dass wir den geliebten Menschen nie wieder sehen werden …«

Betty bemerkte, dass sie die Aufmerksamkeit ihres Gegenübers verloren hatte. Der Mann hörte ihr nicht richtig zu, schien mit seinen eigenen Gedanken beschäftigt.

»Möchten Sie einen Moment alleine mit Denise sein?«, fragte Betty.

Der Mann schüttelte den Kopf. »Nein, aber …« Er blickte Betty an. Ein Leuchten ging über sein Gesicht. »Darf ich … darf ich ein Selfie mit ihr machen?«

»Ein Selfie?« Betty starrte den Mann entgeistert an. Ihr war in ihrer Bestatterinnenkarriere im Südburgenland schon viel untergekommen, aber das hatte sie noch nie jemand gefragt.

»Ja, ich hätte gerne ein letztes Foto mit ihr. Dieses Bild würde mich an all das erinnern, was wir zusammen erlebt und auch erlitten haben«, sprudelte es aus ihm heraus.

Betty wusste darauf nichts zu sagen. Der Mann zückte ein Handy, stellte sich vor sie und den Sarg, hob die rechte Hand mit dem Telefon in die Höhe und drückte dann auf den Auslöser. Betty machte einen Schritt zur Seite und drückte sich gegen die Wand. Sie wollte keinesfalls auf dem Foto sein. Der Mann reckte den Arm noch weiter von sich weg und blickte grimmig drein.

Es war dieser Blick, der Betty verstörte. Dieser Blick, der so anders war als bei einem normalen Selfie, wo die Menschen immer lächeln. Aber hätte er in dieser Situation lächeln sollen?

»Danke«, sagte er, steckte sein Handy weg und ging zur Tür. Betty folgte ihm. Sie war verwirrt. Ihr Bauchgefühl sagte ihr, dass sie ihm dieses Selfie hätte untersagen sollen. Aber mit welcher Begründung? Störung der Totenruhe? Wohl kaum. Aber was, wenn er dieses Selfie veröffentlichen würde? Welches Licht würde das auf ihre Bestattung werfen? Was würden die Csmarits sagen, wenn sie davon Wind bekämen? Panik stieg in ihr auf.

»Sie … Sie posten dieses Bild doch bitte nicht?«, sagte sie.

Er lächelte, aber das Lächeln kam nicht bei seinen Augen an. »Natürlich nicht. Das ist nur für mich.«

»Ich muss Sie noch um etwas bitten«, sagte er verschwörerisch. »Können Sie diesen Brief unter ihr Kleid schieben?«

»Unter ihr Kleid?«

»Ihre Eltern sollen ihn nicht sehen.« Er lächelte wieder und entblößte dabei sein Gebiss. Die untere Zahnreihe schief, die obere gerade.

Betty sah ihn verstört an.

»Bitte!« Die Zähne verschwanden, als er den Mund schloss und den Finger auf die Lippen legte.

Sie nickte und nahm den Brief an sich.

»Jetzt haben wir ein kleines Geheimnis«, murmelte er.

Betty hatte genug. »Sie müssen jetzt bitte gehen«, sagte sie. »Ich habe noch einen Termin.« Sie verließ den Verabschiedungsraum und deutete Richtung Ausgang. »Auf Wiedersehen, Herr ...?«

Statt seinen Namen zu sagen, hob er die Hand und berührte ihren Nacken.

Betty wich erschrocken zurück. Ihr Herz klopfte bis zum Hals.

»Entschuldigen Sie bitte, ich wollte Sie nicht erschrecken. Ich wollte da nur was richten. Das Etikett Ihres Kleides ist rausgestanden.«

KAPITEL 7 _ VERA TRIFFT DEN GODLBUAM

In Rumänien leben zehn Millionen Schafe und rund 3.000 Wölfe.

Es heißt, dass schon die alten Römer die Sauerquellen von Bad Tatzmannsdorf gekannt haben. Im 17. Jahrhundert begann man, den »Sprudelquell des Heils«, wie es in einer Chronik heißt, als Kurbad zu nutzen. Zunächst kamen vor allem Adelige mit Durchblutungsstörungen und Damen der Wiener Gesellschaft mit Kinderwunsch. Sie tranken das Heilwasser und fühlten sich besser. Dass sich der Kinderwunsch dann weniger wegen der Trinkkur, sondern eher wegen eines Kurschattens, also einer amourösen Begegnung während der Kur, erfüllt haben soll, ist ein unbestätigtes Gerücht. Franz Grillparzer und Adalbert Stifter waren laut Aufzeichnungen wegen Kohlensäurebädern und Moorpackungen da. Lili Strauss, die zweite Frau des Komponisten Johann Strauss, wegen der Kunst. Sie eröffnete hier 1909 ein Fotoatelier, das leider pleiteging.

Aus jahrhundertealter Kurtradition entwickelte sich in den 1990er-Jahren der »Thermen-Boom« im Burgenland. Der Wellnessgedanke hatte das Land erfasst. Man musste nicht mehr krank sein oder schwanger werden wollen, um sich ein Thermalbad zu gönnen.

Jetzt ging es um Entschleunigung, innere und äußere Balance, Auszeit vom Alltag.

Wenn Journalistin Vera das Wort »Therme« hörte, tauchten vor ihrem inneren Auge sofort die bunten Bilder der Tourismuswerbung auf.

Luxuriöse Bade- und Saunalandschaften mit hübschen Menschen. Wahlweise in kuscheligen weißen Bademänteln oder splitternackt, selig lächelnd auf einer Behandlungsliege. Daneben ein Stillleben aus Handtüchern, Kerzen und aufeinander gestapelten Kieselsteinen.

Ich sollte auch wieder mal in die Therme gehen, dachte sie, als sie über den Parkplatz des Hotels *AVITA* Richtung Haupteingang ging. Auch im Sommer war die Therme gut besucht. Das lag an dem großzügigen Outdoorbereich. Als Herzstück ein Schwimmteich mit glasklarem Wasser, rundherum Seerosen und Schilflandschaft.

Musik waberte von der Sonnenterrasse Richtung Parkplatz. Barbecues mit Livemusik und Late-Night-Schwimmen waren an lauen Sommerabenden wie heute besonders beliebt.

Vera ließ die Therme links liegen und betrat die Lobby des Hotels.

Sie passierte die Rezeption und ging zum Eingang des Hotelrestaurants. Der Restaurantleiter kam auf sie zu und lächelte sie erwartungsvoll an.

»Guten Abend, darf ich um Ihre Zimmernummer bitten?«

»Ich bin kein Hotelgast, aber ich bin mit einem Ihrer Gäste verabredet. Herr Biela erwartet mich. Mein Name ist Vera Horvath vom ›Burgenländischen Boten‹.«

Der Restaurantleiter blickte suchend auf seine Liste.

»O ja, da haben wir es ja. Herr Biela erwartet Sie in der Penthouse-Suite.«

»In der Penthouse-Suite?«

Vera hatte schon von der Penthouse-Suite gehört. Die war vor allem bei Honeymoonern sehr beliebt.

»Das muss ein Missverständnis sein«, sagte sie. »Ich bin nicht mit ihm … also ich bin wegen eines beruflichen Termins hier. Er ist nicht mein …«

Die Mundwinkel des Restaurantleiters zuckten kaum merkbar, während er versuchte, ein professionelles Gesicht zu machen.

»Herr Biela macht alle seine Termine in der Penthouse-Suite. Meine Mitarbeiterin wird Sie nach oben begleiten.«

Wie aus dem Nichts tauchte eine junge hübsche Frau auf, die Vera zu den Aufzügen begleitete. Sie zückte eine Karte und hielt sie gegen das Display, bevor sie das Stockwerk auswählte. »Wenn Sie oben aussteigen, gehen Sie nach rechts, noch einmal nach rechts und dann immer geradeaus.«

Die Servicemitarbeiterin hielt die Hand vor die Lichtschranke, damit die Türen offen blieben, bis Vera eingestiegen war. Dann schlossen sich die Türen des Aufzugs beinahe geräuschlos.

Danke, Mama. Wo bin ich da bitte hineingeraten?, dachte Vera und ging den Gang entlang, der offenbar einen älteren Teil des Hotels mit einem neueren verband. Die Penthouse-Suite war leicht zu finden. Sie klopfte zaghaft an die Tür.

Von drinnen war Stimmengemurmel zu hören. Eine Sprache, die Vera nicht verstand. Schritte. Dann wurde die Tür geöffnet. »Ja bitte?«

Ein Mann blickte sie an. Ganz kurzes Haar, Bartschatten. Suchende Augen, rastloser Blick.

Das ist der Typ aus dem *Il Sapore*, dachte Vera.

»Ich brauch noch ein bisschen«, sagte der Mann und deutete ihr, auf der Couchlandschaft Platz zu nehmen. »Ich bin noch in einer Besprechung. Möchten Sie inzwischen etwas trinken? Wasser ist hier. Ich kann den Zimmerservice rufen, wenn Sie etwas anderes möchten.«

Er wirkte beschäftigt, kurz angebunden. Vera reagierte darauf mit Erleichterung, in die sich eine winzige Prise Enttäuschung mischte. Sie hatte vermutet, dass ihre listige Mutter Hintergedanken gehabt hatte, als sie das Treffen arrangierte. Übergriffig, wie sie eben war. Aber irgendwie wäre es auch sehr romantisch gewesen, von einem gut aussehenden Unbekannten in der Penthouse-Suite eines schicken Hotels erwartet zu werden.

Bernd Biela ging zum Esstisch zurück. Dort saßen bereits zwei Männer, die Vera kaum eines Blickes würdigten. Zu sehr waren sie in eine Debatte verstrickt. Die Sprache, die sie sprachen, klang wie Italienisch. Fast.

Vera nahm sich ein Mineralwasser und musterte Bernd so unauffällig wie möglich.

Er erinnerte sie ein bisschen an den Juror einer Castingshow. Der Juror sah immer drein, als hätte er Zahnweh, wenn jemand Talentbefreiter die Bühne betrat und falsch sang. Der Investor sah aus, als hätte er Zahnweh, während er den Ausführungen der beiden Männer lauschte. Irgendwann wurde die Diskussion hitzig, und kurz wirkte es so, als würde es eskalieren. Aber dann lachte der Biela laut auf, und die beiden Gäste stimmten lauthals ein. Unter viel Händeschütteln und Schulterklopfen verabschiedete man sich.

Bernd Biela sah erschöpft aus, als er zurückkehrte und sich Vera zuwandte.

Er setzte sich auf den Fauteuil vis-à-vis dem Sofa und schlug die Beine übereinander.

»Also, schießen Sie los.«

»Losschießen?« Vera war verwirrt. »Was wollen Sie denn wissen?«

»Was ich wissen will? Ich dachte, Sie stellen die Fragen?«, lachte er amüsiert. »Meine Patentante hat gesagt, Sie wollen mich interviewen. Haben Sie denn nichts vorbereitet?«

»Interviewen. Ja genau«, sagte Vera gedehnt und verfluchte ihre Mutter und die Frau Fuith.

Wie kam sie aus der Nummer bloß wieder raus? Wenn Vera ein Interview führte, bereitete sie sich natürlich darauf vor, recherchierte, überlegte sich Fragen. Über diesen Mann wusste sie nichts, außer, dass er der Godlbua von der Freundin ihrer Mutter war, was mit Finanzen machte und etwas mit Hacki zu tun hatte. Sollte sie das Missverständnis aufklären? Ihm sagen, dass sie hier war, weil sie gedacht hatte, er hätte um das Treffen gebeten? Er hätte was von ihr gebraucht …

Sie sah das selbstgefällige Lächeln auf seinen Lippen und entschied sich dagegen. Lieber nicht. Er sah sie immer noch erwartungsvoll an.

»Was war das gerade für eine Sprache?«, fragte sie spontan.

Er sah sie überrascht an. »Das war Rumänisch. Ein Weingut in Rumänien. Das war meine erste Investition in Sachen Wein.«

»Na, dann fangen wir am besten da an«, sagte Vera. »Erzählen Sie mir einfach in Ihren Worten, wie das alles war, wie alles begonnen hat …« Sie drückte die Aufnahmetaste auf ihrem Smartphone und lehnte sich zurück.

Als typischer Südburgenländer hatte Bernd Biela schon immer eine Schwäche für Wein gehabt. Die behielt er auch bei, als er nach seinem Wirtschaftsstudium bei einer internationalen Privatbank anheuerte. Arbeits- und Wohnorte wechselten im Halbjahrestakt, aber jedes seiner Appartements hatte einen Weinkühlschrank. Und jedes gute Geschäft wurde mit einem außergewöhnlich guten Tropfen gefeiert. Unzählige Liter Wein von der *Domaine de la Romanée-Conti*, dem *Château Pétrus* oder dem *Château Lafite-Rothschild* rannen damals durch seine Kehle.

Bernd Biela war gut in seinem Geschäft. Mehr als der klassische Aktienmarkt interessierten ihn Capital Ventures, Private-Equity-Geschäfte, begrenzte Kapitalbeteiligungen an jungen, innovativen, nicht börsennotierten Unternehmen. Er führte diese Deals im Namen seiner Kunden durch, bekam dafür fette Provisionen, und irgendwann fing er an, selber zu investieren.

Im Gegensatz zu vielen anderen seiner Zunft investierte er immer nur in Branchen, die ihm wirklich gefielen. Projekte, die Kunst, Kultur oder Genuss versprachen. Seine erste Investition in Sachen Wein war in Rumänien. Er erwarb eine Beteiligung an einem Weingut in Mutenien, einem Gebiet in der ehemaligen Walachei, idyllisch an den Hängen der Karpaten gelegen. Bernd hatte große Hoffnungen. Rotweine wie im Bordeaux wollte er herstellen. Klima und Böden waren perfekt für Merlot, Cabernet Sauvignon, Pinot Noir und die autochthone Sorte Fetească Neagră. Autochthone, also alte typisch regionale Sorten begannen in dieser Zeit zu boomen.

Die Rotweine hier zeichneten sich durch eine seidige Struktur und ein langes Finish aus. Als Kenner liebte er den vollmundigen Geschmack, erkannte Noten von Beeren, Gewürzen, Schokolade und Kaffee. Die Franzosen konnten sich schon mal warm anziehen, dachte Bernd.

Aber der Traum vom Spitzenwein der *Domaine Biela* war schnell ausgeträumt, als er merkte, dass ihn seine rumänischen Partner eiskalt über den Tisch zogen. Sie kelterten nicht nur die makellosen, unversehrten Trauben, wie das für Spitzenweine üblich ist, sondern ließen alles zusammensammeln, was da an den Reben hing oder am Boden lag. In Folge wurden gleich doppelt so viele Flaschen Wein produziert wie ausgemacht. Die Hälfte davon wurde aber am »dummen« Investor vorbei verkauft. Den Profit steckte sich sein Partner in die eigene Tasche. Bernd Biela war erzürnt, als er den Betrug bemerkte. Er brach seine Zelte ab. Mit Rumänien machte er zwar nach wie vor Kreditgeschäfte, so auch mit den beiden Besuchern in der *AVITA*-Therme. Wenn es aber um sein Steckenpferd, den Weinbau, ging, wollte er künftig auf Nummer sicher gehen. Er hatte genug von korrupten Partnern und windigen Kellermeistern. Er wollte wieder dorthin, wo er die Menschen kannte. Wo es eine funktionierende Gesellschaft gab. Wo die Leute noch füreinander da, die Winzer auch vor Ort zu Hause waren. Er kehrte zurück ins Südburgenland.

Dort traf Bernd Biela auf Leo »Hacki« Liszt. Eine glückliche Fügung gerade zur rechten Zeit. Hacki hatte mit seiner Ex-Frau deren alteingesessenen Familienbetrieb, ein renommiertes Weingut in der Südsteiermark, geführt. Nach der Scheidung war er zurück auf den elterlichen Weinhof auf den Csaterberg gezogen. Die Eltern hatten ihrem einzigen Sohn nur allzu gern die Zügel übergeben. Und Hacki legte sich ins Zeug. Die Kritiker waren begeistert.

Doch die Rückschläge ließen nicht lange auf sich warten. Zumeist war das Wetter schuld. Ein Spätfrost im Mai, ein Hagel im August. Und dann stellte die Bank auch noch einen Kredit fällig, den der Vater einst unwissend und schlecht beraten zu miesen Konditionen abgeschlossen hatte.

Hacki war verzweifelt, bis man ihm Bernd vorstellte. Bernd, der von der ersten Sekunde an begeistert war und zu begeistern wusste. Bernd, der seine Visionen teilte und das nötige Kapital hatte, um diese zu realisieren. Bernds Geld und Hackis Talent für Wein, das war ein Match made in heaven.

»Und seither reitet ihr gemeinsam in den Sonnenuntergang«, sagte Vera Horvath, nachdem ihr Bernd die ganze Story erzählt hatte.

Bernd musste schmunzeln. »Sozusagen.«

Veras Magen knurrte.

»Oh, ich bin ein lausiger Gastgeber. Soll ich uns Abendessen bestellen?«

»Wohin bestellen? Sie meinen hierher? In die Suite?«

»Zimmerservice?« Vera fand sein Gebaren ein bisschen allürenbehaftet.

»Machen die das hier überhaupt?«

»Ja klar, warum nicht? Ich bestelle ständig Zimmerservice rauf. Ich mag es, wenn das Essen serviert wird. Büfetts sind mir ein Graus. Man vergisst immer die Hälfte und muss ständig aufstehen. Und wenn man zum Tisch zurückkommt, ist die eine Hälfte kalt und die andere versehentlich abserviert worden.«

Vera musste ihm innerlich recht geben.

Bernd griff zum Hörer. »Ich würde gerne bestellen. Zweimal das Abendmenü.«

Er blickte kurz zu Vera. »Möchten Sie lieber Zander auf Paprikakraut, gebratene Beiried oder Rote-Rüben-Gnocchi?«

»Zander bitte«, sagte Vera, beim Steak blieben immer Fleischfasern in den Zähnen hängen, und womöglich würde der Zimmerservice auf die Zahnstocher vergessen.

»Bringen Sie uns bitte auch eine kleine Auswahl an Desserts. Und dann noch etwas Käse und drei Flaschen Rotwein.« Er überlegte kurz. »Einen *Cuvée Löwenwacht 2018*, einen *Polczer Cuvée Ried Reihburg 2018* und einen *Perwolff* vom Krutzler. Selber Jahrgang.«

»Drei Flaschen Wein?« Vera sah ihn verwirrt an.

Er grinste. »Ich kenne ja Ihre Vorlieben noch nicht.«

KAPITEL 8 _ DER GARTENKLUB LIEBT LAVENDEL

Lavendel produziert einen Duft, der Fliegen, Wespen und Mücken fernhält, aber zugleich Bienen, Schmetterlinge und Hummeln anlockt.

»Ich muss euch etwas sagen«, sagte Johanna. »Es kann hier nicht mehr so weitergehen wie bisher.«

Die Chefin des *Klubs der Grünen Daumen* sah mit ernstem Blick in die Gartenrunde.

»Ihr wisst ja, dass so ein Hofladen keine Goldgrube ist, eher ein Groscherlgeschäft. Nicht, dass ich reich werden möchte, das wollte ich nie. Aber inzwischen ist es zu wenig zum Leben und zu viel zum Sterben.«

Vera sah betroffen zu Boden. Klar hatten sie das alles geahnt. An den regionalen Lebensmitteln, die Johanna als Nahversorgerin verkaufte, war kaum etwas zu verdienen. Und was das andere Zeug anbelangte, das Emaillegeschirr, das Gartenwerkzeug, die Dekoartikel – irgendwann war der Bedarf der Kunden gedeckt. Johanna siedete auch Seifen. Aber wie viele Seifen braucht ein Mensch in einem Jahr?

»Es muss sich also was ändern. Ich muss mich verändern. Auch wenn mir Veränderungen schwerfallen, wie ihr wisst.«

Vera wurde ganz bang ums Herz. Wollte Johanna den Laden schließen? Den Hof an einen Zuagroasten verkaufen, der als Allererstes ein »Betreten verboten«-Schild auf dem Zufahrtsweg aufstellen würde? Was für ein schrecklicher Gedanke. Keine Gartenklubtreffen mehr, nie mehr ein Tratscherl über die Verkaufsbudel hinweg. Ein Leben ohne Johannas Hofladen war beinahe undenkbar.

»Sperrst du zu?«, fragte Isabella vorsichtig und drückte das Baby ein bisschen fester an sich, ganz so, als wolle sie sich daran festhalten.

Johanna schaute sie verwirrt an. »Nein, warum soll ich zusperren? Ich eröffne ein Gartencafé. Gemeinsam mit Eva und Mathilde.«

»Was? Wo? Wie herrlich! Wie cool ist das? Und ihr seid auch dabei? Warum erfahren wir das jetzt erst?« Fragen über Fragen schwirrten durch die Luft. Johanna hob abwehrend die Hand. »Langsam, langsam, immer der Reihe nach. Ich erzähl euch ja schon alles.« Sie lächelte verschmitzt. »Eigentlich hat mich der Finz darauf gebracht«, sie zeigte auf den braun gebrannten Mann, der grinsend zwei Finger an seine Kappe legte. »Der hat mit der *Inkaerde* wohl zu viel Geld verdient und will jetzt in mich und in seine holde Eva investieren. Oder er braucht einen Abschreibposten.«

»Von wegen Abschreibposten. Dein Hofladen liegt direkt an der neuen E-Bike-Route auf den ehemaligen Bahntrassen«, erklärte Finz. »Denk nur an all die hungrigen und durstigen Radler, die bei euch einkehren werden. Das wird ein Erfolg. Das ist eine g'mahte Wiesn.«

»Ein eigenes Café war immer schon mein Traum«, erklärte Eva mit leuchtenden Augen und drückte Finz' Hand. »Ich hab so viele Ideen. Wir werden Veranstaltungen machen, Lesungen, Gartenvorträge, Vernissagen, Musik im Grünen.«

»Und du, Mathilde, machst auch mit?« Vera wandte sich an die Rockabilly-Köchin, die heute mit leuchtend roten Capri-Pants und rot-schwarz getupfter Bluse wieder besonders modisch gekleidet war. »Ich kann gar nicht glauben, dass du das vor mir geheim gehalten hast.« Mathilde war als Tratschen bekannt, was ihr freilich egal war. Sie zuckte nur gleichmütig mit den Achseln. »Die Johanna hat's nicht erlaubt, bis alles fix ist. Und vor der Johanna fürcht ich mich.«

Johanna runzelte die Stirn. »Vor mir braucht sich niemand fürchten.«

»Und wann geht es los?«, fragte Betty, die Bestatterin, die bis jetzt schweigend zugehört hatte.

»Im Herbst. Wir müssen hier noch ein bisschen umbauen. Die Wirtschaftsküche muss zur Gastroküche werden. Aber wir werden in Bildein beim *picture on* einen Stand mit Strudeln und Mehlspeisen haben und dort schon kräftig Werbung für das *Bliamal* machen.

»*Bliamal*?«, fragte Betty,

»Ja, *Bliamal* – das heißt Blume. Wie denn sonst?«, sagte Johanna.

»Wie denn sonst«, echote Vera.

Mitzi, die Altbäuerin, und Grete, die Künstlerin, näherten sich. Auch Johanna sah sie. »Gut, unsere Nachzüglerinnen sind auch endlich da, jetzt können wir mit dem heutigen Thema beginnen. Wir widmen uns heute dem Lavendel.«

»Wo ist denn die Marlies?«, unterbrach Vera sie. Die Polizistin war ihr auch schon das letzte Mal abgegangen. »Urlaub«, antwortete Mathilde wie aus der Pistole geschossen. »In Kroatien. Mit dem Campervan. Mir wäre es ja im August in Kroatien zu heiß. Ich find's überhaupt nicht notwendig, im Sommer wohin zu fahren. Bei uns ist es im Sommer so schön. Urlaub ist doch nur Stress. Immer muss man sich was anschauen und Beweisfotos machen, dass man dort war.« Mathilde schüttelte sich. »Ich muss dorthin, ich muss hierhin. Ich krieg die Krise, wenn ich an Urlaub denke, Stau bei der Anreise, staubige Straßen bei 50 Grad, die Steine am Strand in Kroatien sind auch voll heiß. Da verbrennt man sich die Fußsohlen.« Sie schnaufte abschätzig.

»Nachdem das auch geklärt ist, können wir wohl bitte *wirklich* beginnen«, sagte Johanna und wischte sich den Schweiß von der Stirn. Es war auch im Südburgenland brütend heiß. Sogar hier im Schatten.

Sie hatte einen Tisch vorbereitet, auf dem zu Anschauungszwecken verschiedene Lavendeltöpfchen standen, darunter Englischer Lavendel in klassischen Blau- und Lilatönen, aber auch seltenere weiß- und rosablühende Sorten. »Meine Lieblingssorte ist *Hidcote Blue*, eine bewährte englische Sorte mit dunkelblauvioletten Blüten, stark duftend, langsam und kompakt wachsend«, erklärte Johanna. »*Hidcote Blue* ist der dunkelste und schönste Lavendel. Ich nehm ihn gerne für Blumenarrangements und zum Trocknen.«

»Das daneben mit den blassrosa Blüten ist *Hidcote Pink*, die benötigt einen regelmäßigen Schnitt. *Dwarf Blue* blüht violett und eignet sich gut als Beeteinfassung und für Dufthecken.« Sie schnupperte kurz an der Pflanze vor ihrer Nase. »Und das da drüben ist *Melissa*: Die Knospen sind erst zartrosa, blühen dann aber in strahlendem Weiß.«

Sie reichte die Töpfchen herum, damit alle daran riechen konnten.

»Eine zweite große Lavendelgattung ist der Schopflavendel. Der heißt so, weil seine Blütenstände aussehen wie Haarschöpfe. Er wächst im Gegensatz zum Echten Lavendel nicht in Bergregionen, sondern in Küstennähe und braucht kalkarme, sandige Böden. Wichtig zu wissen: Schopflavendel ist nicht frostfest.«

Das erklärt, warum die bei mir im Winter ständig eingehen, dachte Vera.

»In meinem Garten findet ihr noch weitere Lavendelsorten. Darunter *Lavandula officinalis*, den Apothekenlavendel.«

Johanna wandte sich an die Kräuterpädagogin. »Isabella, möchtest du uns was über die Heilwirkung und Volkskunde erzählen?«

Isabella legte ihr Baby auf eine Decke neben sich und begann zu sprechen. »Der Name Lavendel leitet sich von lavare ab, dem lateinischen Wort für waschen. Zwar reinigt Lavendel selbst nicht, doch er umgibt einen mit einem Geruch von Klarheit und Frische.«

»Mich kannst mit Lavendel jauken. Der riecht für mich nach alter Oma«, sagte Mathilde. Alle lachten.

Isabella musste schmunzeln. »Da bist du nicht allein. Es gibt aber viele Lavendelfans. Marder gehören auch dazu. Sie wälzen sich gern in Lavendel, um sich für die Brautsuche zu parfümieren! Wenn ihr euren Lavendel platt gedrückt, zerwühlt und mit abgebrochenen Zweigen vorfindet, hattet ihr vermutlich nachts Besuch von einem Marder.«

»Und was kann man dagegen machen?«, fragte Betty.

Isabella dachte nach. »Klangspiele vielleicht. Marder sind sehr geräuschempfindlich. Du könntest versuchen, Wildrosen um den Lavendel herum zu pflanzen als natürliche Schutzmauer. Das sieht auch hübsch aus.«

»Allerdings haben Rosen und Lavendel unterschiedliche Ansprüche an den Boden«, wandte Johanna ein. »Rosen mögen tiefgründigen, humosen Boden, und der aus dem Mittelmeerraum stammende Lavendel mag es sandig und durchlässig.«

»Wir haben für beide Pflanzen passende Erdmischungen bei der *Inkaerde*«, sagte Finz geschäftstüchtig. Eva lächelte ihm zu. Mathilde, die das sah, blickte kurz zu Vera und steckte sich dann den Finger andeutungsweise in den geöffneten Mund. Vera prustete los. Mathilde machte sich über die beiden Lovebirds lustig.

»Die alten Ägypter nutzten Lavendel zum Einbalsamieren ihrer Mumien«, erklärte Isabella und sah beim Thema Bestattung kurz zu Betty hinüber. »Die Römer gaben Lavendel ins Badewasser. Die große Heilerin Hildegard von Bingen empfahl Lavendelöl gegen Kopf- und Zahnschmerzen. Und Lavendelöl wurde traditionell eingesetzt, um aufgedrehte Kinder zu beruhigen …«

Isabella muss ihr Kind auch in Lavendelöl baden, dachte Vera. Sie hatte noch nie ein ausgeglicheneres Baby als Ivy erlebt, die fröhlich brabbelnd den Himmel anlächelte.

»Lavendel gilt auch als Schutzpflanze und konnte angeblich Hexen retten, die vom Teufel verfolgt wurden«, erzählte Isabella lächelnd weiter. »Sie brauchten sich nur auf einen Lavendelstock zu setzen, und der Teufel konnte ihnen nichts mehr anhaben.« Isabella blickte kurz auf ihr Skript.

»Lavendelpflücker sollen bei Tuberkulose-Epidemien eher verschont geblieben sein. Wer sich ein mit Lavendelöl getränktes Tuch vor den Mund hielt, erkrankte im Mittelalter angeblich weniger leicht an der Pest. Solche mit Lavendelöl, Essig und anderen Kräuterauszügen getränkten Tücher wurden auch in die Schnabelmasken der Pestärzte gesteckt. Heute wissen wir, dass ätherisches Lavendelöl tatsächlich antibakterielle Eigenschaften hat.«

»Und weil du vorher gemeint hast, es wäre ein Alte-Oma-Geruch«, Isabella blickte zu Mathilde. »Das war nicht immer so. Ludwig XIV. überreichte Frauen, die er begehrte, in Ambra getränkte Lavendel-Ähren. War die Angebetete geneigt, seinem Drängen nachzugeben, schob sie sich im Angesicht des Königs eine dieser Ähren in den Mund.«

Vera machte sich schnell eine Notiz in ihrem Handy. Sie schrieb für den »Burgenländischen Boten« eine Serie über Botanik und Pflanzenwissen. Die Geschichten, die im *Klub der Grünen Daumen* erzählt wurden, kamen dabei immer am besten an. »Und …« Isabella machte eine Pause. »Das wird dich besonders interessieren, liebe

Mathilde. Mit Lavendel parfümierte Wäsche soll widerspenstige Männer gefügig machen.«

Alle lachten. Die Anwesenden wussten, dass die Mathilde immer Zores mit ihrem Freund Gerhard hatte, der meist nicht so tat, wie sie wollte.

Mathilde war gutmütig genug, um in das Lachen einzustimmen.

Isabella sah sie an. »Magst du übernehmen?«

Mathilde nickte, nahm ihren Korb und stellte ein paar Schraubgläser und Dosen auf den Tisch. Isabella setzte sich wieder zu ihrem Baby und begann, dessen Füße zu kitzeln, was bei Ivy freudiges Jauchzen hervorrief.

»Ich rede nicht viel, sondern lass euch lieber kosten«, sagte Mathilde, die kleine Gläschen mit einer Kräutermischung mitgebracht hatte. »Das ist eine berühmte französische Gewürzmischung namens *Herbes de Provence*. Lavendel ist ein wichtiger Bestandteil davon. Ich hab euch ein Rezept dafür aufgeschrieben. In England ist Zucker mit Lavendelgeschmack beliebt. Wenn ihr das nachmachen möchtet, empfehle ich euch, Lavendelblüten mit der dreifachen Menge an Zucker zu mörsern. Ich habe euch auch Lavendelsirup, Lavendelessig und Lavendeltee mitgebracht, obwohl ich das alles selber nicht mag. Für mich schmeckt das alles nach Seife und Badewasser.«

»Danke für deine aufrichtigen Worte«, sagte Johanna.

»I tatat deis Kreidl a liawa in a Sackerl eini und in a Schublod gebn. Des hüft durt genga d' Mottn und Fleh*«, sagte Mitzi pragmatisch.

* Ich täte das Kraut lieber in eine Tüte und in eine Schublade geben. Das hilft dort gegen Motten und Flöhe.

»Guter Tipp«, sagte Johanna. »Lavendelsäckchen im Kleiderschrank und in der Schublade sind ein altbewährtes Mittel gegen Ungeziefer. Und jetzt lasst uns zum gemütlichen Teil übergehen. Das Büfett ist eröffnet.« Sie sah Mathilde an. »Es gibt auch Blechkuchen mit Marillen … da ist kein Lavendel dabei.«

Alle lachten.

Vera nahm sich ein Brot mit Ziegenfrischkäse und Tomaten, das großzügig mit *Herbes de Provence* bestreut war, und ein Glas mit verdünntem Lavendelsirup und ließ sich neben Ivy und Isabella auf den Boden sinken. Die beiden hatten zum Glück nichts dagegen, dass die Spieldecke, auf der Ivy lag, jetzt auch als Picknickdecke genutzt wurde. Mathilde schnappte sich ein Stück Kuchen und ein Glas Wasser und setzte sich dazu.

»Wie war es gestern mit dem Herrn Wein-Investor in der *AVITA*-Therme?«, fragte sie Vera.

Vera verschluckte sich und begann zu husten. Ein Brotkrümel war ihr in die Luftröhre gelangt. Sie rang nach Atem und lief rot an. Hastig nahm sie ein paar Schlucke von ihrem Getränk. »Woher weißt *du* das schon wieder?«

»Deine Mutter hat es mir erzählt. Auf der Post«, sagte Mathilde freimütig. »Und dass der eine gute Partie für dich wäre.«

»Meine Mutter. Aha.«

»Mütter sind so«, sagte Isabella mitfühlend.

»Also, was war mit dem?«, fragte Mathilde noch einmal mit Nachdruck.

»Nichts war«, sagte Vera heftiger als beabsichtigt. »Ich habe ein Interview mit ihm gemacht, das war alles.«

»Das war alles?« Mathilde schaute enttäuscht drein.

»Ja, das war alles! Ende der Diskussion.«

»Und warum bist du dann rot geworden wie die Tomate auf deinem Teller?«

»Weil ich mich verschluckt habe.«

Vera bemühte sich, so gleichmütig wie möglich dreinzuschauen, während es in ihr brodelte.

Niemals würde sie Mathilde erzählen, was in dieser Nacht passiert war. Niemals!!!

KAPITEL 9 _ ICH BIN DER DENISE IHR FREUND

Die zunehmende nächtliche Lichtverschmutzung bedroht die Fortpflanzung von Glühwürmchen. Das Kunstlicht überstrahlt die weiblichen Leuchtkäfer. Diese werden von den Männchen nicht mehr gesehen.

»Ich muss los.« Betty verabschiedete sich von Johanna. Bevor sie ging, blickte sie noch kurz zu Vera, Mathilde und Eva, die lachend Kuchen aßen und sich gegenseitig aufzogen. Sie verspürte einen eifersüchtigen Stich, als sie sah, wie eng die drei miteinander waren. Betty besuchte nun schon seit fast zwei Jahren den Gartenklub, aber eine engere Freundschaft hatte sie zu keiner der Frauen aufgebaut. Tatsächlich hatte sie gar keine allerbeste Freundin. Noch nie gehabt. Manchmal dachte sie, dass Alex daran schuld war, dass sie mit Frauen zeitlebens ein Problem gehabt hatte. »Alex, mein böser Zwilling«, wie Betty sie mit 14 in ihrem Tagebuch genannt hatte.

Liebes Tagebuch. Ich hasse meine Schwester. Ich hasse es, dass alle denken, wir müssen wie Hanni und Nanni sein. Ich hasse es, wie meine Schwester sich vor anderen ver-

stellt, um »cool« oder »beliebt« zu wirken. Immer will sie die COOLSTE sein, und dafür macht sie mich vor allen anderen lächerlich und beleidigt mich ständig. Sie trinkt und raucht und knutscht mit jedem rum, weil es ihr »Spaß« macht und sie sich dann super und beliebt findet. Dabei ist sie einfach nur eine egoistische, oberflächliche, angeberische Schlampe. Ich hasse ihre Stimme, wie sie spricht, und dann dieses ständige Summen und Singen. Außerdem finde ich sie hässlich. Jawohl. Hässlich. Sie sieht nicht aus wie ich. WIR SIND UNTERSCHIEDLICH.

Ich hasse es, verwechselt zu werden, mit ihr verglichen zu werden. Es gibt UNTERSCHIEDE. Ich hasse es, wenn sie so überlegen tut, Lügen über mich erzählt und mir Sachen vorwirft, die nicht stimmen. Meine Mutter kann unsere Streitereien nicht leiden und schreit uns dann immer beide an. »Hört endlich auf!« Niemand sieht, was wirklich los ist. In der Schule sagen sie auch nur: »Jetzt vertragt euch bitte!« Die haben ja keine Ahnung, wie das ist, so eine grauenhafte Schwester zu haben, die einen langsam, aber sicher in den Wahnsinn treibt. Ich wünschte, sie wäre nie geboren.

»Was macht deine Schwester, hast du von ihr gehört?« Hacki, der auf der Terrasse den Hund bürstete, sah Betty fragend an. »Ist das echt das Erste, was du wissen willst, wenn ich nach Hause komme?«, fauchte Betty ihn an. »Sie hat dir wohl doch gefallen.«

»Was, nein, was unterstellst du mir da? Das ist doch kindisch. Das haben wir doch schon alles besprochen. Ich will nichts von deiner Schwester. Sie ist überhaupt nicht mein Typ. Aber morgen beginnt das *picture on*. Sie ist nur mehr dieses Wochenende im Lande. Ich dachte …«

»Was dachtest du?« Betty blitzte ihren Freund wütend an.

»Ich weiß nicht, vielleicht, dass wir mit ihr essen gehen oder so.«

Betty verdrehte die Augen.

»Herrgott, Betty, das macht man so, wenn Familie zu Besuch ist.« Hacki seufzte. Er war ein Familienmensch, aufgewachsen mit gutherzigen Eltern und zwei älteren Brüdern, zu denen er aufsah, und einer viel jüngeren Schwester, die er beschützte und vergötterte. Natürlich hatte es da auch Streitereien gegeben, aber man hatte sich immer ausgeredet, versöhnt. Und wenn es hart auf hart kam, hielt man bei den Liszts zusammen wie Pech und Schwefel.

Dass seine eigene Ehe gescheitert war, war für Hacki die größte Niederlage seines Lebens. Er hatte alles getan, um den mittlerweile erwachsenen Kindern auch nach der Scheidung weiterhin ein guter Vater zu sein, und freute sich jetzt schon darauf, Großvater zu werden.

»Wir sehen Alex ohnehin am Freitag bei ihrem Auftritt am *picture on*«, sagte Betty. »Ihr Gejodle dort reicht mir dann eh wieder für die nächsten zehn Jahre.«

Hacki zögerte, bevor er die nächste Frage stellte. »Das heißt, es bleibt dabei. Wir besuchen das Festival und campen auch dort wie geplant.«

»Klar campen wir«, sagte Betty. »Ich lass mir doch nicht von der Funsen das *picture on* verderben.«

Ein Leuchten ging über Hackis Gesicht. Er liebte Campen und hatte die letzten Wochen damit verbracht, seine

Campingausrüstung um nützliche Dinge zu erweitern. Seine besten Errungenschaften waren ein Multifunktionsspaten, mit dem man graben und sägen konnte, sowie rutschfeste magnetische Weingläser, die dank passenden Untersetzern garantiert nicht vom Campingtisch fallen würden.

Die Investition in eine faltbare Outdoorküche hatte er sich dann doch verkniffen. Hacki war aktuell nicht wirklich flüssig. Alle dachten, er wäre unermesslich reich, seit Bernd in sein Weinbusiness eingestiegen war. Dabei waren Bernds Investitionen längst in den Betrieb geflossen und für Neuanschaffungen ausgegeben. Hacki brauchte dringend frisches Kapital. Bernd wollte es ihm nicht geben, er drängte, dass Hacki ein Grundstück am Hochcsater verkaufen sollte. Hacki war noch im Wiggelwaggel*. »Vielleicht wollen die Kinder einmal dort bauen oder die Enkelkinder. A Bauer verkauft nix, und i bin a Bauer«, hatte Hacki stur gesagt. »Du wirst verkaufen müssen, wenn du deinen Betrieb langfristig in die schwarzen Zahlen bringen willst«, hatte Bernd grimmig gemeint und ihn dann zumindest überredet, einen Weingarten zu verkaufen, der laut Bernd ohnehin überaltert war. Bernd hatte einen Käufer gefunden, der angenehm unkompliziert gewesen war. Einer von diesen Wochenendwienern, der sich zum Hobbywinzer berufen fühlte. Betty hatte er nichts von der Geschichte erzählt. Die hatte Bernd von Anfang an als gerissen und berechnend bezeichnet.

»Ich muss noch mal los«, sagte Betty, »das Begräbnis von der Csmarits Denise.«

---

* unschlüssig

»Jetzt, am späten Nachmittag?«, fragte Hacki.

»Ja, die Eltern haben sich das so gewünscht. Es wird im kleinen Kreis stattfinden. Die Verabschiedung war ohnehin schon vor ein paar Tagen. Bis zum Abendessen bin ich wieder da.«

*

Taktvoll, dezent gekleidet, schweigsam, empathisch. Sobald Betty ihr schwarzes Kleid anzog, schien sich nicht nur ihr Äußeres, sondern auch ihr Wesen zu verändern. Sie überlegte, auf wie vielen Beerdigungen sie schon dabei gewesen war. 200, 300? Oder mehr? Sie wusste es nicht. Zu den Pflichten von Betty und ihren Mitarbeitern gehörte mehr, als einen toten Körper dem Erdreich zu übergeben. Es war eine ganze Liste an Tätigkeiten: Musik einspielen, Andenkenbilder verteilen, Sarg einladen, zum Friedhof fahren, Kränze von der Kirche zum Friedhof bringen …

Tränen, Streit, Verzweiflung, Liebe, Hass. Betty hatte auf Beerdigungen schon eine ganze Palette an Gefühlswallungen erlebt. Berufsbedingt hatte sich bei ihr eine emotionale Distanz eingestellt. Nur eines bewegte sie nach wie vor: die Choreografie der Sargträger, der Moment, wenn die Männer die Kapelle betraten und sich die Trauergesellschaft erhob. Sechs bis acht Männer, ganz in Schwarz mit Zylinder. Ihre Aufgabe war, den Sarg zu holen, zum Grab zu bringen und in die Erde hinunterzulassen. Es waren nur wenige Meter und Minuten Arbeit. Aber Betty wusste, wie immer kam es auch hier auf die Details an. Der Sarg, den die Männer gerade anhoben, war schwer. Die Männer vorne am Kopfende hatten am schwersten zu heben.

Der Kolonnenführer begann mit den Kommandos. Auf die Ansage »Dank« verbeugten sich die Träger am Sarg, wobei sie ihre Hüte vor sich in der Hand hielten. Auf das Kommando »Bitte« hoben sie den Sarg an und sicherten ihn auf den Schultern. Und dann ging es mit dem linken Bein zuerst hinaus aus der Kapelle. Immer im Gleichschritt. Betty hatte keine Augen für die trauernden Eltern, die wenigen Angehörigen und Freunde von Denise. Sie hatte nur Augen für das Ballett der Sargträger, als sie den Männern folgte. Die letzten Meter zum Grab waren die anspruchsvollsten. Der riskanteste Moment bei jeder Beerdigung. Die Träger fassten den Sarg an den Griffen und hielten ihn über das Grab, bevor er an Seilen heruntergelassen wurde. Je schwerer das Gewicht, desto größer war das Risiko, dass jemand das Gleichgewicht nicht hielt. Und Denise war keine leichte Last. Betty hielt den Atem an. Der Sarg durfte jetzt nicht wackeln. Die Tote musste ganz behutsam in ihre letzte Ruhestätte gelegt werden. Sie beobachtete die Sargträger genau. Beim Herunterlassen wurde das Fußende immer ein klein wenig tiefer abgesenkt als das Kopfende. Das musste wohl koordiniert sein. Eine Sekunde lang wirkte es, als ob der Sarg ins Schlenkern käme, aber die erfahrenen Sargträger konnten das ausgleichen und ließen die Truhe mit Denise in das dunkle Erdreich hinab.

Betty stellte sich für einen Moment vor, wie es sich wohl in ihrer Brust anfühlen würde, wenn in diesem Sarg nicht Denise, sondern Alex läge. Eine blasse, kalte Alex, die die Augen für immer geschlossen hatte. Betty fühlte nichts. Vermutlich lag es an ihrem schwarzen Kleid, das keine Emotionen zuließ.

Die Bestatterin wartete, bis sich alle Angehörigen vom Grab entfernt hatten, damit sie ihre Sachen wieder einpacken konnte: die Vase, in der die weißen Rosen gewesen waren, die man Denise nachgeworfen hatte. Die Musikanlage, die zum Abschied Denises Lieblingslied gespielt hatte: *Sorry* von Justin Bieber.

Sie musste nicht lange warten. Die Gesellschaft hatte es eilig, zum Leichenschmaus zu kommen. Nur einer hatte es wohl nicht eilig. Moment mal. War der Mann überhaupt bei der Zeremonie vorher gewesen? Betty war sich nicht sicher. Sie hatte ja nicht gut aufgepasst. Aber ausgeschlossen war es nicht.

»Darf ich?« Er deutete auf den kleinen Plüschhund, den er in den Händen hielt. »Darf ich den ins Grab mitgeben?« Er sah Betty traurig an. »Ich bin der Denise ihr Freund.« Diesen Satz hatte Betty schon einmal gehört, vor ein paar Tagen. Nur, dass der Satz damals aus dem Mund eines anderen Mannes gekommen war. Dieser Mann hier hatte rotblonde, kurze Haare und ein sommersprossiges Gesicht, über das dicke Tränen kullerten. Er sah Betty an. »Sie war doch noch jung, sie war doch noch so jung.« Betty erstarrte. Sie fühlte die Trauer zwar mit, aber es war keine eigene. Ein anderes Gefühl stieg in ihr auf. Die Ahnung, dass hier irgendwas nicht stimmte. Die Angst, einen Fehler begangen zu haben.

KAPITEL 10 _ DAS PICTURE ON BEGINNT

Der Faden einer Seidenraupe ist so reißfest wie ein Stahlseil. Im alten China erkannte man das und bespannte die Saiten chinesischer Zupf- und Streichinstrumente mit Seidenfäden.

Acht Monate vorher

*06:19 Uhr: Guten Morgen, liebe Early Pinkarocker*innen! In wenigen Minuten geht es los. Das Kaufhaus Knopf öffnet um halb sieben. Wir fiebern mit euch und drücken euch die Daumen.*

06:44 Uhr: Huch. Das ging schnell. Alle Tickets im Kaufhaus vergriffen.

07:07 Uhr: Aufgrund des großen Andrangs bitten wir euch, nicht mehr nach Bildein anzureisen.

08:04 Uhr: Der Konditormeister Lendl hat leider keine Karten mehr. Kardinalschnitten zum Trost.

Wenn man ein Ticket für das Musikfestival *picture on* ergatterte, fühlte sich das immer an, als hätte man im Lotto gewonnen. Der Kartenvorverkauf für das diesjährige Open-Air-Ereignis hatte bereits exakt acht Monate, eine Woche und einen Tag vor dem Festival begonnen. An einem eisigen Dezembertag. Online waren die Tickets innerhalb von einer Sekunde ausverkauft. In den analogen Verkaufsstellen oft nach wenigen Minuten. Dabei wusste man zu diesem Zeitpunkt noch gar nicht, welche Bands überhaupt auftreten würden. Aber den meisten Besuchern war es ohnehin egal, wer spielte.

Alex Woods stieß genau das sauer auf. Was für Ignoranten. Was tu ich hier?, dachte sie grimmig, als sie ihre Tasche in den Tourbus hievte und die schwarze Sonnenbrille abnahm. Den Zuschauern ist es scheißegal, ob ich hier heute auftrete oder jemand anderer.

Sie blickte sich um, und was sie sah, trug nicht dazu bei, ihre Laune zu heben. Der Bus hatte ihre Bandkollegen am Flughafen Schwechat abgeholt und direkt nach Bildein gebracht. Die vier Musiker hatten es sich bereits gemütlich gemacht. Die Schlafkojen waren mit persönlichen Dingen zugemüllt. Die vier hatten ihr Revier markiert. Nur die Bettbank hinten ganz oben war noch frei. Alex beäugte die schmale Schlafstätte. Sie ging näher und drückte das dünne Kissen gegen ihr Gesicht. Das Kissen roch nach Plastik. Die dünne Decke ebenso. Der Vermieter des Tourbusses hatte wieder mal an allem gespart. Und dann der Egoismus ihrer Bandkollegen. Die wussten doch genau, dass sie es hasste, oben zu schlafen. Die Düsen der Klimaanlage bliesen oben erbarmungslos auf einen herab. Und wenn man die Düsen zudrehte, war der Gestank nach verschwitzten Männersocken und schalem Bier – das klassische Odeur in einem Tourbus – unerträglich. Und dann auch noch ganz hinten. Neben dem Lounge-

Bereich. Eine großkotzige Übertreibung für die lausige Sitzecke mit Fernseher, in der die vier die halbe Nacht feierten, kifften, soffen, Fußball schauten. Sie würde hier kein Auge zutun.

»Fucking pigs, ihr seid solche Egoschweine!« Sie funkelte die vier Männer, die im Lounge-Bereich Bier tranken und Karten spielten, mit gerunzelter Stirn an.

»Dir auch einen wunderschönen guten Morgen, holde Göttin«, sagte Mike. Ironie pur. Alex schnaufte verächtlich. Die Zeiten, in denen sie ihr Leadgitarrist vergöttert hatte, waren lange vorbei. Heute schliefen sie nur mehr miteinander, wenn nichts Besseres verfügbar war oder wenn die Stimmung zwischen ihnen unerträglich wurde. Würden sie die Spannungen, die zwischen ihnen herrschten, nicht ab und zu durch Sex abbauen, hätten sie sich wahrscheinlich längst gegenseitig umgebracht. Die drei amerikanischen Musiker, die den restlichen Teil der Alex-Woods-Band bildeten, blickten betreten auf die Spielkarten in ihren Händen. Sie sahen mit ihren langen Haaren und Bärten aus wie die Enkelsöhne von *ZZ Top*. Reine Tarnung. Es waren wohlerzogene, höfliche junge Männer, die immer unangenehm berührt waren, wenn sich Alex und Mike stritten. Auch wenn sie wegen der Sprachbarriere nur die Hälfte verstanden.

»Ich geh raus an die Luft«, sagte Alex.

»Besser raus als in!«, rief ihr Mike nach.

»Das hab ich gehört!«, brüllte Alex.

Sie setzte ihre Sonnenbrille wieder auf, zog ihren schwarzen Herrenhut tiefer ins Gesicht, verließ den Bereich, in dem der Bus geparkt war, und stapfte von außen über die Zufahrtsstraße Richtung Festivalgelände. Beim Haupteingang wurde sie von einer jungen dunkelhaarigen Frau höflich kontrolliert. »I am a fucking artist!«, rief sie und wedelte mit ihrem Tourpass vor dem Gesicht der Kontrollorin.

»Mach dir nichts draus, Renate. Ich hätt die auch nicht erkannt«, wisperte eine andere Festivalmitarbeiterin der betropetzten* Dunkelhaarigen zu. »Außerdem, die großen Stars sind immer voll nett, das sind immer nur die ned so berühmten, die sich so aufführen.«

Sie wusste nicht, dass Alex Deutsch sprach und alles verstanden hatte. Alex wollte etwas erwidern, aber dann verspürte sie zu ihrem Schrecken ein brennendes Gefühl hinter ihren Augäpfeln. Sie blinzelte die aufsteigenden Tränen weg und stapfte weiter.

Das Festivalgelände befand sich mitten im Ort, gleich neben der Kirche. Alex passierte zu ihrer Linken einen Stand mit T-Shirts, Kappen und anderen Band-Merchandise-Artikeln. Die Aufdrucke verrieten, wer hier heute noch alles auftreten würde. Ein Stapel Alex-Woods-Shirts lag versteckt ganz hinten auf der Budel. Alex überlegte nachzufragen, ob man diese später noch besser in Szene setzen würde, aber dann ließ sie es bleiben. Es wäre peinlich, wenn sie als Sängerin sich diese Blöße gäbe. Mike sollte sich später darum kümmern. Sie kam an einer überdachten Outdoorküche vorbei, wo Schnitzel, Koteletts, Pommes und Langos zubereitet und verkauft wurden. Jetzt zu Mittag war hier die Hölle los. Der Großteil der Menschen, die sich hier um Bons und Essen anstellten, war

* bestürzt, konsterniert, niedergeschlagen

mittelalt. So wie Alex. Teenager sah man kaum. Einige Besucher hatten Kleinkinder dabei, die riesige Kopfhörer aufhatten, obwohl die Bands noch gar nicht begonnen hatten zu spielen. Aber halt, was war das? Blasmusik? War das wirklich Blasmusik? Zu Alex' Verwunderung zog tatsächlich eine fünfköpfige Blasmusikgruppe an ihr vorbei. Die Köpfe der Musiker waren hochrot, was wohl nicht nur der Hitze, sondern auch dem Genuss des lokalen Bieres geschuldet war. *Pinkagold.* Ein Pale Ale mit Uhudlergeschmack.

Alex ließ die Blasmusiker vorbeiziehen, ging weiter und stand nun direkt vor der Hauptbühne. Die Bühne wirkte professionell, aber der mit Hackschnitzeln ausgelegte Zuschauerraum sah für Alex' Verhältnisse lächerlich klein aus. Es gab hier nicht einmal Sektoren. Da kann ja jeder mit seinem Bierbecher einfach nach vorne kommen, stellte sie irritiert fest. Mit solchen kleinen Gigs hatte ihre Karriere begonnen. Sollte so eine Mini-Veranstaltung nun auch ihr Ende sein?

Noch tat sich wenig auf der Bühne. Der erste Gig würde um 16 Uhr spielen. Die Alex-Woods-Band war um 17 Uhr dran. Die zweite von sechs Bands. Die zweitunwichtigste, dachte Alex düster. Denn der Hauptact spielte immer zuletzt. Heute, Freitag, war es Patti Smith. Die Ikone des Punk, berühmt für Songs wie *Because the Night*, *People Have the Power* und *Dancing Barefoot.* Alex hatte vor Jahren mit ihr auf einem Festival in Kalifornien gespielt. Ob Patti sich noch an sie erinnern würde? Sie bezweifelte es.

Gegenüber der Bühne stand ein lang gestrecktes Gebäude, in dem sich ein kleiner Supermarkt, ein Gasthaus und ein Saal mit einer weiteren Bar befanden. In dem Saal sollte später zu DJ-Klängen getanzt werden. Quer durch den Saal ging es zum Apfelgarten. Hier auf der zweiten Bühne – der sogenannten »Uhudler-Bühne« – ging es musikalisch traditionell immer etwas ruhiger zu. Eine Reggaeband hatte bereits mit dem Soundcheck begonnen. Das Ambiente war so schön, dass es fast schon kitschig war. Knorrige Apfelbäume, in denen rotbackige Äpfel hingen. Gechillte Besucher, die in Liegestühlen lümmelten, auf Strohballen saßen oder einfach im Gras lagen und in den blauen Himmel schauten. Mehrere Stände boten Speisen aus aller Welt an. Burgenländische Mehlspeisen, amerikanische Burger, indisches Linsen-Dal, ungarischen Baumkuchen.

»Alex?«

Alex fuhr herum, als sie ihren Namen hörte, und verkrampfte sich. Das alte Dilemma. Sie hasste es, wenn sie in der Öffentlichkeit ignoriert wurde, wenn sie erkannt wurde, war ihr das aber auch nicht angenehm.

Sie entspannte sich, als sie sah, wer sie da gerufen hatte. Hacki, ihr Schwager in spe, der vor einer Holzhütte stand, in der Strudel angeboten wurden. Alex trat näher und begrüßte Hacki mit zwei Küssen auf die Wangen. »Was isst du da?«, fragte sie. »Ist das süß oder salzig?«

»Süß und salzig zugleich. Das ist ein Ruimstrudel* mit Mohn. Eine südburgenländische Spezialität. Schmeckt himmlisch. Johanna hat ihn gebacken. Sie ist für ihre Backwaren berühmt und wird demnächst ihr Café eröffnen.« Hacki deutete auf eine Frau mit feuerrotem Haar und

* Rübenstrudel

einem runden, freundlichen Gesicht, die gerade ein weiteres Blech Strudel aus einem Backofen zog. »Magst kosten?«

»Nein, danke«, sagte Alex. Sie hielt Essen für überbewertet.

»Ist Betty auch da?«, fragte Alex und sah sich suchend um. Hacki schüttelte den Kopf. »Nein, aber sie war da und sie kommt wieder. Sie hat beim Yoga am Pinkastrand mitgemacht und beim musikalischen Dorfspaziergang.«

»Dorfspaziergang?« Alex sah Hacki fragend an. »Der ist Tradition beim *picture on*«, erklärte dieser. »Der findet jedes Jahr statt. Der Bürgermeister geht mit den Festivalbesuchern unter Musikbegleitung am Freitagvormittag durch den Ort, erzählt Geschichten aus Bildein, zeigt die Sehenswürdigkeiten, und die Einheimischen verkaufen Essen und Trinken. Das ist wichtig, wenn ein Festival mitten in so einem kleinen 350-Seelen-Dorf stattfindet. Dass die Einheimischen mitspielen. Das gelingt nur, wenn man sie miteinbezieht. Hier hilft das ganze Dorf mit.«

»Und wann kommt Betty wieder?«

»Bis du auftrittst, ist sie sicher zurück«, sagte Hacki, obwohl er sich da nicht so sicher war. »Wir campieren heute Nacht bei der Pinka unten.«

»Camping, das hört sich himmlisch an«, sprudelte es aus Alex heraus. »Betty und ich haben als Kinder manchmal mit unseren Eltern gecampt. Ich habe es geliebt.«

Hacki sah sie ungläubig an. Alex wirkte so großstädtisch. Dass sie gerne campte, hätte er nie für möglich gehalten. Oder wollte sie ihn verarschen?

»Ich mein das ernst«, sagte Alex. »Du hast keine Ahnung, wie schrecklich ein Tourbus ist. Als einzige Frau unter lauter stinkenden und schnarchenden Männern. Ich würde wirklich gerne mit euch campen.«

»Hmm, also ein Zelt hätt ich für dich«, sagte Hacki. Als passionierter Outdoor-Fan hatte er alles in doppelter und dreifacher Ausführung. »Betty könnte es mitbringen.«

»Und ich habe einen Schlafsack«, freute sich Alex. »Dann ist es also abgemacht?« Sie hüpfte freudig vor Hacki auf und ab. »Wir campen zusammen. Das wird lustig. Wir können auch *Bierpong* spielen.« Hackis Mundwinkel zuckten. *Bierpong*. Jetzt verarschte sie ihn gewiss. Aber Alex' Begeisterung war ansteckend. »Toll. Ich geb der Betty Bescheid. Ich geh zum Telefonieren nach hinten, wo es nicht so laut ist. Sie wird auch begeistert sein.«

Er entfernte sich und betätigte die Kurzwahltaste, unter der er Betty gespeichert hatte. Eins. Seine Nummer eins.

»Du hast was? Du hast sie eingeladen, mit uns zu campen?« Hackis Nummer eins war alles andere als erfreut, als ihr Hacki erzählte, was Sache war.

»Ich hab sie nicht eingeladen, sie hat sich selbst eingeladen.«

»Du hast angeboten, ihr ein Zelt zu leihen.«

»Wenn ich das nicht angeboten hätte, wäre sie vermutlich losgezogen, um eines zu kaufen. Herrgott, Betty. Sie ist deine Schwester. Und ich kann ihr ja nicht verbieten, neben uns ein Zelt aufzustellen.«

»Die Plätze am Campingplatz sind streng limitiert«, bemerkte Betty spitz.

»Und in der Realität ist am Ruhecampingplatz jede Menge Platz. Wir können unseren Zeltplatz auch auf der anderen Seite hinter dem Feld aufschlagen. Dort ist gar niemand. Das ist vielleicht ohnehin besser. Immerhin …«

»Immerhin was?«

»Immerhin ist sie ja berühmt.«

Betty lachte sarkastisch.

»War berühmt.«

»Sie ist immer noch eine Legende. Nicht, dass sie wer belästigt.«

Betty zog scharf Luft ein. »Hacki, ich sag dir jetzt was, die einzige Lästwanzen ist die Alex selbst. Du wirst schon noch merken, dass das ein Fehler war. Ein großer Fehler. Sie hinterlässt überall nur Chaos.«

»Und was hat sie gesagt?« Alex sah Hacki erwartungsvoll an, als dieser von seinem Telefonat zurückkam. »Sie ist begeistert«, log er. »Weißt du was? Wir fahren jetzt gleich einmal runter zum Ruhecampingplatz und bereiten den Zeltplatz vor. Es ist besser, du hast alles einmal bei Tageslicht gesehen. Ich schick dir dann zur Sicherheit auch den genauen Standort aufs Handy. Nicht, dass du dich später verläufst, wenn es finster ist. Aber eigentlich kann man sich gar nicht verlaufen. Und wenn, kannst du dich ja durchfragen. Wir Camper beim *picture on* sind alle eine große Familie.« Alex sah auf ihre Uhr. »Das klingt toll. Ich hab noch ein bisschen Zeit. Dann muss ich mich für den Gig fertig machen.« Sie packte ihre mit Fransen verzierte Ledertasche, die sie auf einem der Biertische deponiert hatte. Dann ließ sie ihren Blick durch die Menge wandern und erstarrte.

»Was ist los?«, fragte Hacki. »Hast du einen Geist gesehen?«

Alex schüttelte sich. »Nein, ich dachte nur, da wäre jemand, den ich kenne.« Sie drehte sich schnell um und zog den Hut tiefer ins Gesicht. »Ich habe mich geirrt. Lass uns gehen.«

KAPITEL 11 _ BETTY KANN FLIEGEN

Auf Borneo leben besonders viele Gleitbeutler und Reptilien, die durch die Luft gleiten können. Manche sogar rund 60 Meter weit. »Fliegend« können die Tiere ihren Lebensraum schneller und sicherer erobern.

»Wo zum Teufel ist sie?« Mike rannte im Backstagebereich wütend auf und ab. »Ich bring sie um, wenn sie das wieder vergeigt.« Er stieß mit beiden Händen zornig gegen die Seite des Tischfußballtisches in der Mitte des Raums. Die Spieler wackelten, und eine einsame Kugel rollte scheppernd Richtung Tor.

Claudia, verantwortlich für Artist Liaison, auf gut Deutsch Künstlerbetreuung, war genauso angespannt wie Mike und seine Bandkollegen. Dennoch versuchte sie, Optimismus zu verbreiten. »Wir haben noch ein paar Minuten. Den Linecheck auf der Bühne haben unsere Leute schon gemacht.«

»Der Linecheck. Wer redet vom Linecheck? Wir brauchen sie nicht für den Linecheck. Die Frage ist, ob sie überhaupt kommt. Diese verdammte Bitch …«

»Redest du von mir? Wichser.« Alex stand im Türrahmen. Ihre Augen starr, riesige Pupillen, der Blick glasig und kalt.

Mike zeigte ihr den Mittelfinger. »Ja, genau von dir reden wir. Dass du uns immer hängen lässt. Deine Allüren, dein Egoismus. Du machst mich krank. BITCH.«

Alex machte einen Schritt auf Mike zu, und kurz sah es so aus, als wollte sie sich auf ihn stürzen.

Die drei *ZZ-Top*-Lookalikes zogen die Köpfe ein.

In letzter Sekunde stoppte Alex. »Bei der nächsten Tour bist du ohnehin draußen.« Dann wandte sie sich mit einem strahlenden Lächeln an den Stagemanager. »Los, Pauli, let the show begin.«

Pauli hatte 30 Jahre Backstagelife in den Knochen. Er hatte schon schlimmere Eklats erlebt. Stars, die so betrunken waren, dass man sie zu zweit links und rechts untergehakt auf die Bühne schleifen musste. Stars, die sich im Drogenrausch die Brust mit einer zerbrochenen Bierflasche öffnen wollten. Sänger, die so große Bühnenangst hatten, dass sie erst die Toilette vollreiherten und in Folge auf die Bühne getreten werden mussten. So ein kleines Wortgefecht zwischen einer Sängerin und ihrem Leadgitarristen war dagegen Peanuts. Außerdem wusste er aus Erfahrung, dass zumeist alles gut wurde, wenn eine Band dann endlich auf der Bühne war. Die Bühne transformierte. Sie machte auch die schlimmsten Performer – die Betrunkenen, Drogenabhängigen, Zweifelnden und Ängstlichen – zu schillernden Göttern und Göttinnen, eins mit ihrer Musik und dem Universum.

Pauli führte die Band zum Bühnenaufgang und betrat diese als Erster. Dann griff er nach dem Mikro, klopfte kurz daran und nickte zufrieden, als ihm ein hohler Ton bestätigte, dass es einwandfrei funktionierte. Es war seine Aufgabe, die Band anzukündigen. Er war der Zeremonienmeister im Zirkus der Eitelkeiten.

Pauli grinste, seine Mundwinkel, die von dichtem Bartwuchs umgeben waren, zuckten. Er tippte noch einmal gegen das Mikrofon, bis er sicher war, die Aufmerksamkeit aller zu haben. Er senkte seine Stimme, um ihr noch mehr Gewicht zu geben. »Please welcome all the way from America featuring our homegrown talent …« Er machte eine Pause. »… the Alex-Woods-Band!« Er deutete auf die Musiker, die unter tosendem Applaus die Bühne betraten, lächelnd, winkend.

Alex als Letzte. Energiegeladen, katzengleich. Sie schüttelte die weißblonden Haare in Form. Die großen Augen, die gerade noch so kalt und leer gewirkt hatten, sogen die Wärme des Publikums auf und füllten sich damit.

»Alex, yeahhhh!«, brüllte jemand laut. »Alex, Alex«, stimmten andere ein. Bis das Ganze in einen rhythmischen Gesang ausartete. »Alex, Alex, Alex.«

»Mike«, kreischte eine weibliche Stimme dazwischen. Mike sah kurz auf und winkte in die Richtung, aus der die Stimme gekommen war.

Die Bandmitglieder nahmen ihre Plätze ein. Alex vorne in der Mitte, Mike und der Bassist ein bisschen versetzt hinter ihr. Ganz außen Keyboard und Drums. Der Drumplayer begann sofort, das Drumkit neu anzuordnen, und spielte zur Kontrolle ein kleines Solo. Die anderen schlossen ihre Instrumente an die bereitgestellten Verstärker an. Mike entlockte seiner Gitarre prüfend ein paar Töne und drehte dann an einem Regler, um die Lautstärke nachzustellen.

Alex trat noch einen Schritt vor, sah sich um und begann zu sprechen. Sie hatte nichts vorbereitet, das tat sie nie. Sie schaute in die Gesichter ihrer Fans und nahm die Liebe auf, die ihr entgegenkam wie eine Welle. Es war der perfekte Sommertag. So viele glückliche Gesichter. Männer mit Tattoos und Bierbechern in den Händen, die zu johlen begannen, als Alex zum Mikro griff. Frauen in knappen Tops und Hotpants, die ihr selig zulächelten. Verliebte Jungs, die ihre Freundinnen auf den Schultern trugen. In der ersten Reihe ein Mann, der ein Schild hochhielt: »Alex I love you forever.« Daneben eine Mutter, die ein kleines Mädchen mit Kopfhörern an der Hand hielt. Aus dem Augenwinkel sah sie, dass der Securitymann die Kleine in den gesicherten Bereich neben sich winkte, wo sie geschützt war und besser sehen konnte, was auf der Bühne vor sich ging. Die Kleine strahlte Alex an, als stünde sie vor dem Christkind persönlich. Alex warf ihr eine Kusshand zu.

Liebe. Ein Festival der Liebe. Sie hatte schon immer gehört, dass Bildein speziell war. Aber damit, damit hatte sie nicht gerechnet. Alex hatte plötzlich einen Kloß im Hals.

Sie räusperte sich. »Es hat 20 Jahre gebraucht, um hierher zu kommen.« Sie schluckte. »Ich bin so froh, dass ich da bin. Heute mit euch.« Die Stimme war jetzt sexy, rauchig, gefühlvoll. »Hello, Bildein. I love you!«

Das Publikum begann erneut zu klatschen, zu johlen und zu pfeifen.

Mike und der Bassist warfen sich Blicke zu. Alex on stage. Sie hatten es schon so oft erlebt, aber es war jedes Mal faszinierend zu beobachten. Ein Monster verwandelte sich vor ihren Augen in einen Engel. Show-Alex war eine andere als die Alex, die ihnen Tag für Tag das Tourleben zur Hölle machte. Show-Alex war einfach anbetungswürdig.

»Are you ready to rock?«

»Yeahhh!«, brüllte die Masse.

»Are you really ready to rock?«

»Yeaaaaaaaaaaahhh!«

Alex nahm den Mikrofonständer. Mit Klebeband waren darauf ein Dutzend Plektren befestigt. Gitarrenplättchen, mit ihren Initialen bedruckt. Sie riss das erste herunter und entlockte ihrer Gitarre einen Akkord.

Das Publikum grölte.

»Okay, one, two … and one two three four …«

Die Band legte los. Die Menge jubelte, als sie an den ersten Klängen den Song *Rush of Life* erkannte. Das Lied war fetzig, rockig, melodiös, emotional, mitreißend. Alex hatte ihr Publikum ab der ersten Sekunde an sich gerissen und ließ es nicht mehr los. Der Glanz in den Augen ihrer Fans brachte Alex zum Leuchten. Von den ausgestreckten Armen, die sich ihr entgegenreckten, schien eine nie enden wollende Energie auszugehen, die sie trug, hochhob und über sich hinauswachsen ließ.

Bei *I know you told me last night* überließ Alex ihren Fans den Refrain.

I know I was not always easy,
I know you told me last night.

I know I will love you forever,
I know together we'll find the light.

Über 1.000 Menschen, die a cappella im Chor sangen. Gänsehautmomente. Darunter vielleicht ein Schlüsselmoment für manche im Publikum. So wie für das Pärchen, das sich, getragen von der Emotion, in dieser Sekunde zum ersten Mal küsste und sich den Song zehn Jahre später im Radio zum Jahrestag wünschen würde. Aber das wussten die beiden an diesem heißen Sommertag noch nicht.

Dann der Höhepunkt der Show: *Two Times a Fool.* Alex' größter Hit. Tausende Male hatte sie ihn schon gesungen. Diesmal sang ganz Bildein mit ihr. Jeder hier kannte den Text. Alex hatte jetzt die Rockgitarre gegen eine Akustikgitarre ausgetauscht. Diese ließ die Ballade noch gefühlvoller, noch eindringlicher, noch authentischer wirken. Jede Note, jeder Ton eine Emotion, die schließlich in tosendem Applaus endete.

»Sie ist unglaublich!!!«, brüllte Vera Betty zu. Sie hatte die Bestatterin in der Menge entdeckt.

»WAS?« Betty hatte kein Wort verstanden.

»Deine Schwester, sie ist UNGLAUBLICH!«, brüllte Vera so laut in Bettys Ohr, dass dieses zu klingeln begann. »Ich weiß!«, brüllte Betty zurück und verzog das Gesicht zu etwas, das man mit viel Fantasie als ein Lächeln interpretieren konnte.

Vera hatte schon eine Nacht am Campingplatz hinter sich. Sie hatte, von einer lästigen Gelse geplagt, nur wenig geschlafen und eigentlich vorgehabt, am Nachmittag ein Nickerchen zu halten. Dann war daraus aber nichts geworden, und jetzt war sie froh darüber. Nie im Leben hätte sie dieses Konzert verpassen wollen.

»Mit wem bist du da?«, brüllte Betty.

»Mit Eva und Finz!«, brüllte Vera zurück und zeigte nach hinten, wo ein Pärchen im Gleichklang zu *Easy, my Love* shakte. »Und du?«

Betty deutete Richtung Bar und winkte dann Hacki zu, der sich soeben mit zwei Bechern Uhudlerspritzer einen Weg durch die Menge bahnte. Hacki war nicht alleine. Hinter ihm war Bernd.

Vera spürte ein unangenehmes Prickeln von den Haarspitzen bis zu den Zehen. Oh nein, bitte nicht. Der hatte ihr gerade noch gefehlt. »Ich geh nach vorne!«, brüllte Vera und deutete Richtung Bühne. Betty nickte nur geistesabwesend. Ihr Blick war jetzt wieder starr auf ihre Schwester gerichtet. Veras Herz klopfte. Sie hoffte, dass Bernd sie nicht gesehen hatte.

Vera drängte sich nach links. Dort bei den Toiletten war ein schmaler Gang. Eine Abkürzung vorbei an der Crowd, nach vorne zur linken Ecke der Bühne. Einfach war das Durchkommen dort aber auch nicht. Vor der Damentoilette hatte sich eine lange Schlange gebildet. Ein paar Mädchen und Frauen wollten sich nicht anstellen und spazierten an der Schlange vorbei in die Herrentoilette. Vera sah durch die geöffnete Klotür die irritierten Blicke der Männer an den Urinalen, wenn sie ein weibliches Wesen vorbeiflitzen sahen. Wie sie nervös nach hinten sahen und dabei schützend die Hände über ihren Schritt hielten.

Vera schmunzelte und ging weiter. Sie war jetzt ganz vorne bei der Bühne, wo die Menschen dicht gedrängt tanzten und abrockten. Sie entdeckte eine winzige Lücke und quetschte sich mit einem entschuldigenden Lächeln hinein. Man wusste bei Rockkonzerten nie, wie andere reagierten, wenn man sich vordrängte. Aber die Leute rund um sie strahlten sie nur glückselig an.

»Gleich springt sie!«, schrie ein dunkelhaariger Typ neben ihr, er trug ein Muscle Shirt und seine Schulter zierte ein Tribal Tattoo. »Alex, Alex, Alex …«

Alex trat zu den hämmernden Beats von Drums, Bass und Leadgitarre nach vorn. »Dare you, dare me«, sang sie. Dann fuhr sie sich nervös durch die blonden Haare, sah abschätzend in den Bühnengraben. Holte tief Luft. Sie wird doch nicht wirklich …, dachte Vera. Aber da rannte Alex schon los und sprang mit weit geöffneten Armen los. Sie flog in die Menge, wissend, dass man sie auffangen würde, tragen, umarmen. Wissend, dass alles gut war.

KAPITEL 12 _ VERA HÖRT EIN STÖHNEN IN DER NACHT

Forscher in Mecklenburg-Vorpommern trainieren Kälber darauf, eine Latrine zu benutzen. Diese Stuben- beziehungsweise Stallreinheit könnte positive Auswirkungen auf das Klima haben. Ziel ist es, so den Stickstoff aufzufangen und zu beseitigen, bevor er Wasser verschmutzt oder sich in langlebiges Treibhausgas verwandelt.

Vera wachte mit einem pelzigen Gefühl im Mund und leichten Kopfschmerzen auf. Der unangenehme Druck auf ihre Blase hatte sie geweckt. Sie seufzte. Sie hätte gestern doch nicht so viel Pinkawasser trinken sollen. Natürlich kein Flusswasser, sondern den süffigen Uhudlerspritzer, der allerorten angeboten wurde.

Vera hatte einen Becher nach dem anderen geleert und Patti Smith zugejubelt. Was für ein grandioses Konzert war das gewesen! Danach hatte sie noch im Stadel zu den alten Kamahits*, die DJ Ewald aufgelegt hatte, abgeshaked. Jetzt bezahlte sie den Preis für all das.

* Musik, die in der südburgenländischen Kultdisko Kamakura gespielt wurde.

Sie wachte ständig auf, weil sie aufs Klo musste. Sie hatte versucht, den Harndrang zu unterdrücken, aber jetzt konnte sie den Schmerz in ihrer Blase nicht mehr ignorieren. Sie seufzte; beim Zelten nachts hinauszumüssen, das war ein umständliches Prozedere. Aus dem Schlafsack herausschälen, die beiden Zippverschlüsse, die das Zelt verschlossen, finden und hochziehen. Die Turnschuhe suchen, die irgendwo im Zelt waren, damit keine Viecher in die Schuhe krabbeln konnten. Mit der Handytaschenlampe kontrollieren, ob wirklich keine Viecher drinnen waren. Füße aus dem Zelt strecken und Turnschuhe im Sitzen anziehen. Eine Bauchmuskelübung, die im Zustand zwischen Schwips und Kater und mit übervoller Blase besonders lästig ist. Dabei aufpassen, dass die Socken nicht das taufeuchte Gras berühren. Turnschuhe überstreifen, Handytaschenlampe nehmen und den langen Weg bis zu den Toiletten antreten.

Sich zum Pinkeln einfach hinter das Zelt zu hocken, fand Vera aus mehreren Gründen daneben: 1. Grauslich – was, wenn sie oder jemand anderer später auf das angepinkelte Gras trat? 2. Gefährlich – das hohe Gras hier am Pinkaufer war voller Brennnesseln und vermutlich auch Zecken. 3. Peinlich – was, wenn Finz und Eva, die neben ihr campten, genau in diesem Moment aufwachten und sie dabei erwischten?

Finz und Eva. Die beiden Ü40er, die ein Leben führten, auf das man neidisch sein konnte. Erst diese aufregende Reise durch Brasilien, jetzt ein Festival.

Vera nahm ihr Handy, schaltete die Handytaschenlampe ein, zog sich den aufgezippten Schlafsack wie einen

Umhang über den Kopf. Im August waren die Nächte schon empfindlich kalt. So machte sie sich auf den langen Weg zu den Klohäuschen. Nachdem sie diesen Weg schon dreimal auf und ab gewandert war, kannte sie ihn mittlerweile im Schlaf. Der Ruhecampingplatz war nämlich de facto kein Platz, sondern eine long and winding road. Ein Weg, so lang und metaphernbelastet wie im gleichnamigen Beatles-Song. Die ruhesuchenden Camper hatten ihre Zelte eins neben dem anderen auf dem schmalen Grasstreifen zwischen Weg und Fluss aufgeschlagen.

Die Zelte von Vera, Eva und Finz befanden sich am Ende dieser ewig langen Zeltreihe, die Toiletten am Anfang. Im Nachhinein gesehen hatte es sich als großer Fehler herausgestellt, sich dort niederzulassen. Vera gähnte laut, als sie benommen an den Zelten der anderen vorbeitrottete. Sie richtete den Strahl der Taschenlampe auf den Boden des Feldwegs, um nicht zu stolpern. Ihre nächsten Nachbarn waren eine Gruppe passionierter Festivalbesucher, die eine Gartensitzgarnitur und einen Sonnenschirm mitgebracht hatten. Der Schirm war noch immer aufgespannt. Irgendwann würde die Sonne ja wieder aufgehen. Auf dem Tisch lagen eine leere Ginflasche und mehrere zerdrückte Dosen Tonic Water, zwischen ausgequetschten Zitronenschnitzen standen halb volle Plastikbecher. In einem schwammen Zigarettenstummel. Vera wurde wehmütig, als sie das Etikett der Ginflasche erkannte. *Bezaubernde Ginny.* Der Gin, den ihre Jugendliebe, der Dunkel Tom, produzierte. Eigentlich hatte sie gedacht, schon längst über Tom hinweg zu sein. Sie hatte gedacht, sie wäre bereit für etwas Neues. Jemanden Neuen. Aber nach dieser fürchterlichen Nacht mit Bernd war sie sich nicht mehr so sicher.

Vera ging weiter und kam an einem Feldbett vorbei, das mit einem schmalen Einmannzelt überdacht war, kaum größer als die Person, die darunter lag und so laut schnarchte, dass Vera lachen musste. Der hatte die letzten beiden Male, als sie hier vorbeikam, auch schon geschnarcht. Links und rechts im Umkreis von zehn Metern war das Gras niedergetrampelt, aber es gab keine Nachbarn. Die waren wohl vor dem Schnarcher geflüchtet.

Der Weg machte eine kleine Kurve, und Vera kam an einem Wohnmobil vorbei. Das waren Profis, die hier campten. Sie hatten sogar eine Camping-Waschmaschine dabei.

Weitere Zelte folgten. Große und kleine, runde und eckige, einfache und originelle.

Vor einem Zelt, das vom Design her aussah wie ein kleines Haus, saßen ein paar Camper, die sich halblaut unterhielten. Leises Gelächter und Geplauder. Das Aufflammen eines Feuerzeugs, als sich einer eine Zigarette anzündete. Sein Gesicht im flackernden Licht. Die Glut des Glimmstängels war ein oranger Punkt in der Nacht. Die konnten oder wollten auch nicht schlafen. Vera grüßte. Die Camper erwiderten den Gruß. »Magst mittrinken?«, fragte einer und hob ein Rotweinglas in ihre Richtung. Vera verneinte. Ihr Lächeln konnten sie in der Dunkelheit nicht sehen. »Morgen vielleicht.«

Dann beschleunigte sie ihren Schritt. Sie musste jetzt wirklich SEHR DRINGEND pinkeln.

Endlich tauchte zur Linken der Toilettenwagen auf. Vera ließ den Schlafsack etwas abseits im Gras neben den Outdoor-Waschbecken liegen und betrat dann eine der WC-Kabinen. Endlich. Finz hatte wirklich nicht zu viel versprochen. Die Öko-Klos stanken tatsächlich nicht nach Fäkalien, sondern rochen trotz fortgeschrittener Stunde immer noch angenehm intensiv nach Baumharz und Sägespänen. Vera seufzte vor Erleichterung, als sie sich über die Klobrille hockte und ihre strapazierte Blase erleichterte. Da hörte sie ein Stöhnen in der Kabine neben sich. Sie erstarrte kurz. Das Stöhnen wiederholte sich. Dann zog jemand scharf Luft ein. Ein Geräusch, das sich anhörte wie ein unterdrücktes Keuchen. Hatte hier jemand Sex? Der Gedanke erschien Vera abstrus. Auch wenn die Klos sauber waren, erotisch war anders. Das Stöhnen hörte sich auch nicht nach Lust an, eher nach Schmerzen. Sie spürte, wie sich die Härchen auf ihrem Nacken aufstellten.

»Alles in Ordnung?«, brummte eine Männerstimme zwei Kabinen weiter.

»Jaja, passt schon. Alles gut«, knurrte die Person in der Kabine neben ihr und stöhnte noch einmal unterdrückt.

Vera erstarrte. Sie hatte die Stimme erkannt. Sie wusste, wer da von Schmerzen geplagt war. Und noch schlimmer, sie wusste auch, warum er solche Schmerzen hatte. Diese Bilder. Sie würde sie nie wieder aus ihrem Kopf kriegen. Weg. Nur weg. Sie musste hier weg.

Sie flüchtete aus der Toilette, griff eilig nach ihrem Schlafsack, zog sich diesen so tief wie möglich übers Gesicht und trat die Flucht an.

Bernd Biela durfte sie auf gar keinen Fall sehen. Was machte er überhaupt da? Vieles hätte sie ihm nach dieser Nacht in der *AVITA*-Therme zugetraut. Camping gehörte nicht dazu.

Auf dem Weg zurück zum Zelt überlegte sie fieberhaft, welches der Zelte, an denen sie vorbeikam, wohl seines war. Nichts schien ihr als Unterkunft für Bernd Biela passend. War er allein gewesen? Zumindest war niemand vor den Toilettenwägen gestanden, der ihn hätte begleitet haben können.

Sie schaute auf die Uhr. Es war kurz vor 2 Uhr früh. Patti Smith hatte kurz vor Mitternacht ihre Wahnsinnsshow beendet. Danach war noch eine Hardrock-Band aufgetreten. Die hatte Vera aber nicht interessiert. Bernd hatte ihr erzählt, er könne Hardrock und Punkrock nicht ausstehen. Es war also auszuschließen, dass er sich länger als Vera am Festival aufgehalten hatte. Warum war er dann mitten in der Nacht auf dem Klo des Ruhecampingplatzes? Suchte er etwa sie? Vera spürte einen beklemmenden Druck in der Brust. Oh Gott, bitte nicht.

»Entschuldige bitte.« Vera fuhr erschrocken herum. Kurz hatte sie das Gefühl gehabt, jemand hätte sie am Hals berührt. Sie war sich nicht sicher, aber ihr Herz raste jetzt so schnell, dass sie dachte, es würde aus ihrer Brust springen. Sie hatte den Schlafsack so eng über den Kopf gezogen, dass sie die Schritte hinter sich gar nicht gehört hatte. »Entschuldige, ich wollte dich nicht erschrecken, aber dein Schlafsack, er schleift am Boden.«

Ihr wildes Herz beruhigte sich. Den Mann hatte sie doch schon einmal gesehen. Tribal Tattoo, freundliches

Gesicht. Das war der Typ, der beim Alex-Woods-Konzert neben ihr gestanden war. Der, der gesagt hatte, Alex könnte fliegen.

Er nickte ihr freundlich zu und überholte sie dann mit schnellem Schritt. Vera sah ihm nach. Sie war fast bei ihrem Zelt angekommen. Ihr Herz schlug immer noch schneller. Sie sah dem Mann nach, bis seine Konturen in der Dunkelheit ganz unscharf wurden. Er ging in Richtung eines weißen Kastenwagens, der circa 70 Meter weiter auf der rechten Seite des Feldweges geparkt war. Der Wagen war ihr schon am Vorabend aufgefallen. Finz, Vera und Eva hatten diskutiert, ob die rechte Seite des Weges, die an ein Feld grenzte, auch zum Ruhecampingbereich gehörte oder nicht.

Eva hatte das verneint. Finz hatte gemeint, streng genommen nicht, aber viele hätten die Autos dort am Feldrand geparkt, und niemand würde kontrollieren, ob man darin schlief oder nicht.

Vera hatte hinzugefügt, dass es ja sogar Leute gäbe, die sich an gar keine Regeln hielten und auf der anderen Seite des Feldes campierten, so wie Hacki und Betty.

Kurz überlegte Vera, ob Bernd vielleicht mit Hacki und Betty campierte. Aber das erschien ihr dann doch zu unwahrscheinlich. Warum sollte er mit einem Liebespärchen das Wochenende verbringen? Obwohl, sie campierte ja auch mit Finz und Eva.

Vera war sich sicher, in dieser Nacht keinen Schlaf mehr zu finden. Sie steckte ihre EarPods in die Ohren und schaltete eine Folge des Garten-Podcasts »Uschi hoch zu Beet« ein, die von Tomaten handelte. Sie bekam nicht einmal die ersten zehn Minuten mit und wachte erst Stunden später aus einem traumreichen, unruhigen Schlaf auf. Sie bemerkte zu ihrem Frust, dass sie schon wieder pinkeln musste. Seufzend zog sie ihre Turnschuhe an. Draußen wurde es bereits hell. Als sie sich im Freien aufrichtete und umsah, bemerkte sie, dass etwas anders war als vor ein paar Stunden. Der weiße Kastenwagen auf der anderen Seite des Weges war verschwunden.

KAPITEL 13 _ DER HERR DER FLIEGEN

Forscher an der School of Science der IUPUI in Indianapolis haben herausgefunden, dass Schmeißfliegen nachträglich Beweise für den verbotenen Einsatz chemischer Waffen liefern können. Chemische Kampfstoffe bauen sich relativ schnell ab, sind aber im Körper von Schmeißfliegen zwei Wochen lang nachweisbar.

Bei Sonnenschein sah alles sofort anders aus. Die Begegnungen in der Nacht erschienen Vera jetzt nicht mehr so seltsam. Wie ein Traum bei Tageslicht seine Kraft verliert, lösten sich bei der Journalistin Ängste, Sorgen und dunkle Gedanken in der unbeschwerten morgendlichen Stimmung des Festivals in Luft auf.

Vera hatte in der Bildeiner Sportplatzkantine gefrühstückt. Es gab Eierspeise mit Speck, dazu eine etwas letscherte Semmel. Zur deftigen Morgenkost trank Vera drei Becher Kaffee, um ihren Kater zu vertreiben. Ein Mann in einem rosa Plüschhasenkostüm bot ihr ein Reparaturseidl an. Seine Augen glänzten, und jedes Mal, wenn er den Mund öffnete, wehte ihr eine leichte Bierfahne entgegen. Offensichtlich hatte der Hase bei sich selbst schon sehr viel bierige Reparaturarbeit betrieben.

Vera fühlte sich klebrig. Sie hatte am Vorabend getanzt und geschwitzt. Ihre Arme und Beine waren nach dem ewigen Hin- und Herlaufen auf staubigen Feldwegen mit einer dünnen Dreckschicht überzogen. Paniert wie ein Schnitzel. Dennoch ignorierte sie die lange Schlange, die sich vor den Duschen der Sportler-Umkleide gebildet hatte. Sie hatte eine Phobie vor fremden Haaren in Duschtassen. Da erschien ihr das lehmig-braune Wasser der Pinka noch verlockender.

Sie sah auf die Uhr und machte sich dann auf den Weg zum Wehr. Unterhalb dieser meterhohen Schleuse war der Fluss breit und ausladend und dehnte sich zu einer idyllischen Bucht mit kleinem Sandstrand, auf dem morgenmüde Festivalbesucher in der Sonne dösten und auf eine ganz besondere Veranstaltung warteten.

Die bereits traditionelle Vormittagslesung am Pinkastrand trug den interpretationsoffenen Titel »Anschiffen«. Schiff gab es keines, aber dafür ein Floß mitten in der Pinka. Darauf saßen der aus Kemeten stammende Schauspieler Christoph Krutzler und sein Kollege Gerald Votava und gaben Literatur, Sprechtheater und performativen Aktionismus zum Besten. Am Ufer stand eine Musikkapelle, die zwischen den Lesestellen für Unterhaltung sorgte. Die rund 500 Zuseher unterhielten sich bestens. Einige saßen oben auf dem Wehr und ließen ihre Füße ins Leere baumeln, andere hatten es sich auf der Böschung gemütlich gemacht, und wieder andere kamen über den Wasserweg zur Lesung. Gummiboote, Kanus und Luftmatratzen wurden rund um das Literaten-Floß in Position gebracht. Die darin sitzenden Kapitäne und ihre Crew hatten eindeutig die beste Aussicht.

Am Schluss der Lesung sprangen die Künstler komplett bekleidet direkt vom Floß ins Wasser. Viele Zuseher taten es ihnen gleich. Vera zog Shorts, T-Shirt und Flip-Flops aus und ging ebenfalls baden. Als sie wieder auftauchte, schwamm ein riesiges aufblasbares Einhorn an ihr vorbei. Der Typ, der darauf saß, trug einen Strohhut, verspiegelte Sonnenbrillen und winkte ihr fröhlich zu. Es war mittlerweile Mittag. Die Luft flirrte und das ganze *picture on* war in Lächeln getaucht.

Vera legte sich zum Trocknen auf ein mitgebrachtes Handtuch, das sie am Ufer ausbreitete, schlief prompt ein und wurde erst vom Läuten ihres Handys geweckt.

»Mama?« Die Stimme ihrer 16-jährigen Tochter kam aus dem Handy.

»Ja, Letta?«

»Wann kommst du nach Hause?«

»Morgen, das weißt du doch. Warum fragst du?«

Tiefes Seufzen. »Wegen der Oma.«

»Was ist mit der Oma?«

»Ich hab mich doch so bemüht, dass sie eine Fleischplatte zum Promoten bekommt, und jetzt, wo der Fleischhauer mir schreibt, dass er dabei ist und ich die Fleischplatte am Montag abholen kann, will die Oma nicht mehr.«

»Warum denn das?«

»Ich bin ab Montag laktovegetativ!«, brüllte Hilda im Hintergrund.

»Sie ist was?« Vera war verwirrt.

»Sie sagt, sie isst kein Fleisch mehr. Sie hat ein Video auf *YouTube* gesehen und jetzt graust ihr. Sie sagt, es ist nicht richtig, dass man die armen Viecherln so behandelt, und …«, Letta druckste herum, »sie hat ja recht, aber ich weiß nicht, wie ich das dem Fleischhauer beibringen soll. Kannst du die Platte notfalls zahlen, Mama? Denn wenn die Oma jetzt kein Video dazu macht, verlangt er vielleicht ein Geld dafür.«

»Die Platten kann sich diese oberösterreichische *TikTok*-Oma holen!«, rief Hilda im Hintergrund und riss dann Lettas Telefon an sich. »Die überleb ich sowieso. Die turnt nicht einmal so wie ich. Die wird hinfallen und sich einen Oberschenkelhalsbruch holen und sterben. So ist das, wenn man nicht auf sich schaut. Ich schau halt auf mich. Drum bin ich auch gut beinand für mein Alter.«

»Ja, das bist du, Mama.« Vera lächelte. Es war immer das Beste, Hilda in allem recht zu geben. »Gibst du mir bitte wieder die Letta?«

Hilda reichte das Handy an ihre Enkelin zurück, redete aber im Hintergrund so laut weiter, dass Vera jedes Wort verstand. »Sag ihr, Eier und Milch ess ich eh. Man muss kein Fleisch essen, wenn man gut kochen kann. Früher hat es auch nie viel Fleisch gegeben. Montag Knödeltag, Dienstag Nudeltag, Mittwoch Strudeltag …« Hilda begann, im Hintergrund ein Volkslied zu singen.

»Ich versprech dir, wir lösen das«, seufzte Vera. »Notfalls zahl ich die Platte.« Sie machte eine Pause. »Ich dachte, du triffst dich heute mit Carla?«

Carla war Evas Tochter. Die beiden Mädchen waren vor Carlas Brasilienreise enge Freundinnen gewesen. Ob sie diese Freundschaft wohl fortsetzen würden? Vera hoffte es für beide.

»Mach ich«, sagte Letta und klang fröhlicher. »Ihre Oma bringt sie später her.«

»Ich kann euch auch abholen, und wir verbringen den Abend gemeinsam hier auf dem Festival«, schlug Vera vor.

»Nein, danke«, sagte Letta. »Da sind nur uralte Leute. So wie du.«

»Danke für die Blumen«, sagte Vera und straffte die Schultern. Dann machte sie sich auf den Weg Richtung Apfelgarten. Das Gute am *picture on* war, dass man alle paar Meter andere »uralte« Leute traf, die man kannte.

Vera trank Lavendelspritzer mit Mathilde und Gerhard, der sie in eine Diskussion über sein neuestes Kunstwerk, eine Bronzeplastik des Landeshauptmannes, verwickelte. Vera kannte Gerhards destruktiven Stil und war nicht sicher, dass sich der Landeshauptmann über das künstlerische Ergebnis so freuen würde wie der Künstler selbst.

Als ihr Magen zu knurren begann, holte sie sich bei Eva und Johanna einen ausgezeichneten Krautstrudel. Johannas Stand auf der Apfelwiese zog die Leute an wie ein Magnet. Das lag nicht nur an den süßen und pikanten Strudeln, sondern auch an Johannas Händchen für florale Deko. Überall standen bunte Tonkrüge mit selbst gebundenen Sträußen.

Was Johanna aus Hortensien, Phlox, Rosen, Frauenmantel und anderen Staudengewächsen aus ihrem Garten zauberte, war einzigartig.

Vera setzte sich mit dem Strudel an einen der Heurigentische, die der Bühne zugewandt waren. So konnte sie während des Essens gleich den ersten Gigs lauschen. Als Vera den ersten Bissen nahm, betraten die *Let's Fetz*, eine Gruppe burgenländischer Lokalheroes, die Bühne. Der Sänger hieß Michi Stenkri und war auch der Biberbeauftragte des Bezirks. Er hatte sich einen Traum erfüllt und seine Jugendband wieder aufleben lassen. Glückliche mittelalte Männer mit Gitarren, deren Tourshirts aus den 1990ern um die Mitte herum ein bisschen spannten. Doch trotz Wohlstandsbäuchen und wehen Knien, die *Let's Fetz* hatten es immer noch drauf. Und dass Michis größter Fan, der da barfuß im Hippiekleid vor der Bühne tanzte, eine waschechte Gräfin war, erkannten nur wenige. Katharina »Kata« Hohenfelsen hatte sich komplett verändert, seit sie mit Michi zusammen war und ihr altes Ich abgestreift hatte wie ein Schmetterling seinen Kokon.

In der Pause vor dem Auftritt der nächsten Band schlenderte Vera zur öffentlichen Fotokabine. Vera schickte eine digitale Postkarte an Letta und Hilda und freute sich über die Fotostreifen, die der Apparat ausspuckte. Apropos Fotos. Als sie sich umsah, erblickte sie ihren Kollegen Max, der eifrig dabei war, Bilder für den »Burgenländischen Boten« zu schießen.

»Arbeitest du nichts?«, zog er Vera auf.

»Ich arbeite hier«, sagte Vera und tippte sich an ihren Kopf. »Die Fakten zum Festival stehen ohnehin überall. Ich plane eine persönliche Kolumne, die die ganz besondere Stimmung hier widerspiegelt.«

»Erzähl nur nicht allen, wie toll es hier ist, sonst wird es nächstes Jahr noch schwieriger, an Karten zu kommen«, bemerkte Max.

»Wo ist denn Betty heute?«, wechselte Vera das Thema. »Ich hab sie den ganzen Tag noch nicht gesehen.«

Sie wusste, dass Max neben seinem Fotojob beim »Burgenländischen Boten« auch bei »Gut gebettet mit Betty« aushalf und sich gut mit der Bestatterin verstand.

»Ich auch nicht«, sagte Max. »Voll komisch. Sie wollte sich nämlich unbedingt die *Let's Fetz* anhören und ist nicht aufgetaucht. Außerdem«, er sah auf die Uhr, »in einer Stunde spielen die *Darkness*. Die würde sie sich doch auf keinen Fall entgehen lassen.«

»Vielleicht haben sich Hacki und sie ins Zelt gelegt und pennen noch«, sagte Vera. »Ich bin am Pinkastrand auch einfach eingeschlafen. So ein Festival ist anstrengend …«

»… wenn man keine 16 mehr ist …«, vollendete Max den Satz.

Was hatten heute nur alle für ein Thema mit dem Alter, dachte Vera. Da fühlte man sich einmal wieder jung und unbeschwert, und dann wurde einem alles kaputt gemacht.

»Falls sie wirklich am Ruhecampingplatz sind, können wir sie abholen«, schlug Vera vor. »Ich wollte eh noch mal runterlaufen, bevor es dunkel wird, und mir einen Hoodie holen. Später wird es kühl. Das war gestern auch so.«

»Im August herbstelt es halt schon«, sagte Max altklug. Die Aussage hätte von Oma Hilda stammen können.

Einträchtig stapften die beiden durch Bildein in Richtung Campingplatz. Was für ein schönes Dorf das war: lang gezogene Streckhöfe mit großen Holztoren und Kastenstockfenstern, vor denen in Blumenkisterln rote Pelargonien blühten. Vorgärten, in denen sich weiße und rosafarbene Cosmeen in der Sommerhitze wiegten. Ein paar Meter weiter orangefarbene Sonnenbräute und leuchtend gelbe Sonnenblumen.

Vera und Max gingen die Straße hinunter an Wiesen und Feldern vorbei, bis sie zur Pinka kamen. Ab und zu kamen ihnen andere Camper entgegen, alle einen lächelnden Gruß auf den Lippen.

»Griaß eich.«

»Griaß eich a.«

Sie bogen am Wehr nach rechts, kamen erst an den Öko-Toiletten vorbei, dann bei den diversen Zeltplätzen, die Vera mittlerweile so vertraut waren.

»Da«, sie deutete auf das Feldbett, das das Einmannzelt beherbergte. »Da ist gestern einer drin gelegen, der hat so laut geschnarcht, als würde ein ganzer Wald umgesägt werden.« Max lachte.

Sie schlenderten weiter. Die lustigen Nachbarn, die gestern Gin & Tonic getrunken hatten, hatten jetzt einen Trichter mit einem langen Schlauch und flößten sich damit gegenseitig unter viel Gejohle Bier ein. Dem, der gerade dran war, floss der Bierschaum aus der Nase.

»Machts auch mit?«, brüllte einer.

Vera und Max verneinten.

»Ich wusste gar nicht, dass 40-Jährige auch noch trichtern«, flüsterte Vera.

»Ich glaube nicht, dass es ein Alterslimit für Blödheit und Unvernunft gibt«, grinste Max. »Irgendeiner von denen speibt sicher.«

»Ich wünschte, Letta würde das sehen«, sagte Vera.

»Reversive Psychologie. Wenn sie glaubt, alte Leute machen das, findet sie es niemals cool.«

Vera stoppte bei ihrem Zelt, kroch halb hinein und tauchte dann mit einer Kapuzenjacke wieder auf. Dann wechselte sie die Flip-Flops gegen Turnschuhe.

»Weißt du, wo Betty campiert?«, fragte Max.

Vera deutete zu dem Zelt auf der anderen Seite des Feldes. »Da drüben.«

»Ganz alleine?« Max zeigte sich überrascht. Vera zuckte nur mit den Achseln. Gemeinsam marschierten sie über den Kleeacker. Die Sommerhitze hatte den Boden ausgetrocknet, tiefe Risse zogen sich durch das Erdreich. Vera wich ein paar steinharten Brocken aus, die wie Hindernisse im Weg lagen. Bienen brummten zu ihren Füßen, umschwirrten die honigsüßen Kleeblüten. Gut, dass sie jetzt geschlossene Schuhe anhatte. Sie wollte nicht von einer aufgebrachten Biene in die Zehen gestochen werden.

Die Bedrohung kam nicht von unten, sondern von oben.

»Wäh, geh weg, du Viech.« Vera wedelte mit der Hand vor ihrer Wange auf und ab. Das Insekt reagierte mit lautem Gesumme. Sogar im Flug sah Vera, wie fett es war und wie es bläulichgrün in der Sonne schillerte.

»Was ist los?« Max drehte sich um.

»Eine Fliege, die ist mir direkt gegen die Wange geflogen.«

»War vielleicht betrunken«, scherzte Max.

Die Fliege umschwirrte Vera. Fett. Schillernd. Dann noch eine und eine dritte.

»Schmeißfliegen«, sagte Max. »Vielleicht liegt da irgendein Kadaver. Im Sommer werden beim Mähen oft Tiere getötet, ein Rehkitz, ein Hase, vielleicht ein Fuchs.«

»Vielleicht hat die Betty aus ihrer Bestattung einen Kadaver mit zum Campen gebracht«, sagte Vera. Es war als Scherz gedacht, klang aber ein bisschen gehässig. Max sah sie verwundert an. Vera biss sich auf die Lippen. Sie wollte nicht eine von diesen Frauen sein, die über andere Frauen herzogen. Noch ein paar Meter und sie hatten den Kleeacker überquert.

»Da ist gar nicht nur ein Zelt, da sind ja zwei«, wechselte Vera das Thema und zeigte mit dem Finger auf das kleine Campinglager.

Kam man vom Feld, so sah man nur das riesengroße supermoderne Wohnzelt mit Vorraum. Doch genau dahinter am Waldrand stand noch ein kleines Einmannzelt. So eines mit integrierten gebogenen Fiberglasstäben. Man kaufte es zu einer Scheibe zusammengefaltet und musste es dann laut Werbung nur in die Luft werfen. Dabei entfaltete es sich und landete fertig aufgebaut auf dem Boden. Praktisch. Nur zusammenlegen konnte man diese Dinger danach nie wieder richtig.

»Vielleicht schnarcht der Hacki und muss separat schlafen«, flüsterte Vera.

»Betty, Hacki, seid ihr da?«, rief Max. Keine Antwort.

»Sieht nicht so aus«, sagte Vera. Sie scannte den kleinen Campingplatz. Die Zelte waren geschlossen. Bei der Hitze schlief tagsüber doch niemand im geschlossenen Zelt. Oder? Vera ging erst um das große Zelt herum, blickte dann zum kleinen hinüber.

Sie kniff die Augen zusammen. Sie sah schlecht, trug aber aus Prinzip und Eitelkeit keine Brille.

Sie zeigte zum Waldrand. »Du, ich glaub, da im Schatten hinter dem Zelt liegt wer. Glaubst, die Betty schlaft ihren Rausch aus?«

Max lief zu der Stelle. »Betty?«

Er drehte sich zu Vera um: »Das ist nicht die Betty, das ist ein Mann.«

Vera stutzte. »Der Hacki?«

»Da stimmt was nicht. Da ist etwas passiert!«

»Was?«

Max war schon bei dem Mann angekommen. Vera trat näher. Der Mann lag auf dem Bauch, den Kopf zur Seite gedreht. Auf den ersten Blick sah es so aus, als schliefe er, aber seine Augen waren nicht ganz geschlossen. Die kleinen, weißen Halbschlitze sahen gruselig aus.

Dutzende Fliegen umschwirrten sein Gesicht und setzten sich immer wieder auf Augenlider, Mund und Nase.

Ein paar Blätter hingen in seinem Haar, das am Hinterkopf dunkel und feucht war. Es roch nach Blut. Der Wind hatte ein zerfetztes Plastiksackerl herangetrieben, das neben dem Körper in der Luft tanzte. Vera und Max wussten sofort, dass der Mann tot war. Sein Körper lag wie eine leere Hülle auf dem Waldboden und wirkte auf eine berührende Art einsam und friedlich. Die Haut war fahl, der Unterkiefer des Toten hing ein wenig schlaff, was ihm einen fast entspannten Ausdruck verlieh. Er war einer gewesen, der im Leben oft die Zähne zusammengebissen hatte. Eine Fliege balancierte auf den Lippen und krabbelte dann in den leicht geöffneten Mund. Vera schloss die Augen. Das Ganze war ein nie endender Albtraum. Der Herr der Fliegen war Bernd Biela.

KAPITEL 14 _ DAS DARF JETZT ABER NICHT WAHR SEIN

Der Australische Diebkäfer lebt in freier Natur hauptsächlich in Vogelnestern von Tauben, Schwalben oder Spatzen. Im Haus ist er ein Schädling, der sich von Vorräten ernährt. Er befällt gerne Tees, Gewürze, getrocknete Früchte, aber auch Vogel- und Fischfutter. Der Australische Diebkäfer täuscht seinen Tod vor, sobald er sich gestört fühlt.

»Das darf jetzt aber nicht wahr sein«, polterte Chefinspektor Franz Grandits, als er Vera sah.

Diese saß gegen einen Baum gelehnt am Boden, weit genug weg von der Leiche und den Fliegen. Franz Grandits stapfte zu ihr rüber. Vera hob den Kopf. Sie sah käsig aus unter ihrer Sommerbräune. Die Sommersprossen zeichneten sich scharf ab, wie Schmutzsprenkel. »Ich kann nichts dafür …«

»Wofür können Sie nichts?«, fragte der Mann, der neben Franz stand. Er trug eine Polizeiuniform, schwitzte stark und wirkte, als würde er sich hier am Tatort mindestens genauso unwohl fühlen wie Vera.

»Jedes Mal, wenn im Bezirk eine Leiche gefunden wird, ist sie involviert«, redete Franz Grandits weiter und zeigte anklagend mit dem Finger auf Vera. »Das ist ja nicht normal.«

»Sie?« Der uniformierte Polizist sah fragend von Vera zu Franz und wieder zurück.

»Unsere Bezirksjournalistin, immer als Erste am Tatort«, erklärte Franz. Es klang sarkastisch, dachte Vera. Als ob sie sich dieses Schicksal ausgesucht hätte. Sie würde jetzt auch lieber weiter im Apfelgarten chillen, statt sich vom Chefinspektor der Oberwarter KAAST anblaffen zu lassen.

Vera stand auf und fuhr sich mit den Händen über den Hintern, um Blätter und Fichtennadeln von der Hose zu streifen. Dann wischte sie die rechte Hand am Shirt ab und streckte sie dem Fremden entgegen. »Hallo, ich bin die Vera Horvath. Und Sie sind?«

»Ach, entschuldigen Sie bitte, Polizei Strem, Inspektor Hirzberger.« Er hat ein freundliches Lächeln, dachte Vera.

»Der Hirzi hilft mir, bis die Marlies wieder aus dem Urlaub zurück ist«, sagte Franz. »Wir sind auch irgendwie verwandt. Unsere Omas waren Cousinen«, fügte er hinzu, als ob damit alles gesagt wäre.

»Wenn ich fragen darf, was ist denn genau passiert?«, fragte der Hirzi und bemühte sich, nicht zur Leiche zu schauen.

»Wir … wir haben die Betty gesucht. Aber dann … dann haben wir ihn gefunden … den Bernd …«

»Sie kennen den Toten?«

Vera nickte. »Das ist Bernd Biela, der Weininvestor.«

»Ist das sein Zelt, vor dem er da liegt?«, schnaufte Franz.

»Ich weiß es nicht, aber dieses«, sie deutete auf das Viermannzelt, »gehört Betty und Hacki, da bin ich mir ganz sicher. Ich hab sie ja beim Aufbauen gesehen.«

»Die Namen bitte?« Der Polizist zog einen Notizblock und einen Bleistift aus der Hosentasche.

»Bettina Pomper und Leo Liszt.«

»Bettina Pomper aus deinem Gartenklub?« Franz hob den Kopf und sah Vera überrascht an.

»Ja also, der Max und ich …«, sie deutete auf ihren Kollegen, der ein paar Meter entfernt mit zwei Männern der Tatortgruppe zusammenstand und hitzig diskutierte. Die beiden wollten soeben lautstark wissen, ob Max Fotos vom Tatort gemacht hatte und ob er vorhätte, diese zu veröffentlichen. Vera hörte nicht, was Max auf die Frage antwortete. Aber sie hätte wetten können, dass er Fotos gemacht hatte.

Sie wandte sich wieder an ihre Gesprächspartner. »Max und ich sind zusammen hierhergekommen, weil wir den Hacki, also den Leo, und die Betty abholen wollten. Sie waren aber nicht da.«

Franz wandte sich an einen uniformierten Kollegen. »Leo Liszt und Bettina Pomper, findet mir die. Ich muss wissen, wo die sind oder besser gesagt waren.«

Vera blickte sich um, inzwischen wimmelte es hier vor Beamten. Die Tatortgruppe hatte Absperrbänder angebracht. Weitere Männer in weißen Schutzanzügen trafen ein. Und die Kollegen von Hannes Hirzberger sperrten den gesamten Ruhecampingplatz bis zum Wehr. Keiner der Anwesenden durfte mehr herein oder hinaus, bis die Daten aller möglichen Zeugen aufgenommen waren. Rund 100 Festivalbesucher waren davon betroffen. Man zeigte ihnen Fotos von Bernd Biela. »Kennen Sie diesen Mann? Wann haben Sie den Mann zuletzt gesehen? Ist Ihnen in der Nacht irgendetwas Ungewöhnliches aufgefallen? Ein Geräusch, eine seltsame Begegnung?« Von Mord redete niemand. Aber einige der Besucher hatten Fernstecher dabei, die auf die andere Seite des Feldes, auf den Tatort und die ermittelnden Beamten gerichtet waren. Jemand war beim *picture on* gestorben. Was war passiert? Die Mutmaßungen reichten von Hitzschlag bis zu Tode gesoffen, von versehentlich von einem Jäger erschossen bis Rachemord, von Eifersuchtsdrama bis Überdosis.

»Die Gerichtsmedizinerin ist da.«

Die Gerichtsmedizinerin? Die war doch aus Graz. Normalerweise war die nicht so schnell am Tatort. Eigentlich war sie nie am Tatort, sondern begutachtete die Toten erst Tage später in der Pathologie in Oberwart.

»Ich war schon vor Ort«, stellte Henriette »Henri« Liebherr klar. »Ich liebe das *picture on* und habe bereits seit acht Monaten einen Festivalpass. Ich mache euch auch gerne die Erstuntersuchung. Aber wenn ich deswegen die *Darkness* versäume, bin ich sauer.« Henri hatte eine forsch-freundliche, aber sehr direkte Art. Franz kannte die Ärztin nur in neutraler Kleidung. Jetzt trug sie sehr kurze Jeans-Shorts mit ausgefransten Säumen an den Beinen und ein bauchfreies Top. Im Bauchnabel steckte ein Piercingring mit einem blauen Stein, und auf dem linken Rippenbogen glänzte farbstark ein Tattoo. Eine altertümliche Darstellung eines menschlichen Gehirns. Damit hätte wohl niemand gerechnet.

Ein Kollege von der Tatortsicherung, der bei seiner Ankunft Henri zufällig auf dem Parkplatz getroffen hatte, reichte ihr einen Schutzmantel und ein Paar Gummihandschuhe.

»Sieht aus, als hätte da einer ordentlich zugeschlagen!«, sagte sie. Der behandschuhte Zeigefinger zeigte auf eine dunkle Stelle am Hinterkopf.

»Du wartest da drüben und bewegst dich nicht vom Fleck«, sagte Franz zu Vera. »Komm, Hirzi, wir schauen uns das aus der Nähe an.«

Vera tat wie geheißen und beobachtete aus der Entfernung, wie Henri den Toten geschickt untersuchte, vorsichtig umdrehte und dann teilweise entkleidete. Als die Ärztin Bernds Hose runterzog, stutzte sie kurz. Vera schloss die Augen. Der Wind trug Wortfetzen zu ihr. »Schädeltrauma, stumpfer Gegenstand, Verletzung im Genitalbereich, vielleicht ein Sexualmord.«

Sexualmord? Nein, ihr liegt falsch, ganz falsch.

»Womit liegen wir falsch?« Hirzi sah Vera an.

Verdammt, das hatte sie laut gedacht? Dieser Hirzi musste Ohren wie ein Luchs haben.

Franz stapfte grimmig auf Vera zu. Hobbydetektive waren ihm ein Gräuel. Und vor seinem Großcousin war es ihm besonders wichtig, dass er sich von einer Zeugin, die mit der Sprache nicht herausrücken wollte, nicht auf der Nase rumtanzen ließ.

»Hast du irgendwas gesehen, was du uns verschweigst?«

»Gesehen nicht.«

»Sondern?«

»Gehört, ich hab ihn gehört, gestern in der Nacht bei den Öko-Toiletten.«

»Und was hast du gehört?«

»Stöhnen.«

»Stöhnen auf der Toilette? Hatte er Blähungen oder einen sexuellen Kontakt?«

»Ich weiß, dass er ganz sicher keinen sexuellen Kontakt hatte.«

»Und warum bist du dir da so sicher?«

Vera sah erst Franz und dann den fremden Hirzi verzweifelt an. »Ich kann euch das nicht sagen. Es geht nicht. Wann kommt die Marlies wieder? Ich muss mit der Marlies reden …«

»Das Leben ist kein Wunschkonzert.« Franz reichte es jetzt. »Glaubst du wirklich, die Marlies bricht einfach ihren Urlaub ab?«

*

»Natürlich breche ich meinen Urlaub ab!«, rief Marlies ins Telefon. »Du hast ja keine Ahnung, wie fad es hier ist. Monatelang habe ich nur mit langweiligen Steuerhinterziehungen und Betrugsmaschen zu tun. Und dann passiert ENDLICH wieder ein Mord, und du verlangst, dass ich weiter hier herumliege und den ganzen Spaß verpasse?«

»Spaß? Du hast doch Spaß. Du bist mit deiner Familie auf Urlaub!«

»Das ist kein Spaß. Die liegen auch nur herum. Oder sie streiten. Das können wir genauso gut im Freibad in Oberwart machen.«

Wenn Franz mit Marlies telefonierte, sah er sie im Geiste immer in ihrem Büro sitzen. Konzentriert vor ihrem Computer, die Stirn in Falten gezogen, Vanillekipferl in ihren Kaffee tauchend. Wie viele Südburgenländer aß Marlies auch im Hochsommer gerne Vanillekipferl. Das erstaunte »Oh«, wenn die Kipferl beim Eintunken in Sekundenschnelle durchweichten und die durchweichte Hälfte im Kaffee abtauchte. Eine Marlies mit Bikini an einem Kiesstrand, Fisch mit geknofeltem Mangold essend? Das war wirklich eine seltsame Vorstellung. Franz schüttelte den Kopf, um das fremde Bild aus seinem Kopf zu verscheuchen.

»Hast du eine Ahnung, warum sie nur mit mir reden will und nicht mit euch?«, fragte die Kriminalpolizistin.

Franz seufzte. »Der Tote hatte eine Verletzung am Penis. Der Gerichtsmedizinerin ist ein getrockneter Blutfleck auf der Leinenhose des Toten aufgefallen. Vera weiß was darüber, aber es ist ihr offenbar unmöglich, mit uns zu reden. Sie hat unser Mordopfer in der Nacht gegen 2 Uhr früh auf den Festival-Toiletten getroffen. Henri sagt, nach ihrer Ersteinschätzung wurde Bernd Biela kurz danach erschlagen. Schlag auf den Hinterkopf. Stumpfe Gewalteinwirkung. Die Mordwaffe suchen wir noch. Möglicherweise ist Vera die Letzte, die ihn lebend gesehen hat.«

»Wir brauchen gar nicht weiterreden, natürlich komme ich sofort heim«, unterbrach ihn Marlies.

Franz seufzte. »Helfen würd es schon. Vera will nur mit dir reden. Und du weißt eh, was das für ein Licht auf uns wirft, wenn wir ihr diesen Wunsch verwehren oder sie weiter unter Druck setzen. Es ist nicht mehr so leicht für uns Männer heutzutage.«

Selbsterkenntnis ist der erste Weg zur Veränderung, dachte die Polizistin, aber das sagte sie nicht. Franz war zwar old school, aber er hatte das Herz am rechten Fleck.

»Dann ist es also beschlossen. Ich fahr gleich in der Früh los und bin morgen ab Mittag wieder im Büro in Oberwart«, sagte Marlies jubelnd. Was war es doch für ein herrliches Gefühl, unersetzbar zu sein.

Und überhaupt. Dass der Franz sich gleich einen anderen Partner zum Ermitteln geholt hatte, das ging ja gar nicht. Noch dazu seinen Großcousin. Vetternwirtschaft war das. Dieser Hirzberger, der sollte bitte wieder schön auf seinen Posten zurückfahren. Das hier war ein Fall für Marlies Murlasits.

*

Betty sah Hacki sofort an, dass etwas nicht stimmte, als dieser das Telefonat beendete.

Er sah verstört aus, beunruhigt.

»Was ist los?«

»Das war der Hirzi. Er wollte wissen, ob wir noch am Festival sind.«

»Der Hirzi, dein Hawerer, der bei der Polizei ist?«

»Ja.«

»Und? Was hast du ihm gesagt?«

»Ich habe gesagt, dass wir gleich nach Alex' Gig nach Hause gefahren sind und nicht, wie geplant, gezeltelt haben.«

»Und was hast du ihm als Grund dafür gesagt?«

»Ich habe gesagt, du hättest einen Migräneanfall bekommen. Der Föhn. Im Radio haben sie sogar von einem Saharasturm gesprochen. Da haben viele Migräne.«

Betty blickte Hacki zweifelnd an. »Und das haben sie dir abgekauft? Was, wenn sie mit Alex reden?«

Hacki zuckte hilflos mit den Achseln. »Was hätte ich denn sonst sagen sollen?«

*

»Du hast *was*? Du hast den Liszt angerufen und am Telefon gefragt, wo er und seine Freundin waren? Das gibt es ja nicht, wie vertrottelt kann man bitteschön sein!« Franz regte sich so auf, dass man dachte, seine Augäpfel würden jeden Moment aus dem Gesicht poppen. Seine Wangen waren rot angelaufen und sein Blutdruck in ungesunde Höhen gestiegen. Er hasste nichts mehr als Unfähigkeit.

Hannes Hirzberger sah betreten zu Boden. Unter seinen Achseln hatten sich nasse Kreise gebildet. Ein Hauch von Körpergeruch lag in der Luft. Die Stille dehnte sich aus. »Aber du hast doch gesagt, ich soll ihn kontaktieren«, verteidigte er sich stotternd, »und da hab ich mir gedacht, ich nehm gleich alles zu Protokoll, so wie bei all den anderen, die wir hier befragen.«

»Bei allen anderen? Hams dir ins Hirn g'schissen?«, polterte Franz. »Der Mord ist direkt vor dem Zelt vom Liszt passiert. Was, wenn das die Täter sind? Da muss man doch anders vorgehen. Mit denen persönlich reden. Auf Mimik und Rhetorik achten. Das kann man doch nicht mit einem Telefongespräch abhaken!«

»Also mit Verlaub, der Hacki ist sicher nicht der Täter«, widersprach der Großcousin und wischte sich über die schweißnasse Stirn. »Den kenn ich, seit wir klein sind. Früher haben wir zusammen Fußball gespielt. Und jetzt sind wir im selben Sparverein. Ich kenn den wie einen Bruder. Der kann keiner Fliege was zuleide tun. Und die Betty? Die ist Bestatterin. Die hätte die Leiche dann doch gleich entsorgt. Die hätt die nur in einen anderen Sarg dazulegen müssen. Ich hab eine Serie gesehen, da …«

Franz griff sich an den Kopf. Freunderlwirtschaft und abstruse Theorien. Das wurde immer schlimmer. »Hearst, hör bitte auf, solchen Blödsinn zu verzapfen«, knurrte er.

»Bittschön, das ist kein Blödsinn. So was ist schon vorgekommen …«

»Jetzt halt's z'samm. Ich muss nachdenken.«

Franz war komplett aus dem Konzept gebracht worden. Er musste alle Eventualitäten im Kopf durchspielen. Was, wenn Betty und Hacki die Täter waren? Wie würden sie dann versuchen, ihre Tat zu verschleiern? Was, wenn es nur einer der beiden getan hatte und der andere von nichts wusste? Bestand Fluchtgefahr? Vermutlich nicht. Denn sonst wären die beiden ja schon längst über alle Berge. Aber was musste er sonst noch bedenken? Sein Großcousin, dieser unfähige Kieberer, war in sein Schachbrett gestolpert und hatte seine Figuren umgeschmissen, und jetzt musste er alles neu ordnen, bevor er den nächsten Zug in seinen Ermittlungen machen konnte.

»Hast du den beiden Näheres erzählt?«, fragte er seinen betropetzten Verwandten.

»Natürlich nicht!«, beteuerte dieser kleinlaut. »Aber lang wird sich das nicht geheim halten lassen.«

»Warum denn das?«

»Wir sind im Südburgenland. Einer erfährt es, erzählt es unter dem Siegel der Verschwiegenheit drei anderen weiter, die erzählen es dann wieder weiter, und nach einem Tag weiß es das ganze Land. Oft braucht es nicht einmal einen Tag, da ja die meisten bei uns miteinander verwandt sind so wie wir.« Verwandt? Franz horchte auf. Das war das Stichwort für seinen nächsten Schachzug.

»Angehörige?«, stieß Franz hervor. »Wir müssen als Nächstes die Angehörigen informieren, bevor die es über andere erfahren.«

Inspektor Hannes Hirzberger blickte auf seine Notizen. »Es gibt eine Ex-Frau und zwei erwachsene Kinder. Die leben aber in Wien. Die Mutter des Opfers ist dement und im Heim in Großpetersdorf. In diesem Fall ist Demenz wohl ein Segen. Ist ja immer schlimm, wenn das Kind vor einem geht. Am nächsten stand der Tote seiner Patentante, Renate Fuith.« Er war froh, jetzt doch noch etwas Konstruktives beitragen zu können. »Die kommen auch auf die Liste der Menschen, die wir noch befragen müssen.« Franz wurde ganz schlecht bei dem Gedanken an die viele Arbeit, die ihm bevorstand. Er überlegte. Sollte er jetzt gleich zu Leo Liszt und Betty Pomper fahren? Er entschied sich dagegen. Er wollte dieses Gespräch lieber am nächsten Tag im Beisein von Marlies führen. Die war nämlich mit Betty im selben Gartenklub. Ihr würde am ehesten auffallen, wenn Betty sich anders verhielt als sonst.

»Sonst noch was?«

»Entschuldigung, ich hätte noch eine Frage.« Vera, die beschlossen hatte, dass sie jetzt wirklich lange genug festgehalten worden war, kam auf die beiden zu. »Dürfen Max und ich endlich gehen? Ich habe alles gesagt, was ich euch sagen kann. Außerdem habe ich wirklich fürchterlichen Durst.« Franz nickte nur. »Ja, ihr könnt gehen, aber haltet euch für weitere Fragen bereit. Marlies kommt morgen zurück. Du kannst gleich um 13 Uhr in die KAAST kommen.« Vera nickte und wusste nicht, ob sie sich beklommen oder erleichtert fühlen sollte.

KAPITEL 15 _ BERND LIEBT LUFTBALLONS

Wegen seines eifrigen Paarungstriebs zog sich Leguan Mozart aus Antwerpen eine Dauer-Erektion zu. Einer seiner zwei Penisse wurde amputiert.

Vera fühlte sich wie auf einem Canossagang, als sie anderntags nach Oberwart ins Büro der Kriminalpolizei fuhr, um das erbetene Gespräch mit der Oberwarter Kontrollinspektorin Marlies Murlasits zu führen.

Sie traf Marlies alleine in ihrem Büro an.

»Wo sind die anderen?«

»Es ist Sonntag.«

»Ich dachte, ihr arbeitet auch am Sonntag.«

»Das war ein Scherz. Natürlich arbeiten wir auch am Sonntag. Die Verbrecher arbeiten da ja auch.«

»Ah ja.«

Marlies sah Vera eindringlich an. »Also, was ist los? Spuck's aus!«

Vera wusste nicht, ob sie lachen oder weinen sollte. Der Satz »Spuck's aus« traf irgendwie den Nagel auf den Kopf. Sie atmete tief durch, beamte sich geistig zurück in das Hotel *AVITA* und begann zu erzählen.

*

Vera genoss das private Dinner mit Bernd. Drei Spitzenrotweine wurden dekantiert und atmeten in den Karaffen um die Wette, um ihr volles Trinkpotenzial zu erreichen. Zur Überbrückung der Wartezeit bot ihr Bernd Champagner und das Du an. Er prostete ihr mit dem Champagnerglas zu und versuchte nicht, sich ein Bruderschaftsküsschen zu erschleichen. Vera rechnete ihm das hoch an. Dennoch war das rückblickend der erste Moment gewesen, in dem sie überlegt hatte, wie es wohl wäre, Bernd Biela zu küssen.

Eigentlich war er nicht ihr Typ. Bernd war für Veras Geschmack zu »geldig« mit seinen genagelten Schuhen und seinem Monogrammhemd und dem Siegelring am kleinen Finger.

Vera war nie auf Männer mit Geld scharf gewesen. Wer zahlt, schafft an, hatte ihr Hilda immer eingebläut. Sie wollte nicht nach der Pfeife eines Mannes tanzen. Männer wie Bernd assoziierte sie mit kokainverkrusteten Nasenscheidewänden. Er war sicher jemand, der sich den Magen regelmäßig mit Steaks vollschlug, von denen jedes einzelne so teuer war wie ihr Wochenendeinkauf. Am meisten störte sie die Krawatte. Die Männer, die Vera sonst gefielen, trugen keine Krawatten, nicht einmal zu Hochzeiten und Begräbnissen. Aber dennoch hatte Bernd etwas, das sie anzog. Es war dieses Selbstbewusstsein, diese Sicherheit, mit der er den Raum beherrschte. Vera konnte sich vorstellen, wie er abseits von all dem in seinem teuren Anzug irgendwo in einem Büro in der Stadt saß, sechsstellige Summen einstreifte und die Hälfte davon für Dinge ausgab, die er von der Steuer abschrieb. Vermutlich schrieb er auch dieses Essen mit ihr von der Steuer ab.

Viermal waren dann Kellner mit silbernen Wägelchen gekommen, um Speisen zu bringen. Zuerst Schaumsüppchen von der gelben Tomate mit gebratenen Jakobsmuscheln, dann den Zander, gefolgt von Eiscreme-Knödeln im Nussmantel auf Erdbeerragout. Danach wurde Käse serviert und ganz zum Schluss Kaffee und Pralinen. Das Menü kam mit einer Weinbegleitung. Vera war also schon ein bisschen angeschickert, als sie die erste Flasche von den vorab georderten Rotweinen verkosteten. Bernd goss ihr ein Glas *Löwenwacht* vom Hacki ein. Der Wein duftete nach Schokolade, war dunkelrot und hinterließ beim Trinken Schlieren im Glas.

»Jetzt hast du so viel von mir erfahren, erzähl mir ein bisschen von dir«, sagte Bernd und sah Vera einen Tick zu lange in die Augen.

»Man hat mir erzählt, du warst Journalistin in Wien. Was hat dich zurück in die Provinz verschlagen?«

»Die Printkrise«, sagte Vera. »Das Magazin, für das ich früher tätig war, lief nicht mehr so gut. Sie haben die halbe Belegschaft gekündigt und die, die blieben, mussten doppelt so viel arbeiten. Synergien nutzen, haben sie das genannt.« Sie verzog das Gesicht. »Ich gehörte zu denen, die gefeuert wurden. Und – bumm zack – konnte ich mir die Miete für die Wohnung nicht mehr leisten. Da blieb für mich und meine Tochter nur mehr ein Ausweg. Zurück aufs Land in das Haus meiner verstorbenen Großmutter und hier einen Job annehmen.«

»Du hast eine Tochter?«, fragte Bernd.

Vera lächelte. »Ja, Letta ist 16. Sie ist großartig. Anfangs war es hier hart für sie als Stadtkind. Sie fand alles am

Landleben öde. Aber inzwischen hat sie sich gut eingelebt.«

»Und Lettas Vater? Also dein Mann.«

»Lettas Vater spielt keine Rolle in unserem Leben.« Sie sah Bernd provokant an. »Ich bin nicht verheiratet, wenn du das wissen willst.«

»Das will ich tatsächlich wissen«, sagte Bernd und hielt ihrem Blick stand.

»Hast du einen Freund?«, fragte er dann.

Vera dachte kurz an Tom. »Nichts, was die Bezeichnung verdient. Und du?« Sie lehnte sich zurück und wickelte eine Haarsträhne um ihren Finger.

»Ich habe auch keinen Freund«, sagte Bernd und grinste frech. Er machte eine Pause und fuhr sich mit dem Daumen über die Lippen, als müsse er nachdenken. »Und auch keine Freundin.«

Er flirtet mit mir, dachte Vera. Die Kommunikation war zwar nicht gerade von Originalität geprägt. Aber irgendwas lag in der Luft. Die veränderte Körpersprache, der scherzhafte Unterton, wie er beim Weineinschenken immer näher rückte. Er wollte wissen, ob er bei ihr landen konnte, und Vera, die wollte es auch wissen. Es war schön, wieder einmal begehrt zu werden. Ihre Wangen glühten. Nicht nur von dem exzellenten Cuvée. Sie genoss den Abend.

»Lass uns etwas Verrücktes machen, lass uns schwimmen gehen«, sagte Bernd plötzlich.

»Jetzt?« Vera sah ihn erstaunt an. »Ich habe keinen Badeanzug dabei, und die Therme ist sicher schon geschlossen.«

»Es gibt auch Außenpools. Du bist doch spontan, oder?« Auf die fehlende Badekleidung stieg Bernd gar nicht ein.

»Aber die haben doch Kameras? Oder?« Vera war unschlüssig. Irgendwie fand sie die Idee reizvoll. Sie hatte seit Ewigkeiten nichts Verrücktes mehr gemacht. Aber sollte sie das wirklich wagen?

Bernd stand auf und nahm sie an der Hand. Ein fester, warmer Händedruck, der ihr durch und durch ging. »Komm, lass es uns tun. Der Bademeister ist sicher nicht mehr da. Keiner wird um diese Uhrzeit die Kameras beaufsichtigen.«

»Und was, wenn doch? Dann stehen wir in der Zeitung.« Er hatte ihre Hand wieder losgelassen, was Vera ein bisschen bedauerte.

»Ich dachte, du machst die Zeitung. Beim Naturbadeteich unten sieht uns niemand. Ich verspreche, ich beschütze dich vor bösen Spannern.« Er lächelte treuherzig. »Sei meine Heldin.«

»Na, dann auf ins Abenteuer.« Vera stand auf.

Bernd nahm wieder ihre Hand. Es fühlte sich richtig an. Kichernd wie Teenager huschten sie durch die Gänge des Hotels, aufgeputscht von der eigenen Courage, etwas Verbotenes zu tun.

Aufregend war das. Adrenalin rauschte durch Veras Adern. Ihr Herzschlag beruhigte sich erst, als sie auf der anderen Seite der Absperrung waren. Rund um den Schwimmteich war es stockfinster, aber bei jedem Schritt gewöhnten sich die Augen der beiden ein bisschen mehr an die Dunkelheit. Das Wasser war spiegelglatt und sah verführerisch aus. Vera steckte die Hand hinein. Es fühlte sich gar nicht kalt an. Jetzt musste nur mehr die wichtigste Frage geklärt werden. Wie weit sollte sie sich ausziehen? Bernd zog erst das Hemd aus und dann die Hose. Vera schluckte. Er hatte keine Unterhose an. Sie drehte sich schnell um. Sie wollte nicht, dass er dachte, sie würde ihn anstarren. Sie zog ihr Kleid und ihre Unterwäsche aus und sprang ins Wasser. Untertauchen, eintauchen, ein paar Züge schwimmen. Das Wasser war kühler als gedacht, aber erfrischend. Es klärte den vom Alkohol schweren Kopf, spülte die Müdigkeit weg.

Jetzt wurde ihr die Intimität dieses heimlichen Nacktbadens erst richtig bewusst. Bernd und Vera versuchten, die Situation leicht und unbekümmert zu halten. Durch Reden, Lachen, Scherzen. Aber dann lullte sie die Nacht wie eine große, dunkle Decke ein, und alles rundherum wurde ganz still und friedlich. Vera trieb auf dem Rücken an der Oberfläche des Wassers und starrte den Mond und die Sterne an. Sie dachte, dass das die schönste Nacht war, die sie seit Ewigkeiten erlebt hatte.

Ihr Bein berührte im Wasser das von Bernd.

»Tut mir leid«, sagte sie nervös.

»Mir nicht«, sagte Bernd.

Sie überlegte, was als Nächstes passieren würde. Würde er versuchen, sie zu berühren, zu küssen? Und wenn ja, wie sollte sie reagieren? In ihrem Alter, da blieb es nicht beim Küssen. Aber Sex mit Bernd? Sie wusste nicht, ob sie das wollte oder nicht. Was würde sie empfinden, wenn er jetzt einen Anmachversuch starten würde? Typen wie Bernd hatten eine arrogante Selbstverständlichkeit Frauen gegenüber, die sie nervte. Aber sie musste sich auch eingestehen, dass sie enttäuscht wäre, wenn er *nicht* versuchen würde, bei ihr zu landen.

Bernd enttäuschte sie nicht. Er schwamm auf Vera zu, zog sie zum Ufer und dann an sich. Als Erstes bemerkte sie die Hitze, die seine Brust im kalten Wasser abstrahlte. Dann den Geschmack seiner Zunge nach Rotwein und Schokolade. Er hatte eine stürmische, fordernde Art zu küssen, die ihr gefiel. Ihr Kopf vergaß, dass es ihr eigentlich zu schnell ging. Es war genau richtig. Ihr Körper reagierte mit einer unerwarteten Heftigkeit auf diesen fremden Körper. Es war so lange her, seit sie zum letzten Mal mit jemandem Sex gehabt hatte. Dieser Jemand war Tom gewesen. Wenn sie jetzt mit Bernd schlief, war es so, als würde es das Ende mit Tom besiegeln. Als wäre der Zauber gebrochen. Das war doch gut. Oder? Veras Gedanken fuhren Karussell, während ihr Körper längst eine Entscheidung getroffen hatte. Bernds unruhiger Blick. Sein Atem an ihrem Ohr. »Lass uns wieder raufgehen.«

Das Schlafzimmer der Suite war im Wedding Style geschmückt, das Bett voll mit weißen Luftballons. Große, kleine, runde, längliche. Vera stutzte. Da hatte der Zimmerservice wohl einen Fehler gemacht und gedacht, sie müssten die Suite für eine Hochzeitsnacht dekorieren. Bernds Blick, der jetzt noch unruhiger war als unten im Wasser. Ein Haifischlächeln. Aus den mattsilbernen Musikboxen, die nicht größer waren als Salz- und Pfefferstreuer, erklang *99 Luftballons* von Nena. Später würde sich Vera fragen, ob das ein Zufall war oder nicht. Als Bernd und Vera im Bett landeten, flogen ein paar Luftballons hoch. Er fing einen auf, rieb ihn über Brust und Bauch, schlug sich damit gegen den Unterleib und stöhnte dabei. Sein Schwanz wurde hart und krumm wie eine Banane. Es sah skurril aus. Wie eine Szene aus einem David-Lynch-Film. Vera wusste nicht, ob sie lachen sollte oder irritiert sein. Der Typ machte Faxen, oder? Bernds Kopf tauchte zwischen Veras Beinen ab. Das waren jetzt keine Faxen. Zungenfertig war er. Druck, Rhythmus, Geschwindigkeit. Alles passte für sie. Und es war lange her. So lange. Ihre Finger krallten sich in seine Haare. Sie kam schnell und intensiv. Als sich ihr Atem wieder beruhigte, hörte sie ein quietschendes Geräusch. Bernd, der noch immer auf dem Bauch lag, hatte einen länglichen Luftballon zwischen den Beinen und rieb sich daran. Hatte er das die ganze Zeit getan? Er richtete sich auf, kniete sich hin. Vera sah ihm in die Augen. Er hatte sie mit seinem Mund zum Kommen gebracht. Sollte sie ihm diesen Gefallen erwidern? »Magst du, dass ich …?« Er nickte. Die Banane zeigte nach 11 Uhr und schmeckte nach Luftballon. Ihr Mund schloss sich um seine Eichel. Ihre Zähne knabberten spielerisch. Und dann war da dieser ohrenbetäubende Knall. Vera, die zu Tode erschrak. Ihr Kiefer klappte zusammen. Sie riss in Panik ihren Kopf zurück. Und dann war da nur mehr Blut, überall Blut. Bernd, der schrie, sich einen Polster gegen den Unterleib drückte. Der Polster färbte sich rot. Fluchen. Wimmern. Ein Luftballon trieb auf Vera zu. »Will you marry me?«, stand darauf. Aus dem David-Lynch-Film war ein Quentin-Tarantino-Movie geworden.

*

Vera presste die Hände auf das Gesicht. Ihre Wangen waren heiß. Sie musste knallrot geworden sein.

»Ich wollte das nicht. Es war ein Sexunfall.«

Marlies sah sie mitfühlend an. Sie verstand, warum Vera nicht mit Franz und dem Stinatzer Kollegen über den Vorfall hatte sprechen wollen.

»Du musst ihn mit den Zähnen am Vorhautbändchen erwischt haben. Ruptur des Penisbändchens – besonders häufig bei Frenulum breve, einem zu kurzen Vorhautbändchen. Ein Biss bei Fellatio kann im Extremfall in einer nekrotisierenden Fasziitis enden.«

Vera sah Marlies entsetzt an. »Du meinst, dass er deswegen, also dass ich …«

»Hat die Henri gesagt, die Gerichtsmedizinerin. Aber keine Angst, er ist nicht daran gestorben.«

Vera knetete ihre Finger. »Er hat mich angebrüllt, ich soll gehen. Und ich bin gegangen. Was heißt gegangen. Ich bin gerannt, geflüchtet. Vielleicht hätte ich bleiben sollen, ihm helfen, das zu verarzten. Aber ich wollte nicht bleiben. Ich wollte nur weg. Diese Luftballons …«

Vera stockte. Es war alles so bizarr.

Marlies nickte. »So wie du erzählst, was passiert ist, war der Mann ein Looner.«

»Ein was?«

»Ein Luftballonfetischist.«

Marlies war früher bei der Polizei in einer Abteilung gewesen, die sich mit Sexualdelikten befasst hatte. Sie hatte mehr Perversionen gesehen, als die meisten Menschen psychisch verkraften würden. Ein Luftballonfetisch war dabei das Harmloseste gewesen.

»Für einen Luftballonfetischisten wirken die Geräusche, die ein Ballon beim Reiben oder Draufsitzen erzeugt, spannend und erregend«, erklärte Marlies. »Für viele Looner ist das Zerplatzen eines Ballons das höchste der Gefühle. Sie verspüren beim Warten auf den Knall besondere Geilheit. Das Adrenalin, das beim lauten Platzen des Ballons ausgeschüttet wird, erzeugt eine Art Rauschgefühl.«

»Ich hab noch nie von diesem Fetisch gehört. So wie du das schilderst, ergibt das jetzt alles Sinn. Trotzdem … es war so schrecklich. Als ich ihn dann beim *picture on* sah … Ich wollt ihm einfach nur aus dem Weg gehen. Zuerst beim Alex-Woods-Konzert, da war er mit Hacki und Betty unterwegs, und später dann. In der Nacht bei den Toiletten habe ich ihn in der Kabine neben mir stöhnen und reden gehört. Ich wusste natürlich, warum er stöhnte. Das da unten. Es muss richtig wehtun am Klo.« Sie schüttelte sich. »Ich hab mich nur gefragt, was er um diese Zeit am Ruhecampingplatz macht.«

Marlies sah sie nachdenklich an. »Das fragen wir uns allerdings auch. Hast du sonst noch irgendwen oder irgendwas gesehen?«

»Beim *picture on* nicht, aber da ist noch etwas.«

Vera griff zu ihrer Tasche. »Als ich aus der Suite geflüchtet bin, habe ich meine Sachen geschnappt, so schnell ich konnte. Meine Kleider, mein Handy, den Zettel, auf dem ich mir während des Interviews Notizen gemacht hatte. Bernd hatte mir vier, fünf leere A4-Zettel gegeben. Zum Mitschreiben. Die lagen während des Essens auf der Kommode neben dem Esstisch.«

»Ja und?«

»Ich habe beim Zusammenpacken irrtümlich noch andere Zettel mitgenommen, die darunter gelegen sind.« Vera nahm eine Plastikfolie mit Papieren aus der Tasche. »Hier, es sind Tabellen mit Zahlen. Das, was sonst drauf steht, kann ich nicht lesen. Das ist Rumänisch. Da waren zwei Rumänen bei ihm, als ich in die Suite kam. Bernd sagte, das wären seine Geschäftspartner. Ich dachte, es ist vielleicht wichtig.«

KAPITEL 16 _ ICH HABE SIE NICHT VERMISST

Selbst unter Pflanzen kommt es zu Geschwisterrivalität. Der Jambulbaum bildet pro Frucht bis zu 30 Samenvorläufer aus – botanisch gesehen allesamt Geschwister. Wird der erste befruchtet, ernährt sich der Baum auf Kosten der anderen und sondert eine Chemikalie ab, die diese abtötet.

»Hat Vera diese Zettel angegriffen?«, wollte Franz wissen, als Marlies ihm eine Kurzfassung der Story gab.

»Ja, natürlich, aber sie hat sie dann gleich in eine Plastikfolie gegeben. Und ich habe ihre Fingerabdrücke genommen, damit wir einen Abgleich machen können.«

»Schauen wir mal, was das Labor findet«, sagte Franz. Papier galt für Kriminalisten als schwierige Oberfläche. Auf Papier konnte man im Normalfall nur die Hälfte der vorhandenen Fingerabdrücke ausreichend gut sichtbar machen. Hauptursache, warum dies manchmal klappte und manchmal nicht, war die stark unterschiedliche Zusammensetzung des hinterlassenen Schweißes.

Marlies hatte die Dokumente fotografiert. Excel-Listen mit endlosen Zahlenkolonnen. Worauf sich diese bezogen, war nicht herauszulesen. »Dein Freund Hirzi soll das nach Eisenstadt bringen und nachprüfen lassen, ob das relevant sein könnte«, sagte sie. »Ich mach das ganze Jahr über diese sterbenslangweiligen Wirtschaftskriminalfälle.«

»Lass uns zum Liszt und zu der Pomper fahren«, brummte Franz.

»Du hast die beiden noch nicht einvernommen? Du hast gewartet, bis ich zurück bin?«, freute sich Marlies.

Franz brummelte etwas Unverständliches.

Marlies umarmte ihn und drückte ihm einen Kuss auf die Wange.

Während der Autofahrt saß Marlies auf dem Beifahrersitz des Dienst-Skodas und las zum wiederholten Male den Akt durch.

Sie überflog den Erstbericht der Gerichtsmedizinerin. Die Todesursache war ein Schlag auf den Kopf beziehungsweise den Nacken- und Halsbereich des Opfers. Mit ziemlicher Sicherheit handelte es sich bei der Tatwaffe um einen schweren metallischen Gegenstand, der noch nicht näher zu definieren war. Aufgrund des Zustands der Leiche wurde der Todeszeitpunkt auf Samstag zwischen 2 Uhr und 4 Uhr eingegrenzt.

Das Opfer Bernd Biela war 57 Jahre alt geworden. 57? Auf den Fotos, die ihn als Lebenden zeigten, sah er eher aus wie 45. Die entspannte Bräune, die regelmäßigen weißen Zähne. Bernd war fit gewesen. Seinen Körper hatte er gut in Form gehalten. Man konnte sich gutes Aussehen tatsächlich bis zu einem gewissen Grad kaufen. Marlies verstand schon, dass die Vera sich mit dem eingelassen hatte. Der Mann war attraktiv. Ein bisschen zu geschleckt für ihren Geschmack, aber attraktiv. Bei den Luftballons wäre es ihr aber auch vergangen.

Franz parkte den Dienst-Skoda vor Hackis Weingut ein.

Es sah aus wie aus dem Bilderbuch. Man kam durch ein großes, hölzernes Tor in einen begrünten Innenhof. Darin stand ein Marillenbaum, der dicht mit überreifen Früchten der Sorte *Ungarische Beste* behangen war. Einige Marillen waren auf den Boden gefallen. Wespen schwirrten drumherum, bissen Stücke aus dem weichen, süßen Fruchtfleisch. Marlies und Franz mussten aufpassen, nicht auf eine vollreife Frucht zu steigen oder auf eine Wespe.

»Entschuldigen Sie, dass es hier so aussieht«, sagte Hacki, der den Beamten entgegenkam. »Normalerweise kehren wir jeden Tag den Hof. Aber in den letzten drei Tagen war alles so …« Er beendete den Satz nicht. Franz und Marlies stellten sich vor, was nicht notwendig gewesen wäre, da man sich vom Sehen kannte. Aber das war ein offizieller Besuch. Und da war man nicht Marlies und Franz, sondern Chefinspektor Franz Grandits und Kontrollinspektorin Marlies Murlasits.

»Wollen Sie hereinkommen?« Hacki wirkte, als hätte er die Beamten erwartet.

Im Haus war es angenehm kühl. Im Eingangsbereich lag auf geschmackvollen taubenblauen Zementfliesen eine Labradorhündin, die sich schwanzwedelnd erhob, als sie den Besuch sah.

»Tipsy ist der schlechteste Wachhund der Welt. Sie würde den Einbrechern noch beim Raustragen helfen, wenn diese ihr ein Leckerli versprechen«, bemerkte Hacki. Tipsy hechelte und zog dabei die Lefzen hoch, und es sah aus, als würde sie lächeln. Ihre Krallen erzeugten auf den Fliesen ein klackendes Geräusch, als sie die Beamten umrundete.

Hacki führte die beiden Polizisten in die Küche. Marlies hatte die Angewohnheit, sich in fremden Häusern und Wohnungen zu fragen, ob sie hier auch selbst gerne wohnen würde. Bei dem Haus, das Hacki mit Betty bewohnte, hieß die Antwort: ja, ja, ja!

Das Herz der Küche war ein riesiger schwarzer Herd aus Gusseisen, daneben cremeweiße Küchenschränke im Landhausstil, an der Wand ein alter Esstisch aus unbehandeltem Eichenholz, abgebeizte Truhenbänke, Holzsessel, die ähnlich, aber nicht gleich waren. Genau wie die Häferl, die Hacki auf den Tisch stellte. Das von Marlies hatte einen Goldrand und ein Muster aus Vergissmeinnicht. Das von Franz war von der Form her ähnlich, allerdings ohne Goldrand und mit einem Fasan drauf.

Marlies hätte gerne gefragt, wo Hacki diese tollen Tassen her hatte, aber das wäre unprofessionell gewesen. Sie würde Betty beim nächsten Gartenklubtreffen fragen.

Hacki ging zum Küchenblock und bereitete Kaffee in einer chromglänzenden Maschine zu. Die Kaffeemaschine sah kompliziert aus, aber der Kaffee, den sie ausspuckte, roch köstlich.

»Ist Betty auch da?«, fragte Marlies.

»Bin ich.« Betty stand im Türrahmen. Barfuß in einem A-förmigen Kittelkleid aus fliederfarbenem Leinen. Der Stil erinnerte an ein Kinderkleid. Eines von denen, das es in urbanen Kindermodengeschäften für kleine Mädchen gibt, die *Pippi Langstrumpf* lesen und ausschließlich mit schadstofffreiem Holzspielzeug spielen. Bettys Gesicht war verschwollen. Franz fragte sich, ob sie nur schlecht geschlafen oder geweint hatte.

Hacki stellte zwei weitere Tassen auf den Tisch. Goldrand mit Rosen für Betty, röhrender Hirsch für sich selbst. Dann schenkte er Kaffee ein.

»Sie wissen, warum wir hier sind?«, begann Franz das Gespräch.

»Wegen Bernd, er wurde tot auf unserem Zeltplatz gefunden.«

»Seit wann wissen Sie das?«

»Der Hirzberger Hannes hat uns gestern angerufen«, sagte Hacki. »Wir waren daheim und wollten gerade zurück zum Festival, die Zelte abbauen und uns dann *Darkness* ansehen. Da hat er gesagt, es gab einen Todesfall und dass das jetzt ein Tatort ist, bis auf Weiteres. Wir sind dann daheim geblieben. Es hätte sich falsch angefühlt … Und«, er runzelte die Stirn, »wir waren natürlich erschüttert.«

Er blickte Franz an. »Darf ich fragen, wie … also woran er gestorben ist?«

»Woran genau, wissen wir noch nicht, aber er wurde niedergeschlagen.«

»Furchtbar«, entfuhr es Hacki.

Marlies beobachtete Betty. Diese starrte konzentriert auf das Rosenmuster ihres Häferls. So als gäbe es dort etwas Spannendes zu entdecken.

»Wie standen Sie zu Herrn Biela?«, fragte Franz.

»Er war mehr als ein Geschäftspartner, man kann das Ganze durchaus als Freundschaft bezeichnen«, antwortete Hacki. »Sie wissen ja, dass er mir große Geldmittel zur Verfügung gestellt hat. Ohne die hätte ich letztes Jahr nicht mehr gewusst, wie es weitergeht.«

»Ich hatte mir mehr von ihm erwartet«, sagte Betty spröde. »Am Ende des Tages wollte er ja doch nur einen Reibach machen und dann weiterziehen. Ein weiterer Investor im Südburgenland mit einem fetten Auto und einem schmierigen Lächeln, von dem nur er selber glaubte, es wäre charmant.«

»Betty, bitte!« Hacki griff beschwichtigend nach Bettys Hand.

»Mochtest du ihn nicht?«, fragte Marlies.

»Mögen?« Betty rührte in ihrem Kaffee, der weder Zucker noch Milch enthielt. Sie bemerkte, dass Marlies ihr auf die Finger sah.

»Das mache ich, damit der Kaffee schneller auskühlt«, erklärte sie. Sie machte beim Rühren eine Pause und nahm einen Schluck. Ihre Augenbrauen zogen sich zu einem Stirnrunzeln zusammen. »Nein, ich mochte ihn nicht. Aber ich habe ihn deshalb nicht umgebracht, wenn du dich das fragst. Wenn ich alle umbringen würde, die ich nicht mag, wäre ich ja eine Psychopathin.«

Hacki schaute Betty erschrocken an, ließ ihre Hand los und gleichzeitig resigniert die Schultern sinken.

»Haben Sie vorgehabt, mit Herrn Biela zu zelten?«

»Nein, wieso?« Betty sah Franz überrascht an.

»Nun, er lag vor einem separaten kleinen Zelt.«

»Ach, das, das war für Alex gedacht«, sagte Hacki. »Für Bettys Schwester. Wir wollten alle zelten, aber nachdem sich Betty nicht wohlfühlte, sind wir gleich nach Alex' Gig zurück hierher.«

»Ist Ihre Schwester Alexandra hierher mitgekommen?«, fragte Franz und machte sich eine Notiz. Die Nachricht, dass Alex auch am Tatort hätte zelten sollen, war neu für ihn. Noch eine Spur, die er überprüfen musste.

Betty schüttelte den Kopf. »Alex hat wohl im Tourbus übernachtet. Ich hab ihr eine Nachricht geschickt, dass ich Migräne habe und mich Hacki heimbringt. Sie hat nicht mal geantwortet. Das mit dem Zelten war nur so eine spontane Idee von ihr. Alex hat oft spontane Ideen. Am nächsten Tag hat sie sie wieder vergessen.« Sie seufzte.

»Ihre Schwester mögen Sie wohl auch nicht so besonders«, stellte Franz fest.

»Natürlich mag ich sie, sie ist meine Schwester. Legen Sie mir bitte nichts in den Mund«, sagte Betty. Ihre Augen verengten sich, und ihr Mund wurde zu einem dünnen, blassen Strich.

»Haben Sie eine Vermutung, was Herr Biela mitten in der Nacht auf Ihrem Zeltplatz wollte?«, fragte Franz.

»Nun, ich nehme an, er hat den Hacki gesucht«, sagte Betty.

»Mitten in der Nacht?«

»Warum nicht, das war ein Festival, da war noch ordentlich was los. Im Stadl und im Apfelgarten haben noch DJs gespielt. Und der Bernd hat ja gewusst, wie gutmütig der Hacki ist. Dass er alles von ihm haben kann. Zu jeder Tages- und Nachtzeit.«

»Betty, es reicht«, sagte Hacki. »Bernd ist noch nicht mal unter der Erde, und du ziehst schon über ihn her.«

»Tu ich nicht. Ich sage nur, was Sache ist.«

»Haben Sie eine Idee, wer ihm das angetan hat? Hatte Herr Biela Feinde?«

Hacki schüttelte den Kopf.

Betty schwieg, aber es sah so aus, als wollte sie etwas sagen.

»Betty?« Marlies sah sie fragend an.

»Redet mit seinem ehemaligen Partner«, sagte Betty nur. »Dem Weinbauern in der Steiermark. Was heißt Partner. Den hat er auch erledigt.«

Franz' Telefon läutete. Er stand auf und ging hinaus.

Als er wieder hereinkam, hatte er die Stirn in tiefe Falten gelegt.

»Das war einer der Verantwortlichen vom *picture on*. Ihre Schwester wird vermisst. Niemand hat Alex Woods seit ihrem Auftritt am Freitagnachmittag gesehen oder gehört. Das war«, er blickte auf die Uhr, »vor zwei Tagen.«

»Ich«, eine Sekunde lang entgleisten Bettys Gesichtszüge, sie sortierte diese aber sofort wieder, »ich wusste das nicht.«

»Du hast deiner Schwester vor 48 Stunden eine Nachricht geschickt und bis jetzt nichts von ihr gehört. Hast du dich nicht gefragt, warum nicht?«, forschte Marlies.

Betty sah auf. »Ich habe sie nicht vermisst.« Die Worte, die da leise aus ihrem Mund purzelten, klangen nicht böse, sondern erstaunt.

»Sie hat eine komplizierte Beziehung zu ihrer Zwillingsschwester«, bemühte sich Hacki um einen Erklärungsversuch.

»Zwillingsschwester?«, entfuhr es Marlies überrascht. »Ich wusste nicht, dass ihr Zwillinge seid. Ihr, ihr …«

»Wir sehen uns überhaupt nicht ähnlich«, beendete Betty den Satz. »Wir sind uns auch sonst nicht ähnlich!«

KAPITEL 17 _ ZWEI SCHWESTERN

Das Weibchen des Blaufußtölpels bebrütet ein Gelege mit mehreren Eiern. Wenn die Mutter nicht genug Nahrung heranschaffen kann, beginnt das stärkste Küken nach dem Schlüpfen auf das kleinste einzuhacken – bis dieses stirbt.

Geschwister sind biologisch gesehen vor allem eines: Rivalen. Betty und Alex' Verdrängungskampf hatte schon im Mutterleib begonnen. Wie anders war es zu erklären, dass Betty so viel kleiner und schwächer zur Welt kam als Alex? Dünne Beinchen, ein ausgemergelter Körper, Haut, die sich über die Rippen des Säuglings spannte.

»Du hast wie ein verhungertes Äffchen ausgesehen, und dann überall diese Haare«, erzählte die Mutter später oft. Alex hingegen war drall, speckig und rosig. Ein Baby wie aus der Werbung. Ein goldenes Kind. Sie hatte die Gunst der Eltern bereits bei ihrem ersten Atemzug gewonnen. Natürlich war sie die Erstgeborene. »Sie hat sich schon immer vorgedrängt«, pflegte Betty später zu sagen. Die Leute reagierten auf diesen Sager mit Lachen, dabei meinte es Betty bitterernst.

Die Mutter begann schon direkt nach der Geburt, die Zwillinge unterschiedlich zu behandeln. Alex wurde gestillt. Betty bekam die Flasche. Alex wurde getröstet, wenn sie weinte. Und sie schrie viel und oft, zornig mit hochrotem Kopf. Betty, die eher schluchzte, bis sie sich verschluckte, und dann hustete, bekam Hustentropfen, die das ausgemergelte Baby in einen komatösen Schlaf schickten. Niemand kam nachschauen, ob sie nachts noch atmete. Nicht aus Grausamkeit. Nein, die Mutter war einfach viel zu sehr damit beschäftigt, Alex' Bedürfnisse zu befriedigen, die diese vehement einforderte. Als Lohn ein Lächeln von diesem wunderschönen Baby.

Betty gedieh auf ihre Art. Sie war zäh. Alles wuchs sich aus, wie man am Land immer sagte. Sie sah nicht mehr aus wie ein behaarter Affe, sondern wie ein kleines Mädchen, die zartere Version von Alex. Und auch ihr Charakter war zarter, ruhiger. Betty versuchte, die Zuneigung der Eltern durch Bravsein zu erreichen. Sich anpassen, nur nicht auffallen. Die Eltern honorierten dieses Verhalten mit lobenden Aussagen wie »Du bist halt die Vernünftigere« und »Wer klüger ist, gibt nach«. Dennoch war sie von Anfang an das Aschenputtel und Alex die Prinzessin. Klagte Betty über schmerzende Füße, hieß es, sie solle sich nicht so anstellen. Klagte Alex über schmerzende Füße, wurde sie zum Orthopäden geschleppt und bekam Schuheinlagen, die sie niemals trug, weil sie ihr unbequem waren. Mit der Zahnspange war es dasselbe.

Alex war das Lieblingskind, und das wusste sie auch. »Mama, Betty hat deinen Lieblingskaffeebecher kaputt gemacht! Ich würde so was niemals tun, ich liebe dich!«, schrie sie mit sechs. Die Scherben der Tasse hielt sie unschuldig in ihren Kinderhänden.

War es, weil sie größer war? Hübscher? Charismatischer? Betty hatte keine Ahnung. Aber die Rollen waren klar verteilt, und je älter die Schwestern wurden, desto eher wurde es ihnen bewusst, desto mehr agierten sie auch diesen Rollen entsprechend.

Alex war immer diejenige, die sofort alles haben musste, was ihr gefiel. Hübschere Bleistifte für die Schule, solche, die nach Erdbeeren und Pfirsichen dufteten, wenn man sie anspitzte. Das größere Stück Torte. Den Platz an der Sonne.

Die Konflikte häuften sich. Obwohl die Schwestern so ungleich behandelt wurden, zwangen die Eltern sie optisch zur Gleichheit. Als Heranwachsende teilten sie sich nicht nur ein Zimmer, sondern auch die Kleider. Der Streit darüber, wer was tragen durfte, wurde zum täglichen Kampf. Und Alex verstand sich auf strategische Kriegsführung.

»Komm schon, Betty! Weißt du, der einzige Grund, warum ich dir gesagt habe, dass du in dieser Hose scheiße aussiehst, ist, dass ich dich liebe und nicht will, dass dich alle auslachen.«

Betty und Alex waren als Babys ungleiche Gefährtinnen, als Kinder Rivalen, aber als Teenager wurde Alex zu Bettys emotionaler Folterknechtin.

»Betty, du bist albern! Ich würde niemals an dein Tagebuch gehen. Du bildest dir diese Dinge nur ein. Du hast eine psychische Störung.«

»Betty, du bist lächerlich, ich habe nicht mit deinem Freund geflirtet. Was soll ich mit dem, der interessiert mich null.«

»Betty, bitte. Es war doch nur Spaß. Was kann ich dafür, dass er mich heißer findet als dich. Wenn er dich wirklich geliebt hätte, hätte ich eh keine Chance gehabt. Also sei froh, dass ich dir die Augen geöffnet habe.«

Betty hatte das Gefühl, Alex durfte alles und sie nichts. Betty durfte nicht mal zum Pfadfindercamp, weil sich die Eltern angeblich um ihre zarte Gesundheit sorgten. Alex haute mit 15 einfach ab und fuhr auf ein Musikfestival. »Man kann sie nicht aufhalten, das ist einfach ihr Temperament«, sagten die Eltern.

Mit 17 reichte es Betty. Sie hatte versucht, sich emotional zu distanzieren, indem sie so tat, als wäre Alex nicht ihre Schwester, und nichts, was sie sagte oder tat, wäre ihr wichtig. Sie vermied es, mit ihr zu sprechen. Aber sie hatte die Rechnung ohne die Eltern gemacht. »Jetzt vertragt euch bitte endlich. Blut ist dicker als Wasser!«, rief der Vater und schlug mit der Hand auf den Tisch.

Die Liebe zwischen Brüdern und Schwestern kann bis zum Inzest führen. Der Hass zwischen Geschwistern bis zum Mord. Die Psychodynamik zwischen Betty und Alex wuchs sich zu einem Kraftfeld aus, das Betty zu zerstören schien.

Sie flüchtete zu Verwandten in die USA. Sie machte ein Austauschjahr und ihren Abschluss. Sie zog zu ihrem amerikanischen Freund Greg, den sie am College kennengelernt hatte. Er war ein hübscher Kerl mit kerzengeraden Zähnen so weiß wie Klobrillen und einem geraden Gang. Er hatte als Kind Schuheinlagen und Zahnspangen bekommen. Sie dachte an Heirat, nicht nur wegen der Greencard. Sie schrieb sich auf der Visagistenschule ein.

Als sie überzeugt davon war, dass endlich alles in Ordnung war, stand Alex vor der Tür.

»Hi Sis, ich dachte, ich komm euch mal besuchen.«

Alex warf ihren Seesack auf den Boden und drängte sich in Bettys Leben, wie sie es immer getan hatte. Sie war nach L.A. gekommen, um Schauspielerin zu werden oder Sängerin. Auf jeden Fall ein Star. Bis es so weit war, schlief sie auf Bettys Couch, klimperte auf ihrer Gitarre herum – etwas, das Betty immer schon in den Wahnsinn getrieben hatte – und aß Bettys und Gregs Kühlschrank leer. Sie hatte nur ein Touristenvisum, aber sie löste das Problem, indem sie alle drei Monate an die mexikanische Grenze fuhr, aus- und wieder einreiste. Alex arbeitete unregelmäßig schwarz in einem Klub, in dem, so hieß es, wichtige Produzenten und Musiksponsoren ein und aus gingen.

Dann passierte das, was immer passiert war. Alex überschritt eine Grenze. Alles kam ans Licht, als Greg der schockierten Betty allen Ernstes einen Dreier vorschlug. Er hätte immer schon davon geträumt, es einmal mit Zwillingen zu tun. Und wie toll, dass Europäerinnen so aufgeschlossen wären. Alex hätte es vorgeschlagen. Sie wäre auch ganz wild auf this experience.

»Das war nur Spaß, ich habe ihn doch nur aufgezogen«, verteidigte sich Alex.

»Ist ja nicht meine Schuld, wenn er das ernst nimmt. Na, wenigstens weißt du jetzt dank mir, dass das kein Mann für dich ist. Und schon gar nicht ein Mann fürs Leben.«

»Ich weiß jetzt, dass du eine narzisstische, manipulative Schlampe bist. Ich will dich nie wieder sehen!«, brüllte Betty. Dann stürmte sie aus der Wohnung und ließ alles hinter sich, was sie sich in den letzten beiden Jahren aufgebaut hatte.

Betty wollte Alex und Greg nie wieder sehen. Sie zog noch in derselben Nacht zu einer Freundin. Sie wechselte ihren Ausbildungsschwerpunkt. Betty hatte mitbekommen, dass in Hollywood nicht nur Lebende geschminkt wurden, sondern auch Tote. Betty, deren Gemüt sich rabenschwarz anfühlte, gefiel die Idee, mit Leichen zu arbeiten. Leichen redeten nicht zurück, Leichen versuchten nicht, sie zu manipulieren. Leichen waren emotionslos. Betty wurde Thanatologin. Während ihrer zweijährigen Ausbildung lernte Betty alle Tricks, um Toten wieder Schönheit ins Gesicht zu zaubern. Mit diesem Wissen ging sie nach Österreich zurück und machte die erforderlichen Ausbildungen und Prüfungen. Dann arbeitete sie in einer Bestattung in Wien, bevor sie sich mit ihrer eigenen Bestattung »Gut gebettet mit Betty« in Oberwart selbstständig machte. 20 Jahre waren seit der »Lass uns einen Dreier schieben«-Geschichte vergangen. Rückblickend gesehen war es nicht das Schlimmste, was sich Alex jemals erlaubt hatte. Aber es war der Tropfen, der das Fass zum Überlaufen gebracht hatte.

In einem Telefonat mit den Eltern erfuhr sie, dass Alex nur wenige Monate nach dem Bruch für eine Girls-Band namens *FAQ* gecastet worden war. Die nächsten *Spice Girls* sollten das werden, sie gewannen sogar einen Talentwettbewerb. Doch Alex flog raus, bevor es richtig losging. »Es gab Differenzen innerhalb der Band. Wahrscheinlich war sie ihnen zu unangepasst, zu lebhaft, zu Alex. Du solltest sie anrufen, trösten, sie ist doch deine Schwester«, erzählten die Eltern Betty am Telefon.

»Sie kommt schon klar«, sagte Betty.

»Du bist so herzlos, so egoistisch.«

Betty biss die Zähne zusammen und zählte langsam bis zehn.

Dann sprang sie über ihren Schatten und reichte ihrer Schwester die Hand zur Versöhnung. Die beiden fuhren ans Meer. Alex, die den Wagen lenkte, betrank sich, die beiden hatten auf dem Rückweg einen Autounfall. Und dabei wurde noch mehr endgültig zerstört als ihre Beziehung.

Danach hörte Betty nur mehr sporadisch von den Eltern, was Alex gerade so trieb.

Alex hatte geheiratet, in ihrem Fall eindeutig wegen der Greencard. Sie war jetzt nicht mehr Alexandra Pomper, sie war Alex Woods. Und dann traf sie auf Mike, einen in den USA lebenden Weizer Gitarristen. Gemeinsam hatten sie ihren ersten und einzigen Hit, *Two Times a Fool.*

Die unmittelbare Zeit danach, als Alex' Stimme aus jedem Radio tönte, war für Betty die schlimmste. Sie war froh, dass Alex danach keinen Welthit mehr hatte. Und gleichzeitig schämte sie sich für ihre negativen Gedanken. Sie hatte sich doch von Alex gelöst. Wann würden sich die negativen Emotionen endlich in Gleichgültigkeit verwandeln?

Viel später, als sie schon sehr lange weit voneinander entfernt lebten, war es Alex, die den Kontakt wieder suchte. Man telefonierte an hohen Feiertagen. Zu Weihnachten, zum Geburtstag. Schwierig blieb das Verhältnis trotzdem. Beide Schwestern hatten als Kinder nie gelernt, mit Wut, Angst oder Vergebung umzugehen.

»Ich habe sie nicht vermisst«, hatte Betty zu den Polizisten gesagt. Für Außenstehende klang dieser Satz empathielos. Für Betty wie eine Erlösung.

KAPITEL 18 _ DER BOOTY CALL

Die ersten antiken Vorläufer der heutigen Hufeisen waren Hipposandalen, aus Pflanzenfasern geflochtene Hufschoner. Da diese jedoch von geringer Haltbarkeit waren, entwickelte man in Folge Ledersandalen mit Metallverstärkung, welche einer stärkeren Beanspruchung durch die Pferdehufe standhielten.

Auf der Zufahrtsstraße nach Bildein kam Marlies und Franz eine lange Autokolonne im Schritttempo entgegen. Es war Planquadrat. Das bedeutete in diesem Fall Polizeikontrollen auf allen Straßen, die vom Festival wegführten. Die Beamten kontrollierten die abreisenden Festivalbesucher auf ihre Fahrtüchtigkeit. Marlies und Franz blieben am Kontrollpunkt kurz stehen und kurbelten die Scheibe des Skodas herunter. Heiße Luft drang ins Wageninnere. »Es ist unglaublich, wie viele am Sonntag zu Mittag noch immer rauschig sind und sich trotzdem ins Auto setzen«, stellte der uniformierte Kollege kopfschüttelnd fest. Marlies und Franz nickten nur. Sie fuhren weiter, parkten außerhalb des Festivalgeländes und gingen die letzten Meter zu Fuß. Die Straße unter ihren Füßen fühlte sich weich an und roch nach Teer. Der verwehte Duft von frisch gemähtem Gras vermischte sich mit dem holzigen Geruch der warmen Hackschnitzel. Die Rufe der Mauersegler erklangen über ihnen. Vom Kirchturm her schlug eine Glocke.

Hansjörg, der Gründungsobmann des Kulturvereins *Kukuk Bildein*, der das *picture on* veranstaltete, erwartete sie schon am Eingang.

»Es ist ein Wahnsinn, wir haben ja in über 20 Jahren Festivalgeschichte schon viel erlebt, aber eine Künstlerin haben wir noch nie verloren.«

»Wo sind die Bandkollegen von Alex Woods?«

»Oben, in unserem Besprechungsraum des Gemeindeamtes. Dort, wo sich normalerweise die Jungschar trifft. Das ist Teil des Backstagebereichs. Eigentlich gehört der Raum der Pfarre.«

»Rockmusiker im Jungscharraum der Kirche. Bildein ist wirklich etwas Besonderes«, wunderte sich Franz.

»Die Band wartet schon auf Sie«, sagte Hansjörg.

Franz' erster Eindruck war, dass die Band tatsächlich so aussah, wie man sich eine Rockband vorstellte. Ein Mann mit blond gefärbten »Federn«, die seit 30 Jahren unmodern waren, und drei Langzotterte*.

Die Langzotterten hatten Bärte und trugen bunte Baseballkappen, weshalb Marlies sie sofort Tick, Trick und Track taufte. Sie erinnerten sie an die Neffen von Donald Duck, die sich in den Comic-Heften immer Bärte anklebten, wenn sie ihrem Onkel einen Streich spielten. Nur dass die drei Bärtigen vor ihr nicht nach Späßen aussahen, sondern ganz im Gegenteil sehr betrübt wirkten.

»Was ist passiert?«, fragte Franz, nachdem er sich

---

* Langhaarige

und Marlies vorgestellt und am Besprechungstisch Platz genommen hatte.

Tick, Trick und Track sahen ihn fragend an.

»Sie sprechen nur englisch«, sagte Mike. »Aber ich kann Ihnen alles sagen, was wir wissen.«

»Ich kann hierbleiben und übersetzen«, bot Hansjörg an.

Mike gab den beiden Polizisten ein Update. Die Alex-Woods-Band war erst am Anfang ihrer Österreichtournee gewesen. Bildein war laut Plan der erste Gig der sechswöchigen Tour gewesen. Nach dem Auftritt am Freitag um 17 Uhr war am Samstag ein Ruhetag eingeplant gewesen. Sonntagmittag war der Fahrer des Tourbusses gekommen, um die Band zu ihrem nächsten Auftrittsort nach Graz zu bringen. Jedoch: Alex war nicht aufgetaucht. Anfangs hatte man sich nichts dabei gedacht. Alex war bekannt dafür, sich zu verspäten, und Mike, der auch die Organisation der Tour innehatte, hatte vorsorglich einen Zeitpuffer eingebaut. Aber dann unterhielten sich die Bandkollegen und kamen drauf, dass Alex bereits seit Freitagnacht von niemandem mehr gesehen worden war.

»Moment, Moment«, unterbrach Marlies. »Das heißt, Sie haben das Verschwinden Ihrer Sängerin erst bemerkt, als Sie sich heute Morgen unterhielten?« Sie sah zu den Amerikanern. »You only noticed her absence when you talked this morning?«

Tick, Trick und Track nickten und begannen, aufgeregt durcheinanderzureden.

Franz, dessen Schulenglisch schon ziemlich eingerostet war, verstand kein Wort. Für ihn klang das Ganze wie ein wildes Kauderwelsch mit sehr vielen lang gezogenen »ous«, »eis« und »äis«. Er sah Hilfe suchend zu Hansjörg. »Sie sagen, sie dachten, Alex wäre mit Mike losgezogen. Dass sie Zeit brauchten, um Dinge zu regeln, nach dem Streit«, übersetzte Hansjörg.

»Ach, Sie sind ein Paar?«, sagte Marlies überrascht.

Mike schüttelte den Kopf.

»Welcher Streit?«, fragte Franz.

»Kurz vor dem Auftritt hat Alex wieder mal Stress gemacht. Aber das ist normal. Sie hat schreckliches Lampenfieber. Sie tickt immer aus, bevor sie auf die Bühne geht. Sie haben auch nicht Streit gesagt, sondern ›argument‹. Das heißt auch Diskussion.« Mike blitzte Hansjörg vorwurfsvoll an.

Marlies sah, dass der Gitarrist ein winziges Hufeisen im Ohr hatte, das mit glitzernden Steinchen besetzt war.

»Mögen Sie Pferde?«, fragte sie.

»Was? Wie?« Er sah sie verwirrt an.

»Nun, wegen des Ohrsteckers.«

»Ach, das.« Mike befingerte sein Ohrläppchen. »Ein Geschenk meiner Tochter. Sie trägt den zweiten.«

»Sie haben Familie?«

»Alina ist acht und lebt in München bei ihrer Mutter. Von der bin ich seit vier Jahren getrennt.«

Marlies hatte die Erfahrung gemacht, dass Zeugen und Verdächtige öfter bei der Wahrheit blieben, wenn man sie mit banalen Themen ablenkte.

Franz wusste das und sagte deshalb nichts.

Nur Hansjörg schaute verwundert drein. Was hatte der Ohrstecker für eine Bedeutung in der Befragung?

»Wo waren Sie die letzten beiden Tage?«

Mike räusperte sich. »Bei der Birgit.«

»Welche Birgit?«

»Eine alte Bekannte. Sie war auf dem Konzert.« Er dachte daran, wie er sich gefreut hatte, als er Birgit im Publikum gesehen hatte. Wie sie ihm eine Kusshand zugeworfen und laut »Mike« gerufen hatte. »Ich bin zu ihr nach Hause und dort geblieben. Ich brauchte eine Auszeit.«

»Nach der Diskussion, die kein Streit war«, sagte Franz provokant.

»Die Tour hat doch noch nicht mal begonnen, und Sie brauchen schon eine Auszeit?«, wunderte sich Marlies.

»Ich war die letzten Wochen mit einer anderen Band unterwegs«, sagte Mike und fuhr sich durch die blondierten, gelbstichigen Haare. »Nur von der Alex-Woods-Band könnte ich nicht leben. Ich bin auch Studiomusiker. Ich werde für Albumaufnahmen gebucht. Ich bin über 40. Ich toure seit 22 Jahren. Glauben Sie mir, das Leben im Tourbus verliert seinen Reiz, wenn man älter wird. Man ist froh über jede Nacht, die man in einem richtigen Bett verbringen kann. Über jede selbst gekochte Mahlzeit abseits von den immer gleichen Caterings. Und Birgit ist eine begnadete Köchin.«

»Wir brauchen die Daten von dieser Birgit«, sagte Marlies.

»Sie ist heute früh nach Goa geflogen«, sagte Mike. Er wirkte erleichtert.

»Dennoch wundert es mich, dass Sie Ihren Kollegen nicht Bescheid gegeben haben«, sinnierte Franz.

»Hab ich ja. Ich hab ihnen geschrieben: ›I got a booty call. See you on Sunday.‹ Meine Bandkollegen haben angenommen, der booty call wäre von Alex gewesen und nicht von Birgit.«

Was zum Teufel ist ein booty call?, dachte Franz.

Marlies schien es zu wissen, denn sie fragte unbeirrt weiter.

»Ihr Verhältnis zu Alex Woods beinhaltete also mögliche booty calls«, stellte sie fest. »Und darum haben Sie Alex Woods auch nicht informiert, dass Sie sich von der Tour ausklinken, um Zeit mit Birgit zu verbringen?«

»Ich wüsste nicht, warum ich sie hätte informieren sollen?«, sagte Mike, und es klang ein bisschen defensiv. Er bemerkte, dass sein Stimmungswechsel nicht unbemerkt blieb, und bemühte sich, wieder Terrain zu gewinnen. »Die Sache ist die: Alex und ich waren früher mal zusammen. Sie ist recht besitzergreifend. Immer noch. Auch wenn es sie nichts angeht und ich ihr keine Rechenschaft mehr schuldig bin. Außerdem dachte ich, sie wäre bei ihrer Schwester, der Weinbäuerin.«

Marlies überlegte, ob sie Mike erzählen sollte, dass Betty Bestatterin war, die mit einem Weinbauern zusammen war, und keine Weinbäuerin. Aber sie ließ es bleiben. Es war nicht wichtig.

»Warum haben Sie so schnell die Polizei informiert?«, fragte Marlies. »Alex Woods ist eine Erwachsene, vielleicht wollte sie sich auch eine Auszeit nehmen …«, sie machte eine Pause, »… nach der Diskussion, die kein Streit war.«

»Ihre Gitarre war im Tourbus«, sagte Mike. »Alex würde nie abhauen, ohne ihre Gitarre mitzunehmen. Und außerdem, da wurde gestern jemand umgebracht. Was, wenn der Mörder auch sie …« Er beendete den Satz nicht.

»Unsere Leute suchen gerade die Gegend ab«, sagte Marlies. »Ich werde ihnen eine Personenbeschreibung von Alex Woods geben. Wir können natürlich nichts ausschließen, aber gehen Sie nicht gleich vom Schlimmsten aus.«

Mike war erleichtert. Er war froh, dass das Gespräch vorbei war. Niemand hatte sich verplappert. Niemand von der Band hatte die After-Show-Party erwähnt. Niemand wollte der Letzte sein, der Alex Woods lebend gesehen hatte. »Sind wir hier fertig?«, fragte er. Marlies nickte. »Sie können gehen, aber halten Sie sich bitte für weitere Fragen bereit.«

»Kann ich inzwischen mit der Person sprechen, die bei Ihnen für die Künstlerbetreuung zuständig ist?«, wandte sich Franz an Hansjörg.

»Ich bring Sie zur Claudschi«, sagte dieser.

»Und ich schau mich inzwischen draußen um.« Marlies ging hinaus in die brütende Augusthitze. Rund 50 Polizeischüler und -schülerinnen hatten eine Kette gebildet und durchkämmten das ganze Gebiet auf mögliche Hinweise zum gewaltsamen Tod von Bernd Biela. Kein leichtes Unterfangen. Sie wussten ja nicht einmal, wonach sie suchten. Und obwohl die *picture-on*-Camper keine Vandalen waren, war genug zurückgeblieben, das eingetütet und katalogisiert werden musste. Vielleicht hatte ja genau diese Bierflasche, dieses Taschentuch eine Bedeutung. Allein acht Mobiltelefone waren gefunden worden. Bis die alle ausgewertet waren … Es war die Suche nach der Nadel im Heuhaufen. Die Pinkaböschung war von meterhohen Brennnesseln umgeben. Die Polizeischüler, die diesen Bereich durchkämmten, bissen die Zähne zusammen.

Da mussten wir alle durch, erinnerte sich Marlies an ihren ersten Sucheinsatz zurück. Die Kriminalbeamtin traf den Einsatzleiter der Suchaktion beim Wehr.

»Schon eine mögliche Tatwaffe gefunden?« Der verneinte.

»Wenn der Täter die Tatwaffe in die Pinka geworfen hat, ist nicht sicher, ob wir sie je finden.«

Beide kannten das ungeschriebene Gesetz der Ermittlerarbeit. Wenn es in den ersten 24 Stunden keine nennenswerten Erfolge gibt, dann wird es schwierig.

Marlies stapfte zum Auto zurück. Franz stand schon vor dem Skoda und wischte sich den Schweiß von der Stirn. »Und?«

»Nichts.« Marlies schüttelte nur den Kopf.

»Und bei dir?«

»Diese Claudschi war sehr hilfreich«, sagte er. Und sie sprach zum Glück Burgenländisch, kein unverständliches Amerikanisch, dachte er.

»Claudia hat erzählt, es war sehr wohl ein Streit, was sich da backstage vor dem Konzert ereignet hat. Angeblich hat Alex sogar gedroht, Mike aus der Band zu werfen.«

»Da schau her«, sagte Marlies.

»Ich habe ihren Computer mitgenommen, der war im Tourbus«, sagte Franz.

»Handy?«

»War keines da. Wir werden versuchen, es zu orten. Die Technik ist schon informiert, und der Rechner geht morgen früh nach Eisenstadt. Die sollen sich das Ding mal anschauen.«

Marlies und Franz stiegen in den Wagen und fuhren los. Vorbei an der immer noch langen Schlange von abreisenden Campern, die auf ihren Promille- und THC-Gehalt kontrolliert wurden.

»Was ist eigentlich ein booty call?«, wollte Franz wissen, als sie sich auf der Bundesstraße in den Fließverkehr einreihten.

Marlies musste lachen. »Booty heißt Hintern. Ein Anruf, oder eine Nachricht, dass man Sex möchte. Von wegen ›schieb sofort deinen Hintern hier rüber‹.«

»Wieso weißt du das?« Franz sah Marlies erstaunt an. Er hatte in seinem ganzen Leben noch keinen booty call bekommen. Aber Marlies lächelte nur versonnen und antwortete nicht.

Bei der Kreuzung Richtung Harmisch läutete Marlies' Telefon. Sie nahm den Anruf an. »Ja? Aha. Mhm. Wirklich? Hat er einen Namen gesagt? Was? Oh mein Gott.«

»Was ist los?« Franz sah sie überrascht an.

»Das war wer von unserer Dienststelle.«

»Geht's um den Weininvestor?«

»Nein, einen Fleischermeister.«

»Ein Fleischhacker?« Franz sah Marlies verwundert an. »Was wollte der?«

»Eine Betrugsanzeige machen. Er sagt, eine Pensionistin und ihre Enkelin versuchen, bei den Oberwarter Geschäftsleuten unter Vortäuschung falscher Tatsachen Waren zu erschleichen.«

»Hat er den Namen der Betrügerinnen?«

»Ja.« Marlies sah zu Franz hinüber. »Das glaubst jetzt nie. Die Betrügerinnen sind die alte Horvath und ihre Enkelin. Du kennst die doch eh. Die eine ist die Mutter, die andere die Tochter von der Horvath Vera.«

KAPITEL 19 _ DER GARTENKLUB UND DAS SCHATTENBEET

Der tiefschwarze Alpensalamander scheut direkte Sonnenbestrahlung wie der Teufel das Weihwasser. Sonne würde seine immer feuchte Haut austrocknen. Deshalb watschelt der Alpensalamander meist nur bei Regen oder kurz danach umher. Untertags verkriecht er sich hingegen im Schatten.

»Mama, Marlies hat mir erzählt, dass sich der Fleischhauer über euch beschwert hat. Das habt ihr jetzt davon. Ich hoffe, das war euch eine Lehre.« Vera schüttelte den Kopf. »Du und Letta, ihr müsst damit aufhören, die Oberwarter Geschäftsleute um Waren anzuschnorren«, sagte sie streng.

»Ha, was heißt schnorren? Wir haben nicht geschnorrt. Das sind Bloggerrelations, Kooperationen«, verteidigte sich Letta. »Der Fleischhauer ist ein Idiot, der hat ja keine Ahnung.«

»Beruhigts euch alle wieder. Ich will die Wurstplatten eh nimmer«, sagte Hilda.

Hilda trug heute ein dunkelblaues Hauskleid mit einem filigranen weißen Muster. Das Blaudruck-Kleid war aus dem Mittelburgenland. Der kleine Betrieb von Joseph

Koó im burgenländischen Steinberg war einer der letzten in Europa, der Stoffe mit Indigo von Hand blau färbte. Das Kleid war neu.

»Dreht ihr schon wieder für *TikTok*?«, fragte Vera alarmiert.

»Ja, und du kannst gleich zuhören, weil das, was ich sage, geht dich auch was an. Geht schon, Letta. Nimm auf.«

Hilda stemmte die Hände in die Hüften und begann zu sprechen. »Heute hab ich die Mailboxansage meines Mobiltelefons neu besprochen«, erklärte sie und schwenkte ein ziegelsteingroßes Pensionistenhandy in die Kamera.

»Was hast du denn draufgeredet, Oma?«, fragte Letta aus dem Off.

Hilda grinste verschlagen. »Wenn Sie mir was verkaufen wollen, drücken Sie die Eins. Wenn wir uns kennen, drücken Sie die Zwei. Wenn Sie meine Tochter sind, die nie anruft, rufen Sie 144, denn auf die Überraschung hinauf bekomm ich wahrscheinlich einen Herzkasperl.«

»Mama!!! Das stellt ihr nicht auf *TikTok*«, kreischte Vera entrüstet. Letta richtete das Handy auf ihre Mutter und zeichnete weiter auf.

»Letta, spinnst du, leg sofort das Handy weg, was sollen denn die Leute von uns denken?« Vera stürmte auf Letta zu und versuchte, ihr das Handy zu entreißen. »Wenn du das postest, aber dann.« Herr Schröder, der schwarz-weiß gefleckte Mischlingshund, rannte auf Vera und Letta zu, sprang auf und ab und begann laut zu bellen. Er dachte, das Ganze wäre ein Spiel, und da wollte er mitspielen.

»Zu spät, Mama«, sagte Letta und schüttelte ihre dunklen Locken. »Das ist schon live.«

Hilda rieb sich vergnügt die Hände. »Ich sag ja nur, was Sache ist. Rufst mich halt öfter an, dann ändere ich die Ansage wieder.«

Vera gab sich geschlagen.

»Komm, Letta, ich mach dir jetzt Topfennudeln. Magst auch welche, Vera?«, fragte Hilda.

Vera schüttelte den Kopf.

»Wenn einen die Oma fragt, ob man was essen will, sagt man nicht Nein«, mahnte Letta.

»Ich fahre noch zu Johanna. Bei den Gartenklubtreffen gibt es immer was zu essen. Und heute sollen wir mögliche Gerichte für das Café verkosten«, bemühte sich Vera um eine Erklärung.

Aber Hilda und Letta hörten ihr schon gar nicht mehr richtig zu, die beiden waren schon wieder in ihre *TikTok*-Welt abgedriftet.

»Wir könnten ein Video über burgenländische Topfennudeln machen, Oma«, schlug Letta im Weggehen vor. »Du könntest den Leuten erklären, wie du den Nudelteig für die Fleckerl machst.«

»Na iwahaps*«, sagte Hilda. »Wie sonst werd ich den Nudelteig machen?«

*

Das Gartenklubtreffen war schon im Gange, als Vera bei Johanna eintraf. Allerdings war die Gruppe kleiner als gewohnt. Mitzi und Grete fehlten.

»Worum geht's heute?«, flüsterte Vera, als sie unter

* ungefähr; über den Daumen

Johannas Laube neben Eva und Finz Platz nahm. »Um Schattenbeete«, flüsterte Eva.

Vera schenkte sich ein Glas Wasser ein. Im Wasserkrug schwammen Melissenzweige, die dem Wasser einen frischen zitronigen Geschmack gaben. »Schatten – ein super Thema bei der Hitze«, flüsterte sie zurück.

Johanna musterte Vera und Eva stirnrunzelnd. Typisch, kaum war Eva wieder da, tratschten die beiden wie unaufmerksame Schülerinnen.

»Standort ist alles!«, sagte Johanna etwas lauter. »Wenn ihr eine Pflanze am falschen Standort pflanzt, wird sie nie gedeihen.«

Sie verteilte ein Skript. »Hier habe ich euch die wichtigsten Lichtverhältnisse im Garten zusammengefasst.«

Vera begann zu lesen.

Vollsonnig: Es scheint den ganzen Tag die Sonne, wie das zum Beispiel auf Wiesen der Fall ist.
Sonnig: Sonnenschein von circa 11 Uhr bis circa 17 Uhr.
Auf sonnigen und vollsonnigen Plätzen fühlen sich zum Beispiel Rosen, Lavendel, Sonnenhut, Sonnenblume und mediterrane Kräuter wie Rosmarin und Salbei wohl.
Absonnig: hell, aber ohne direkte Sonne. Zum Beispiel helle Mauern, die das Sonnenlicht reflektieren. Hier kann man etwa Phlox, Sommerflieder, Bougainvillea und Bergenie pflanzen.
Halbschatten: bekommt nur stundenweise Sonne ab, liegt die restliche Zeit im Schatten. Halbschat-

tenpflanzen bevorzugen Morgensonne, da die höhere Luftfeuchtigkeit in der Früh die Wärme abschwächt.
Lichter Schatten: diffuses Licht, das den ganzen Tag durch die Kronen von Bäumen fällt.
Gute Pflanzen für Halbschatten und lichten Schatten sind Hortensien, Fingerhut, Storchenschnabel, Fuchsien, Anemonen, Margeriten, Glockenblumen und auch Rittersporn.
Vollschatten: ist meist unter Nadelbäumen, immergrünen Sträuchern oder an der Nordseite von hohen Gebäuden, Dachvorsprüngen oder Mauern zu finden.
Ideal für Farne, Christrosen, Funkien (Hosta) und Rodgersien (Schaublatt).

Unten hatte Johanna etwas handschriftlich ergänzt: Weiße und zartrosa Bergenien gibt's auch im Schattenbeet, sie gedeihen an jedem Standort und sind total unkompliziert.

Eva kritzelte etwas in ihren Notizblock, das aus Veras Blickwinkel ein bisschen wie ein Pimmel mit Augen aussah. Evas dunkle Haare fielen ihr dabei wie ein Vorhang ins Gesicht. Vera musste an Bernd Biela denken. Diese Bernd-Sache machte sie mehr fertig, als sie sich eingestehen wollte. Sie versuchte, sich wieder auf Johannas Vortrag zu konzentrieren.

»Eine meiner liebsten Pflanzen im Schattenbeet ist der Aronstab. Er ist giftig, aber sehr dekorativ«, erklärte Johanna. »In der Volksmedizin glaubte man aufgrund der

Phallusform, dass die Kolben der Aronstabgewächse die männliche Potenz steigern würden.«

Phallusform? Wie sollte Vera aufhören, an Bernd zu denken, wenn hier ständig die Rede auf Penisse kam?

Zum Glück wechselte die vorlaute Mathilde das Thema. »Giftpflanzen brauch ich keine. Ich mag eigentlich nur Pflanzen, die man essen kann. Gibt es auch Gemüse, das im Schatten gut gedeiht?«, wollte sie wissen.

»An Stellen, wo gar keine Sonne hinkommt und an der Nordseite von Häusern kann kein Gemüse angebaut werden«, erklärte Johanna. »Aber im Halbschatten wachsen einige Gemüsesorten wie Mangold, Salat und Spinat ganz ordentlich. Generell verlängert sich im Schatten immer die Reifezeit, vor allem bei Karotten und Kohlrabi, und auch das Aroma kann weniger stark ausgeprägt sein, da viele Geschmackstoffe erst durch die Sonne gebildet werden.«

»Ich habe einige Kräuter im Halbschatten angebaut«, erzählte Isabella und verscheuchte eine Fliege, die sich auf ihr Baby setzen wollte, das sie in einem Tragetuch umgebunden hatte. »Ich finde es manchmal ganz praktisch, dass sich die Reifezeit im Halbschatten verzögert. Das Blühen beendet oft die Saison für diese Pflanze, sodass eine spätere Blüte durchaus von Vorteil ist. Denkt nur an den Dill. Er bleibt im Schatten zart und bildet viel Blattgrün. Das Gleiche gilt für Minze, Petersilie oder Kerbel.«

»Ich hab auch einen Tipp«, sagte Finz. »Kennt wer von euch die Kamtschatka-Heckenkirsche? Sie wird auch Maibeere oder Honigbeere genannt. Dieses Geißblattgewächs kommt aus Sibirien und wächst hervorragend im Halbschatten oder zur Not auch im Schatten.«

»Und wie schmeckt diese Beere?«, fragte Mathilde und fächelte sich mit dem Skript Luft zu. Sie hatte ihre sanduhrförmige Figur heute in ein enges, rot getupftes Korsagetop gesteckt. In ihrem Dekolleté hatte sich ein kleines Rinnsal aus Schweiß gebildet.

»Ähnlich wie Heidelbeeren«, sagte Finz. »Die Beeren sind aber größer und walzenförmig.«

»Kommt mit, ich zeig euch jetzt mein Schattenbeet«, sagte Johanna.

Im Gänsemarsch wanderte die Gruppe in Johannas Garten zu einem Bereich, der von einer gewaltigen Benjeshecke beschattet wurde. Angenehmerweise war es hier gleich um einige Grade kühler als auf der Terrasse. Die Luft roch nach Erde, Moos und Wald.

Es gibt viel zu wenige Wörter, um alles zu beschreiben, was schön ist, dachte Vera, als sie das Schattenbeet betrachtete. »Fifty Shades of Green« war das Erste, was ihr einfiel. Gab es überhaupt genug Farbbezeichnungen, um die unterschiedlichen Grüntöne zu beschreiben? Zartes Lindgrün, Blaugrün, Dunkelgrün, Maigrün, Wiesengrün, Erbsengrün, Salbeigrün … Und genauso unterschiedlich waren die verschiedenen Blattformen, vom fedrigen Farn bis zum großflächigen Kastanienblatt.

Dazwischen sah man einzelne Blüten in kühlem Weiß und aquarelligen Lilablautönen. »Pale Lilac« sagen die englischen Gärtner dazu. Die deutschen Bezeichnungen *blass* oder *fahl* waren viel zu negativ besetzt und trafen die Attraktivität der Farben überhaupt nicht, fand Johanna.

Durch eine geschickte Pflanzenauswahl bot das Beet eine lange Blütezeit von März bis Oktober. Es beherbergte zahlreiche Blattschmuckstauden. Johanna kannte die Namen von allen: Elfenblumen, Feenglöckchen, Purpurglöckchen, Kaukasusvergissmeinnicht, Sterndolden, weiß blühender Lerchensporn, Salomonssiegel, nach Walderdbeeren duftende Silberkerzen und feines Japanisches Berggras. Duftig-zart wie ein traumhaft schöner Schleier erhoben sich daneben die lila Blütenwolken der Wiesenraute. Im Hintergrund sorgten der weiße Kerzenknöterich, drei Hainbuchen und ein stattlicher Hartriegel für Struktur im Beet. Das immergrüne Geißblatt, das Johanna wenig charmant »elendiger Baumwürger« nannte, kletterte die Benjeshecke hinauf.

»Es ist traumhaft schön«, sagte Vera und strich über die großen, glänzenden, dunkelgrünen Blätter der Lilienfunkie. Insekten schwirrten um die weißen, blumig duftenden, trompetenförmigen Blüten dieser Grandiflora-Funkie.

»Die Blüten sind essbar«, sagte Johanna und sah dabei Mathilde an. »Die Lilienfunkie verträgt auch Sonne, bevorzugt aber feuchte, gut durchlässige, schattige Umgebungen und lockere, luftdurchlässige, sandige Böden mit viel Humus. Genau das kriegt sie im Schattenbeet, weil immer das Laub liegen bleiben darf und der Boden darum ähnlich wie im Wald ist.«

Eva bückte sich zu einem kleinen staubig-rosafarbenen Blümchen hinunter. »Ist das eine Herbst-Anemone?«

Johanna nickte und schaute ein bisschen wehmütig drein. »Des Bliamal ist das erste Zeichen, dass der Sommer zu Ende geht.«

»Wenn jetzt eine von euch sagt, es herbstelt schon, krieg ich die Krise«, sagte Isabella streng.

»Apropos Bliamal, sollen wir nicht heute Rezepte fürs Café verkosten?«, fragte Finz und rieb sich den Bauch.

»Wir haben mehr vorbereitet, als du verputzen kannst«, sagte Mathilde.

Tatsächlich spielte das Gartenbüfett alle Stückerl. Auf dem Tisch, den Johanna mit einer knallgrünen Tischdecke eingedeckt hatte, standen zahlreiche Steingutschüsseln mit Topfenaufstrich, Kürbiskernaufstrich und diversen Salaten. Die pikanten Speisen waren mit essbaren Blüten dekoriert: pfeffrige Kapuzinerkresseblüten, zwiebelige Schnittlauchblüten und gurkenfrische Borretschblüten.

Auf einer Platte hatte Johanna aufgeschnittene Tomaten in allen Farben, Formen und Größen zu einem Carpaccio arrangiert. Darüber hatte sie grünes und rotes Basilikum gestreut und etwas Olivenöl geträufelt, das man mit ihrem selbst gebackenen, knusprigen Brot auftunken konnte.

Wie beim Festival gab es auch heute wieder zahlreiche Strudelvariationen: Bohnenstrudel, Grammelstrudel, Erdäpfelstrudel, Krautstrudel, Apfel-Mohn- und Traubenstrudel und als besonderes Highlight einen Kapuzinerstrudel mit Walnüssen, Rum und Powidl.

»Wer soll das alles essen?«, fragte Vera. Sie sah sich um. »Heute sind wir ja gar nicht so viele.«

»Das kommt schon weg«, sagte Johanna vergnügt. »Es haben halt nicht immer alle Zeit. Marlies ist beschäftigt und Betty wohl auch«, fügte sie hinzu.

»Ich kann mir schon denken, warum die nicht da sind«,

sagte Mathilde und biss in ein Stück Bauernbrot, das sie mit Topfenaufstrich und Tomaten belegt hatte. Die Kruste krachte zwischen ihren Zähnen.

»Was denkst du dir schon wieder?«, zog Finz sie auf.

»Nun, die Marlies wird den Mörder von diesem Investor jagen. Und die Betty ...«, Mathilde machte eine Pause, um die Spannung zu erhöhen, »... die sucht wohl ihre Schwester. Es heißt, diese Alex Woods ist verschwunden.«

»Was? Was heißt verschwunden?«, fragte Eva.

»Na verschwunden, futsch, weg, wie vom Erdboden verschluckt.« Mathilde nahm einen Schluck Zitronenmelissenwasser.

»Wer sagt das?«, forschte Vera.

»Jemand, den ich kenn, kennt wen, der wen kennt, der beim Festival ausgeholfen hat«, sagte Mathilde vage und blickte dann verschwörerisch in die Runde. »Ich kann mir schon denken, was passiert ist. Da braucht man ja nur zwei und zwei zusammenzählen.«

»Und was ergibt deine Rechnung?« Finz lehnte sich zurück und verschränkte die Arme hinter dem Kopf.

»Ich glaub, dass jemand erst Alex Woods getötet hat und dabei von diesem Investor beobachtet wurde. Und der musste dann deshalb auch sterben«, mutmaßte Mathilde.

»Und wo ist die Leiche?«, fragte Finz skeptisch und griff nach einem Stück Erdäpfelstrudel. Ein Stück Kartoffel fiel dabei zu Boden. Finz hob es rasch auf und steckte es in den Mund. »Drei-Sekunden-Regel«, sagte er, als Eva ihn angewidert ansah. »Wenn was kürzer als drei Sekunden auf dem Boden lag, kann man es noch essen.«

»Also, wo ist deiner Ansicht nach die Leiche von Alex Woods?«, wiederholte Vera die Frage.

»Die treibt sicher in der Pinka. Wo denn sonst«, erklärte Mathilde. »Oooder …«

»Oder was?«, wollte Finz wissen.

»Oder Alex Woods hat diesen Investor umgebracht und ist danach geflüchtet.«

»Und warum sollte sie das tun?« Vera konnte Mathildes Logik nicht ganz folgen.

»Vielleicht war sie im Drogenrausch. Rock-Sängerinnen nehmen doch alle Drogen.«

»Heutzutage kann man nicht so einfach flüchten«, wandte Finz ein. »Es ist alles digitalisiert. Sobald sie eine Bankkarte oder ihr Handy benutzt, weiß man, wo sie ist.«

»Und deine Drogenrauschtheorie ist schon sehr an den Haaren herbeigezogen«, sagte Johanna kopfschüttelnd.

»Vielleicht hat er sie sexuell belästigt?«, spann Mathilde ihre Theorie weiter.

Er hat sie ganz sicher nicht sexuell belästigt, dazu war er gar nicht in der Lage, dachte Vera.

Aber warum sie das wusste … das würde sie Mathilde sicher nicht auf die Nase binden.

Dennoch konnte auch Vera nicht aufhören, an das Geschehene zu denken. Das Bild des toten Bernd vor dem Zelt, die Fliegen. Jedes Mal, wenn Vera die Augen zumachte, sah sie diese Bilder. Bevor ich voreilige Schlüsse ziehe, werde ich erst einmal gründlich recherchieren, überlegte sie. Gut, dass ihr Job ihr insofern entgegenkam.

KAPITEL 20 _ BEIM GEID

Die Sphynx ist eine kanadische Katzenrasse, die man umgangssprachlich als Nacktkatze bezeichnet. Viele finden den Anblick gruselig, während andere für diese Katzenrasse schwärmen. Was aber nur wenige wissen: Die Sphynx ist nicht vollständig haarlos. Der Körper ist mit feinen, kaum wahrnehmbaren kleinen Härchen bedeckt. Dadurch fühlt er sich sehr weich an.

Als Vera die Redaktion betrat, schlug ihr warme, stickige Luft entgegen. Der Chefredakteur saß vor seinem Computer, die nackten Füße in einem Schaffel voll Wasser. »Die Klimaanlage ist ausgefallen«, sagte er mürrisch und fuhr sich durch sein dunkles Haar, das heute wirr in alle Richtungen stand. Beim Nähertreten sah Vera, dass auch dunkle Haare auf seinen großen Zehen wuchsen, die überraschend blass waren.

»Es sollte heut noch jemand kommen, der das repariert«, sagte der Chefredakteur und öffnete zischend eine Dose Energydrink. Ein Geruch nach Gummibärchen machte sich in der Redaktion breit.

»Ah, das wird er sein.« Seine Miene erhellte sich, als es an der Redaktionstür läutete.

Zu seiner Enttäuschung war es aber kein Klimatechniker, sondern »nur« ein Stammleser des »Burgenländischen Boten«, der, wie fast jeden Donnerstag, kam, um sich ein gratis Zweitexemplar seiner Zeitung zu erbitten. Anfangs war es Vera schleierhaft gewesen, warum er das tat. Dann fand sie heraus, dass er sämtliche Artikel über die Basketballmannschaft *Oberwarter Gunners* sammelte. Er schnitt diese aus und klebte sie in ein Album. Weil viele Artikel aber über zwei oder drei Seiten gingen, brauchte er zusätzliche Zeitungen, damit er Vorder- und Rückseite der Berichte einkleben konnte. Vera hatte ihm einmal vorgeschlagen, einen Scanner zu kaufen, aber der Mann hatte sie nur erstaunt angeschaut. »Das ist nicht dasselbe«, hatte er gesagt. »Das ist dann ja eine Kopie und keine echte Zeitung.« Bei so viel Wertschätzung für Print schenkte man dem Mann gerne zusätzliche Exemplare der Lokalzeitung.

Vera öffnete das Fenster, setzte sich an ihren Schreibtisch und fuhr ihren Computer hoch.

»Ihr Passwort ist abgelaufen. Bitte geben Sie ein neues Passwort ein.« Vera seufzte. Das Betriebssystem verlangte jeden Monat nach einem neuen Passwort. Und immer mussten ein Großbuchstabe, eine Zahl und ein Sonderzeichen enthalten sein. Langsam gingen Vera die Ideen aus. »MeinChefhatHaareaufdenZehen1234!«, schrieb sie in das Eingabefeld und bestätigte das neue Passwort.

Das System war zufrieden und gab ihren Bildschirm frei.

»Was lachst du denn so? Is was?«, fragte der Chefredakteur misstrauisch.

»Nix is«, sagte Vera unschuldig.

»Bernd Biela, Wein, Investor«, tippte sie in die Suchmaschine ihres Browsers. Zu ihrer großen Enttäuschung war das Ergebnis bescheiden. Ein wohlwollendes Interview in einer Weinfachzeitschrift. Artikel, die die Partnerschaft mit Hacki abfeierten. Von einem neuen Erfolgskurs für den Csaterberger Spitzenwinzer war da zu lesen. Leo Liszt und Bernd Biela haben Schritte gesetzt, die sie gelassen und optimistisch in die Zukunft blicken lassen. Sie scannte weitere Suchergebnisse und fand Artikel über eine frühere Partnerschaft in der Steiermark, die aber beendet schien. Nähere Infos dazu gab es keine. Und vor 2020 schien Bernd überhaupt nicht existiert zu haben. Ob er alte Einträge hatte löschen lassen?

Vera dachte nach. Wenn sie wirklich Hintergrundinformationen haben wollte, musste sie mit jemandem reden. Und sie wusste auch genau, wer dieser Jemand war. Ihr Ex. Tom betrieb ein Wirtshaus am Csaterberg. Wenn einer wusste, was die Leute hinter vorgehaltener Hand redeten, dann er.

»Hi, kannst du mir was zu Bernd Biela sagen?«, kam Vera sofort zur Sache, als Tom ihren Anruf nach dem vierten Läuten entgegennahm.

»Ah, der tote Investor. Wieso fragst du mich, du hattest doch ein Randi mit ihm«, feixte Tom.

»Ich habe kein Rendezvous mit ihm gehabt«, sagte Vera defensiv, schloss dann aber gleich den Mund. Sie musste sich vor Tom nicht mehr rechtfertigen. Woher er überhaupt von ihrem Treffen mit Bernd wusste, war ihr schleierhaft. »Und wenn schon. Ich will Infos zu seinen Geschäftsbeziehungen zu Hacki Liszt.«

Tom pfiff durch die Zähne. »Du spielst schon wieder Detektivin.«

»Hilfst du mir oder nicht?«

»Natürlich helfe ich dir«, er machte eine kurze Pause, »aber mir ist gerade wer eingefallen, der dir vielleicht noch besser helfen kann. Wenn du nichts mehr von mir hörst, treffen wir uns um 18 Uhr beim *Geid* in Aschau.«

Beim *Geid* in Aschau? Vera wunderte sich. Das Kultlokal war zwar nur eine Viertelstunde Fahrtweg von der Redaktion entfernt, aber es lag in der entgegengesetzten Richtung zum Csaterberg. Tom würde mindestens einen doppelt so langen Fahrtweg haben.

Vera schlug die Zeit bis 17.45 Uhr damit tot, zuerst ihre Social-Media-Accounts zu checken. Dann kaufte sie online ein anthrazitfarbenes Kleid, das rasend verbilligt war und genauso aussah wie die anderen anthrazitfarbenen Kleider in ihrem Schrank. Danach googelte sie so lange Horoskope, bis sie eines fand, das ihr passend erschien.

Den Löwen gehört die Welt – zumindest im Sommer. Sie brauchen einen aktiven Partner, deshalb heißt es für Singles, die Augen nach Schützen oder Zwillingen offenzuhalten. Diese Sternzeichen können mit den abenteuerlustigen Löwen mithalten.

Tom war Schütze, Bernd war Zwilling gewesen. Einer der beiden Männer, die vom Sternzeichen her kompatibel gewesen wären, war bereits tot. Vera wusste noch immer nicht, wie sie damit emotional umgehen sollte. Bernd hatte ihr gefallen, sie hätte sich vielleicht in ihn verlieben können. Aber dann diese Sache mit den Luftballons und schließlich dieser furchtbare Sex-Unfall. Wenn sie jetzt an ihn dachte, empfand sie vor allem Scham, Schuld und Verwirrung. Vielleicht konnte sie das alles besser verarbeiten, wenn sie half, seinen Mörder zu finden.

»Ich fahr wieder.«

»Wie bitte? Du bist doch gerade erst gekommen.« Ihr Chef schaute verwirrt auf. Vera sah sein Browserfenster nicht, aber sie hätte wetten können, dass er Computerpoker spielte. Er hatte diesen Glanz in den Augen, den er immer hatte, wenn er sich dem Glücksspiel hingab.

»Ich recherchiere im Fall Bernd Biela.«

»Der tote Weininvestor, mit dem du aus warst.«

»Ich war nicht mit ihm aus. Ich hab ein Interview mit ihm gemacht. Für die nächste Ausgabe. Das weißt du doch.«

Der Chefredakteur grinste breit. Nahm er sie auf den Arm? Und wie kam er darauf, dass das ein Date gewesen war?

Oder bluffte er nur?

»Du bist ganz rot im Gesicht«, stellte der Chefredakteur fest.

»Weil es hier heiß ist, die Klimaanlage ist kaputt«, blaffte Vera zurück, bevor sie fluchtartig die Redaktion verließ.

*

Das kleine burgenländische Örtchen Aschau liegt auf einem Hügel oberhalb der Willersdorfer Schlucht. Der

Weg durch diese Schlucht war in alten Zeiten eine wichtige Handelsroute gewesen. Hier, inmitten der Aulandschaft, befindet sich heute das Dreiländereck. Wer den Grenzstein umrundet, spaziert in nur drei Sekunden vom Burgenland nach Niederösterreich, in die Steiermark und wieder zurück.

Der Naturlehrpfad durch die Au schlängelt sich entlang des Willersbachs, führt durch Waldgebiet und Feuchtwiesen und bietet für Wanderer und Naturfreunde einige Überraschungen. Hier begegnet man seltenen Vögeln wie Wendehals und Wespenbussard, kann zahlreiche Schmetterlingsarten bewundern und findet besondere Wildpflanzen, darunter die Mondviolen, deren silbrige, runde Blätter bei Vollmond zu leuchten scheinen.

An den seitlichen Ausläufern der Schlucht bieten Wirtshäuser Gelegenheit zur Rast. So eben auch der *Geid*, gesprochen Ge-i-d, das bedeutet Patenonkel. Der alte Geid, der längst verstorben ist, bekam den Rufnamen von seinem Patenkind und dessen Freunden verpasst. Er hatte immer ein offenes Ohr für die Jugend, sodass er bald schon eine Art Onkel für alle war. Und als der alte Geid verstarb und sein Sohn das Wirtshaus übernahm, erbte dieser den Namen gleich mit. Der junge Geid war mittlerweile selber schon ein »alter Geid«, weit über 70, aber fit wie ein Turnschuh. Und wie sein Vater war er ein Dorfwirt mit Herz und Seele, wie man ihn heute kaum mehr findet.

Egal ob Geldsorgen, Eheprobleme oder Krankheiten: Der Geid war bekannt dafür, dass er immer ein offenes Ohr für seine Stammgäste hatte und mit seiner Güte, seinem Hausverstand und seiner Lebensweisheit schon vielen geholfen hatte.

Vera parkte ihren Wagen auf dem abschüssigen Parkplatz vor dem Lokal. Im kleinen Gastgarten neben der Eingangstür saßen zwei Wanderer mit hochroten Köpfen. Ihre Nordic-Walking-Stöcke waren gegen die Wand gelehnt. Der Geid servierte ihnen soeben scharfe Käsekrainer und zwei große Radler.

»Der Dunkel Tom wartet drinnen auf dich«, sagte er, als Vera sich dem Eingang des Gasthauses näherte.

»Woher weiß der Geid, dass ich mit dir verabredet bin?«, sagte Vera statt einer Begrüßung zu Tom. »Hast du was gesagt?«

»Der Geid weiß immer alles«, feixte Tom.

Er war der einzige Gast und saß im hinteren Teil der Gaststube mit dem Rücken zur Wand, angelehnt an eines der blutrot lackierten Holzpaneele. Seine Handflächen ruhten auf dem Wirtshaustisch. Die Tischplatte war aus blassgrünem Resopal, wie es in den 1960er-Jahren einmal modern gewesen war. Bei genauem Hinsehen konnte man im glänzenden Blassgrün winzige Karos entdecken.

Auf dem Tisch stand ein Cola Rum. Vera erkannte es sofort an dem typischen Glas, in dem es hier serviert wurde.

»Du fängst aber schon früh mit harten Getränken an«, stellte Vera fest. »Draußen ist es noch nicht einmal dunkel.«

»Ach, das.« Tom deutete auf das Glas. »Das hab ich nur aus Nostalgie bestellt. Das habe ich früher beim Fortgehen hier immer getrunken. Der Geid ist bekannt dafür, dass er die besten Cola Rums mischt. Das Ganze ist ein streng geheimes Familienrezept.«

Er reichte Vera das Glas. »Magst kosten?«

Vera roch daran und nahm einen winzigen Schluck. Das Getränk schmeckte süß und schokoladig. »Ist das Backrum?«, fragte sie.

»Inländerrum. Eigentlich ein Rumersatz, weil das alte Österreich-Ungarn keine Kolonien hatte und daher nicht an Zuckerrohr herankam«, sagte Tom.

»Was ihr da trinkt, ist genau genommen eine Mischung aus Ethylalkohol, Wasser und Aromastoffen.« Die Stimme, die diese Erklärung geliefert hatte, war dunkel und wohlklingend. Vera fuhr herum. Die Frau, die gesprochen hatte, war Anfang 40, groß, schlank und hatte dunkle, kurze Locken. Sie gehörte zu diesen bewundernswerten Geschöpfen, die auch in flachen Schuhen, weiter Kleidung und komplett ungeschminkt unglaublich feminin und apart aussehen. Sie nahm ganz selbstverständlich neben Tom Platz.

Vera spürte einen kleinen Stich. Eifersucht. War das Toms neue Freundin?

Tom blinzelte ihr zu. »Vera, darf ich dir Rachel Zolponn vorstellen?«

»Zolponn? Sind Sie *die* Zolponn? *Die* Parade-Winzerin vom Eisenberg?«

Die Dunkelhaarige lächelte geschmeichelt, und ihre Augen leuchteten. »Wir haben ein Weingut, ja.«

»Eines der bekanntesten Weingüter im Südburgenland«, fügte Tom hinzu. »Rachel war gerade bei mir zu Besuch, als du angerufen hast, Vera. Ich dachte, ich nehm sie mit zum Geid. Denn wenn dir jemand etwas zum Thema Weininvestoren erzählen kann, dann sie.«

»Und warum wolltest du dich ausgerechnet hier beim Geid treffen?«, fragte Vera.

»Weil hier um diese Uhrzeit nur Wanderer verkehren und keine neugierigen Weinbauern abhängen, so wie bei uns am Csaterberg. Was glaubst du, was los wäre, wenn wir dieses Gespräch bei mir im Lokal führen würden? Die bekannteste Winzerin des Landes redet mit der Lokaljournalistin. Mit der Frau, die kurz zuvor den Weininvestor gedatet hat, der jetzt ganz zufällig tot ist.«

Vera lief rot an. »Ich habe ihn nicht gedatet!«

»Ich schon«, sagte Rachel Zolponn, griff zu Toms Glas und nahm einen großen Schluck Cola Rum. »Aber das ist schon länger her.« Sie lächelte dünn. »Lass mich ein bisschen ausholen. Um mögliche Zusammenhänge herzustellen, musst du erst einmal Grundlegendes zum Thema Weinbau und Weinhandel verstehen.«

Sie blickte Vera durchdringend an. »Du musst wissen: Angst ist unser ständiger Begleiter. Wir Weinbauern haben unser ganzes Leben lang Angst. Im Frühling, wenn die Reben zu sprießen beginnen, haben wir Angst vor dem Frost, im Sommer haben wir Angst vor dem Hagel und nach der Ernte haben wir Angst, dass mit dem Wein irgendwas nicht passt und wir ihn deshalb nicht verkaufen können.«

»Irgendwas nicht passt? Du meinst einen Weinfehler?«

»Es muss nicht unbedingt ein Fehler sein.« Sie seufzte. »Schau. Weinmachen ist wie Kochen. Auch wenn du es in einer Schule lernst, heißt es nicht, dass du es kannst.«

Sie machte eine Pause. »Und dass das, was du machst, den Leuten schmeckt.«

»Kann man denn das beeinflussen, dass es den Leuten schmeckt?«, fragte Vera und schaute die Winzerin fragend an.

Als sich diese mit der Hand durch die kurzen Haare fuhr, sah sie, dass Rachel am Ringfinger ein kleines Tattoo hatte. Ein Weinblatt.

»Natürlich kann man das. Nehmen wir einmal an, du willst einen Wein für den Massenmarkt herstellen. Also einen, der sich im Supermarkt gut verkauft. Dann muss dieser auch den Massengeschmack treffen. Er muss gefällig sein, vollmundig und auch eine gewisse Restsüße haben. Nur nicht zu kantig, zu individuell, zu anspruchsvoll.«

»Ein Marmeladinger«, sagte Tom und verzog angewidert das Gesicht. Tom hatte offenbar kein Problem damit, picksüßes Cola Rum zu trinken, aber bei süßem Wein hörte bei ihm der Spaß auf.

»Was ist ein Marmeladinger?«, fragte Vera.

»Ein Wein, der eingedampft wird. Man entzieht ihm Wasser, dadurch schmeckt er voller und aromatischer.«

»Und das ist erlaubt?«, fragte Vera überrascht.

Die Winzerin nickte. »Es ist einiges erlaubt, was du nicht aufs Etikett schreiben musst«, seufzte sie. »Du darfst massiv RTK-Süße in flüssiger Form einsetzen, um den Wein trinkbar zu machen. Dann ist die Restsüße vordergründiger. Du darfst GUM-Granulat dazugeben. Das macht den Wein weicher, geschmeidiger und vor allem trinkfreudiger. Du kannst dem Wein mit Kalk Säure entziehen. Wenn du all das gut kombinierst, wird der Wein süffig. Und alle schmecken plötzlich Noten von Rumkugeln mit Schokolade heraus.«

»Der Wein schmeckt quasi wie das hier«, sagte Tom und tippte gegen sein Cola-Rum-Glas.

»Der Gaumen des Durchschnittskonsumenten ist durch das ganze gezuckerte Fast Food und die Geschmacksverstärker im Essen so ruiniert, die wollen diese gefälligen Weine«, seufzte Rachel.

»Und der Hacki?«, fragte Vera.

»Der Hacki, der wollte da anfangs nicht mitspielen. Sein Ziel waren Weine, bei denen man das Terroir schmeckt. Individuell, kraftvoll und eigen«, erklärte die Winzerin. »Die Wein-Journalisten haben ihn dafür in den Himmel gelobt.«

»Nur leben kannst davon nicht«, ergänzte Tom.

»Aber wieso nicht?«, widersprach Vera. »Er ist doch in Wien in der Top-Gastronomie vertreten, und seine Weine kosten dort ein Vermögen.«

Tom machte eine wegwerfende Handbewegung. »So ein Spitzengastronom hat auf der Weinkarte 100 Weine, wenn da drei Weine vom Hacki drauf sind, ist das für ihn wie ein Lottosechser, aber das reißt ihn nicht raus. Was glaubst, wie viel er davon im Endeffekt im Jahr verkauft? Eine Kiste, zwei? Vom Renommee allein kann man nicht leben.«

»Und der Bernd Biela?« Vera fiel es immer noch schwer, den Namen ihres verstorbenen One-Night-Stands über die Lippen zu bekommen.

»Der Bernd Biela wollte schwarze Zahlen schreiben, sein Investment zurückbekommen. Der hat natürlich

Druck gemacht. Das hat er damals bei meinem Betrieb auch versucht.« Rachel zog die Nase kraus.

»Er hat bei euch auch investiert?«, fragte Vera.

»Wir waren kurz im Gespräch, aber uns schon uneinig, bevor es zu einer Partnerschaft kam. Natürlich versuchen wir auch, den Geschmack unserer Weine zu beeinflussen, aber wir machen das lieber durch den richtigen Presszeitpunkt. Wenn man den Wein später erntet, hat er von Natur aus mehr Zucker. Außerdem haben wir vom Klima begünstigte Lagen. Ein erfahrener Weinbauer schaut, wo im Winter der Schnee zuerst weggeht. Der Hacki hingegen, der hat Lagen, da ist im Winter um 15 Uhr keine Sonne mehr. Die Böden bleiben auch im Sommer kühler, weniger Sonne, weniger Wärme, das bedeutet weniger Zucker.«

Tom winkte den Geid herbei und bestellte drei Gläser Blaufränkisch vom Hacki und eine Karaffe Leitungswasser.

»Puh, der ist ziemlich alkoholisch«, stellte Vera fest und beobachtete die Schlieren, die sich die Glaswand hinunterzogen.

»Alkohol ist keine Sünde, außer du trinkst zu viel«, dozierte Tom und sah Vera tief in die Augen. Grüne Augen mit braunen Sternen.

»Auf jeden Fall heißt es, Bernd hätte einen lukrativen Kunden an Land gezogen«, fuhr die Winzerin fort. »Eine deutsche Supermarktkette, die hätten 30.000 Flaschen von Hackis Wein geordert. Aber nur, wenn dieser den Zuckerrest von 0,8 Gramm pro Liter auf 2,5 Gramm pro Liter gehoben hätte. Um den Geschmack für die Konsumenten süffiger zu machen. Aber Hacki wollte nicht. Er hätte für diesen Großauftrag auch Trauben zukaufen müssen, und das ging ihm überhaupt gegen den Strich. Dass da dann sein Name drauf steht und was anderes drinnen ist.«

»Woher wissen Sie das alles?«, fragte Vera.

Rachel strich mit dem Daumen über das Weinblatt-Tattoo auf ihrem Ringfinger. »Gemeinsame Bekannte in der Branche. Die Händler reden auch untereinander.«

»Es gab also Stress zwischen Hacki und Bernd«, stellte Tom fest.

»Hacki hat Schulden. Ernteausfälle aus den Vorjahren. Der Hagel. Uns hat es auch einmal voll erwischt. Ich weiß, wie das ist, wenn die ganze Ernte innerhalb von zehn Minuten ruiniert ist. Da glaubst du, alles ist aus. Aber wir hatten eine Hagelversicherung. Der Hacki hatte keine.«

»Keine Versicherung?«, wunderte sich Vera.

»Eine solche Versicherung kostet mindestens 30.000 bis 40.000 Euro im Jahr«, wandte Tom ein. Vera riss schockiert die Augen auf.

»Das Wetter spielt ja mittlerweile jedes Jahr verrückt.« Tom seufzte. »Fakt ist, der Hacki brauchte dringend weiteres Kapital, aber der Bernd wollte ihm keines mehr geben, nachdem er den potenziellen Großauftrag, den er ihm zugeschanzt hatte, abgelehnt hatte.«

»Der Hacki hat dann einen anderen Ausweg gesucht«, sagte Tom. »Er hat ein paar Tage vor dem Festival eine von seinen Lagen verkauft.«

»Das ist traurig, aber legitim«, sagte Vera.

»Ja, aber jetzt kommt es. Der potenzielle Käufer war ein Strohmann vom Bernd Biela«, sagte Rachel. »Der Biela wollte den Grund, weil da ein ›Wohnen im Weinberg‹-Projekt geplant war. Der Hacki wusste das nicht. Der hätte dem nie zugestimmt. Denn für dieses Projekt hätten seine Reben weichen müssen, und wenn ein Weinberg einmal ausgehackt ist, dann ist er ausgehackt.«

»Ihr meint also …?« Vera sah fragend von Tom zu Rachel.

»Wir meinen gar nichts«, sagte Tom vorsichtig. »Aber wenn die Gerüchte über den Strohmann uns erreichen, dann erreichen sie auch andere. Nehmen wir einmal an, der Hacki hätte erfahren, dass ihn der Bernd mit dem Strohmann übers Ohr hat hauen wollen. Also so rein theoretisch. Dann hätte er wohl ein Motiv gehabt, den Bernd zu erschlagen.«

I. PANIK

Erschrecken. Das Gefühl, ins Bodenlose zu fallen. Zwei, drei Sekunden lang weiß ich nicht, wo ich bin. Dann erinnere ich mich. Ich spüre die Panik in meinem Brustkorb wie eine brennende, ätzende Flüssigkeit, die sich ausbreitet und in jeden Winkel meines Körpers kriecht. Mein Herz beginnt zu rasen. Atmen, du musst atmen! Du stirbst nicht, du lebst. Aber ich habe nicht die Kraft, mich gegen die Panikattacke zu wehren. Ich schnappe nach Luft, aber ich atme nur Angst. Angst, die meine Lungen füllt. Mein Brustkorb wird immer enger. Ich ringe nach Luft, meine Fingerspitzen beginnen zu kribbeln. Mein Herzschlag galoppiert. Ich bekomme einen Herzinfarkt. Ich bin alleine. Ich werde alleine sterben. Hier und jetzt.

Licht. Ich muss das Licht anmachen. Das Licht wird helfen, die Dämonen zu vertreiben. Es wird Klarheit bringen. Ich versuche, mich zu orientieren, aber es gelingt mir nicht. Ich bin alleine in einem fremden Raum. Ich strecke die Hand aus. Ich weiß nicht, wo der Lichtschalter ist. Als die Nachttischlampe scheppernd zu Boden fällt und die altmodische Glühbirne zerspringt, weiß ich, dass ich es verbockt habe. Wieder einmal.

Die Panik schnürt mir die Kehle zu. In meinem Kopf tauchen Bilder auf. Horrorszenarien wie aus einem Film. Hacki, Betty, Bernd. Ich zittere am ganzen Körper. Schweiß strömt aus jeder Pore. Dann fangen meine verkrampften Muskeln an zu zucken. Ich beginne zu wimmern, spüre, wie meine Zähne gegeneinanderschlagen. Ich bin jetzt klatschnass. Ich habe das Gefühl, ich würde mir selbst entgleiten. Filmriss.

Als ich wieder aufwache, fällt durch die milchige Oberlichte des Kellers Sonnenlicht.

Bin ich ohnmächtig geworden? Ist die Panikattacke abgeklungen und bin ich vor Erschöpfung eingeschlafen? Habe ich das alles nur geträumt? Das ganz sicher nicht. Mir ist kalt. Mein T-Shirt und meine Unterhose sind klatschnass. Meine Haut riecht säuerlich, nach ranziger Butter. Der vertraute Geruch der Angst.

Ich stehe mit zittrigen Beinen auf und wanke zu der winzigen Nasszelle, die hier nachträglich eingebaut worden ist. Eine Toilette, ein Waschtisch, eine klapprige Duschkabine, deren instabile Plastikwände sich nach allen Seiten verschieben lassen. Ich drehe den Duschhahn auf. Es dauert ein paar Sekunden, bis das Wasser warm wird. Ich ziehe mich aus, lasse das durchgeschwitzte Shirt und die feuchte Unterhose auf den Boden fallen, bevor ich mich unter die Dusche stelle. Der Temperaturregler der Armatur ist auf maximal 38 Grad eingestellt. Ich fingere daran herum, bis es mir gelingt, die voreingestellte Wärmeschranke des Reglers zu überwinden. Das Wasser, das jetzt aus der Armatur schießt, ist so heiß, dass sich meine Haut krebsrot färbt, aber langsam entkrampfen sich meine Muskeln. Als ich die Duschkabine verlasse, ist die Nasszelle in Dampf gehüllt und der Spiegel über dem Waschbecken beschlagen. Ich habe ohnehin keinen Bock, mich selbst im Spiegel zu sehen. Ich greife nach meinen Kleidern und rieche daran. Mir ekelt vor mir selbst. Am Türhaken neben der Dusche hängt ein ehemals weißer Frottee-Bademantel. Jetzt ist das Weiß ergraut, das Frottee hart und rau. Am Gürtel hängen Fäden herunter. Ob man sich mit diesem Gürtel erhängen kann? Aber wo kann man sich hier erhängen? Mein Blick scannt den Raum. Die Duschkabine ist zu instabil. Die würde sofort zusammenbrechen. Hier gibt es auch keine Haken, ja nicht einmal einen Fenstergriff. Kann man sich selber strangulieren, oder würde in letzter Sekunde mein Überlebenswille stärker sein? Wie verrückt. Vor ein paar Stunden, während der Panikattacke, war der Gedanke zu sterben unerträglich. Und jetzt, bei klarem Bewusstsein, denke ich darüber nach, wie ich mein Leben beenden könnte.

Ich ziehe den Gürtel ruckartig um meine Taille zusammen und mache einen Knoten hinein. Ich gehe wieder zurück zu meinem Bett. Was soll ich auch sonst tun? Ich kann hier nicht weg. Ich bin alleine. Alleine mit meinen Gedanken. Erinnerungsfetzen an die letzten Tage flackern auf. Hacki, Betty, Bernd, das Festival, der Streit mit Mike, die Party. Ein nie enden wollendes Gedankenkarussell. Bei Tag und bei Nacht. Ob mich jemand vermisst? Ob sie schon nach mir suchen? Sie werden mich hier nicht finden. Oder doch?

Ich schrecke hoch. Das Lichtsignal? Ich presse die Lippen zusammen. Der Raum ist schalldicht. Statt einer Glocke gibt es außen einen Knopf, mit dem man hier herinnen ein Lichtzeichen geben kann. Dann weiß ich, dass er kommt.

Ich zähle innerlich bis 60.

Nichts geschieht. Ist er wieder gegangen? Wird er wiederkommen? Oder mich für immer hier verrotten lassen?

»Ja«, krächze ich, obwohl ich weiß, dass er mich nicht hören kann.

Die Tür öffnet sich dennoch.

Er steht da und hat diesen Glanz in den Augen. Diesen dummen, hündischen Blick.

Seine Augen leuchten. »Es war gar nicht so leicht, die zu bekommen«, sagt er stolz und zeigt mir, was er in Händen hält. Meine Gitarre.

KAPITEL 21 _ VERA UND DER KELLERMEISTER

Fruchtfliegen haben einen ausgeprägten Geruchssinn für süße Getränke, Milchsäure und Gärstoffe. Sie legen Eier bevorzugt in die leicht weichen Schalen von Obst. Das Fruchtfleisch dient als optimale Nahrungsquelle für die Larven. Ein paar Tage später schlüpft der Nachwuchs. Dass Fruchtfliegen oftmals innerhalb kürzester Zeit in Scharen auftauchen, kommt nicht von ungefähr, kann doch eine einzige weibliche Fruchtfliege innerhalb von vier Wochen für 150.000 neue Fruchtfliegen sorgen.

Vera blickte sich um. Sie hatte das Gefühl, sie war in einem Hochzeits-Disneyland gelandet.

Ein schlossähnliches Gebäude, ein Pavillon mit Teich, in dem weiße Schwäne ihre Kreise zogen, ein blühender Park und dahinter Weinberge, so weit das Auge reichte.

Das südsteirische Weingut war die ideale Kulisse für eine Märchenhochzeit. Was heißt für eine. Hier wurden in der Hochsaison zwei bis drei Hochzeitsgesellschaften gleichzeitig betreut.

Das Hochzeitsplatzerl im Weingarten wurde gerade von zwei Ja-Sagern und deren Gefolge bevölkert. Weiße Hussen zierten die Sessel, die man vor der Kanzel für die Standesbeamtin aufgestellt hatte. Die aufgeregten Freunde und Verwandten des Brautpaares hatten schon Platz genommen. Im Hintergrund waren zwischen den Weinstöcken Picknickdecken und Körbe verteilt. Diese Hochzeitsgesellschaft würde unter freiem Himmel dinieren.

Das Restaurant neben dem Weinkeller war von einer zweiten Hochzeitsgesellschaft gebucht. Das Pärchen – in diesem Fall zwei Bräute – hatte sich im Hochzeits-Pavillon, der hoch über den Rebkulturen thronte, das Ja-Wort gegeben.

»Ich hab nicht viel Zeit«, sagte Anton Bruckner zu Vera. Er deutete auf einen kleinen Zug, der von einem Traktor gezogen wurde. »Das ist der Schilcherexpress, eine mobile Bar, die durch die Weingärten gezogen wird. In einer halben Stunde muss ich mit dem eine Hochzeitsgesellschaft durch die Weingärten kutschieren.«

»Dann kommen wir am besten gleich zur Sache«, sagte Vera.

Rachel Zolponn hatte sie mit Anton Bruckner vernetzt. »Der Toni, der war mal Kellermeister bei einem ehemaligen Geschäftspartner vom Bernd. Vielleicht kann der dir mehr erzählen.«

Vera hatte das Gefühl, dass der Toni das konnte, aber ob er das auch wollte?

Er wirkte nicht besonders zugänglich oder aufgeschlossen, wie er da vor dem Weinkeller stand, an seiner Zigarette zog und sie misstrauisch musterte. Er hatte eine lilaviolette Nase, die Rückschlüsse auf regelmäßigen ausgiebigen Alkoholkonsum zuließ, und buschige Augenbrauen, die über der Nasenwurzel zusammenwuchsen. Als der Mann sein Lederkäppi abnahm, kamen darunter zottelige, fettige Haarsträhnen zum Vorschein.

»Was wollen S' überhaupt von mir wissen?«, fragte er und kniff seine Augen zusammen.

»Ich bin eine Freundin von der Rachel Zolponn«, sagte Vera. Freundin. Das war zwar übertrieben. Aber sie hoffte, dass dieser Satz eine Art Türöffner zum Innenleben des Mannes war.

»Die Rachel ist in Ordnung«, sagte der Toni auch prompt.

»Und der Bernd Biela?«, fragte Vera.

»Man soll ja den Toten nicht schlecht nachreden.« Der Mann wich Veras Blick aus. »Aber der Biela …« Er schnaufte durch die Nase und wägte seine Worte genau ab. »Der hatte ja selber einige auf dem Gewissen. Ruiniert hat er sie.«

»Können wir uns irgendwo hinsetzen?« Vera blickte sich suchend um, erspähte aber nirgendwo eine Sitzgelegenheit. »Oder ein paar Schritte gehen?«

»Ich hab nicht viel Zeit«, sagte der Toni noch einmal.

»Nur den Weg hier, die Weinstöcke entlang und wieder zurück«, sagte Vera.

Irgendwie hatte sie das Gefühl, dass das Gespräch eher in Bewegung kommen würde, wenn sich auch der Toni bewegte.

»Schön sind die Trauben«, sagte Vera und deutete auf die prallen grünen Trauben, die dicht und makellos an den Reben hingen.

»Wissen Sie, wie oft man die zwicken muss, damit sie so schön werden?«, sinnierte der Toni.

»Zwicken?« Vera sah ihn fragend an.

»Ich hab mir das mal ausgerechnet, das hier sind 100.000 Weinstöcke. 1,5 Millionen Mal werden die gezwickt. 1,5 Millionen Mal musst die Weinbauschere nehmen und z'sammzwicken, und wennst Pech hasst, kommt genau dann, wenn die Trauben endlich reif werden, der Hagel, und alles ist aus! 1,5 Millionen Mal zwicken, und dann ist in zehn Minuten alles hin.«

»Was macht man dann?«

»Was man dann macht?« Er sah Vera entgeistert an. »Dann kannst nur mehr eine Noternte machen. Du machst Traubensaft draus, oder«, er spuckte das Wort verächtlich aus, »Tafelwein. So nennen s' das Klumpert. Mit einem echten Wein hat das nichts mehr zu tun. Ein Tafelwein, der wird im Labor zerlegt und wieder zusammengebaut.«

»Sie waren Kellermeister im Weingut *Funkelstein* im Sausal. Rachel hat mir erzählt, der Bernd Biela hat sich dort eingekauft nach so einer Hagelgeschichte.«

»Eingekauft?« Der Toni bückte sich und hob eine Traube auf, die am Boden lag. »Verdammte Hochzeitsgäste, rennen durch die Weinberge und reißen die unreifen Trauben ab. Elendiges Pack.«

»Ja, eingekauft?«, wiederholte Vera fragend.

»Er hat sich nicht eingekauft, er hat sich das Ganze unter den Nagel gerissen, als mein Chef eh schon mit dem Rücken zur Wand stand. Und damit er es noch billiger kriegt, hat er an den richtigen Schrauben gedreht.«

»Wie meinen Sie das?«

»Vor drei Jahren, da gab es im Herbst ein Unwetter, und wir hatten in der Folge wieder Probleme mit der Qualität der Trauben. Ich hab zu meinem Chef gesagt, das reicht nicht für einen Spitzenwein, der es verdient, den Namen *Funkelstein* zu tragen. Also hat er den Anhänger voller Trauben zu einem Händler gefahren. Der Händler wollt ihm nur 60 Cent fürs Kilo geben. Also hat mein Chef Nein gesagt. Er hat den Lkw stehen gelassen und sich im nächsten Wirtshaus angesoffen. Am nächsten Tag wollt er vernünftig mit dem Händler reden. Aber der hat ihn nur ausgelacht. In die Trauben reingestochen und gesagt: ›Die faulen ja schon. Ich zahl dir nur mehr 40 Cent.‹«

»Das ist ja voll brutal«, sagte Vera.

»Es wird noch brutaler.« Toni schaute grimmig drein. »Der Lkw ist drei Tage beim Händler gestanden. Am Schluss waren die Trauben wirklich faul, und er hat sie um 20 Cent das Kilo gekriegt. Der hat dann Tafelwein draus gemacht. Aber bei uns am Weingut hat die Bank nicht mehr mitgespielt. Wir hatten ja Kredite laufen, so wie alle Winzer. Und wie willst deine Kreditrate zahlen, wennst nur 20 Cent pro Kilo kriegst?«

»Und dann kam der Biela?«, fragte Vera.

»Ja, dann kam der Biela. Wie der Retter und Erlöser hat er sich aufgespielt. Dabei hatte er nur seine eigenen Interessen im Visier. Mich tät's ja nicht wundern, wenn der mit dem Weinhändler unter einer Decke gesteckt wäre.«

»Und dann?«

»Wir müssen zurück.« Toni sah auf seine Uhr. »Der Zug. Ich muss die Hochzeitsgäste herumfahren.«

»Warum machen Sie das? Warum sind Sie kein Kellermeister mehr?«, kam Vera zum Punkt.

»Weil ich keine Lust mehr habe. Rausgeschmissen hat

er mich, der Biela, weil ich mich geweigert habe, Biela-Wein zu machen.«

»Biela-Wein?«

»Ja, Biela-Wein! Einen Wein, der seinen Namen trägt. Ich bitt di gar schön. Wer will denn so was saufen? Biela-Wein«, Toni schnaubte durch die Nase, »da fahr ich lieber täglich acht Stunden lang Bräute durch die Gegend, bevor ich für so ein Gschloder meinen Ruf als Kellermeister aufs Spiel setze.«

»Und Ihr ehemaliger Chef?«, fragte Vera.

Toni blieb abrupt stehen.

»Ja wissen S' das denn nicht? Hat die Rachel nichts gesagt?«

Vera schüttelte den Kopf.

Toni nahm die Kappe ab und kratzte sich am Kopf. »Der hat sich erschossen, in seinem eigenen Heurigen. Weil ihm die Frau davongegangen ist und die Bank ihm das Haus weggenommen hat.«

Vera schlug sich die Hand vor den Mund. »Wie furchtbar.«

»Touristen haben ihn gefunden. Es war ja noch ausg'steckt im Weingut. Überall ist sein Blut und sein Hirn pickt. Auf allen Heurigentischen. Da hat's einem den Magen umgedreht.«

Veras Gedanken überschlugen sich. Toni beschleunigte seinen Schritt. Vera hatte Mühe, mit ihm Schritt zu halten.

»Eine letzte Frage habe ich noch«, keuchte sie. »Was wurde aus dem Weingut?«

»Verkauft«, sagte Toni. »Ich glaub, es ging dem Biela gar nicht um den Wein, also nicht hauptsächlich.«

»Um was dann?«

»Es ging ihm um die stillen Reserven.«

»Was ist das?«

»Das ist, wenn du etwas besitzt, das einen Wert hat, von dem du aber nicht weißt, dass es einen Wert hat.« Er machte eine Pause.

»Bei meinem Chef waren es Grundstücke. Bauhoffnungsland. Die hat der Biela umwidmen lassen, sobald er Mehrheitseigentümer war. Und dann hat er dort ein Chaletdorf errichtet. Mitten im Weinberg.«

Er deutete auf das Hochzeits-Disneyland und die zahlreichen Appartements rund um das Weinschlössl. »Das ist der Lauf der Zeit. Bald gibt es keine Weinberge mehr, sondern nur mehr Wohnberge. Alle wollen s' im Weinberg wohnen, aber keiner will die Arbeit machen. Keiner will 1,5 Millionen Mal die Rebschere z'sammzwicken.« Er lachte bitter.

Dann ging er in Richtung Schilcher-Express, der mit roten und weißen herzförmigen Luftballons geschmückt war. Die Ballons flatterten im Wind. Dem Toni schien noch was einzufallen.

Er blickte sich noch einmal zu Vera um.

»Das Verrückteste habe ich Ihnen ja noch gar nicht erzählt.«

»Und das wäre?« Sie sah ihn fragend an.

»Er wollte Fotos von Luftballons auf seinen Biela-Wein-Etiketten. Luftballons auf einem Weinetikett. Gestörter geht es ja nicht mehr, oder?«

Vera bemerkte, dass sich trotz der Hitze eine Gänsehaut auf ihren Unterarmen bildete.

KAPITEL 22 _ DIE AFTER-SHOW-PARTY

Landwirte wissen seit Jahrhunderten um die schweinische Intelligenz. Ein Bauer aus Dänemark kam deshalb Ende der 1990er-Jahre auf die Idee, Schweine am Bauernhof selbstständige Entscheidungen treffen zu lassen. Seine Schweine steuerten mithilfe eines Joysticks Belüftung und Temperatur im Stall selbst.

Hacki hatte sich in seinem ganzen Leben noch nie so erbärmlich gefühlt. Es war, als wäre ihm der Boden unter den Füßen weggezogen worden. »Ich könnt ihn umbringen, wenn er nicht schon tot wäre«, tobte er und schlug mit der Faust auf den Tisch. Der Löffel in Bettys Kaffeehäferl klirrte.

Betty blickte ihn sorgenvoll an. »Dir ist schon klar, dass jetzt alle glauben werden, du hättest ihn umgebracht?«

Hacki sah auf. Eine Zornesfalte hatte sich tief in seine Stirn eingegraben.

»Dieses Arschloch, sogar aus dem Jenseits macht er Probleme«, tobte er.

Hackis Wut hatte einen Grund. Er hatte erfahren, dass Bernd ihn beim Verkauf des Weingartens übers Ohr gehauen hatte. Der zuagroaste Käufer, der angeblich immer davon geträumt hatte, hier im Südburgenland Wein zu keltern, war nur ein Strohmann gewesen. Tatsächlich gehörte das Grundstück nun einer Immobilienentwicklungsfirma, an der Bernd maßgeblich beteiligt war. Hackis Weingarten war der fehlende Puzzlestein für ein weiteres Großprojekt in Sachen »Wohnen am Weinberg«. Dort, wo jetzt noch Welschriesling und Blaufränkisch wuchsen, würden bald Häuser in Schuhschachtel-Optik stehen. Ultramoderne Chalets mit Whirlpool und Sauna. Paläste in Hüttenform, wie man sie von den Malediven kennt. Konzipiert für Wohlhabende – reiche Familien, Freundesgruppen oder Firmen-Führungskräfte, die hier ein paar Tage lang in exklusiver Atmosphäre zusammenkommen. Mit Zimmerservice, der in der Früh frische Semmeln bringt und den Kachelofen einheizt. Auf Wunsch auch mit Leih-E-Auto fürs nachhaltige Cruisen durch die Weinidylle.

»Das ist ein Irrsinn, dass die bei uns jetzt auch so was hinstellen«, tobte Hacki.

Er deutete auf den Zeitungsartikel, der die Wahrheit ans Licht gebracht hatte. »Neues Großprojekt – Nachhaltiges Wohnen am Csaterberg«, stand da zu lesen.

Hacki raufte sich die Haare. »Was soll daran nachhaltig sein? Das ist so eine Bodenverschwendung. Überleg einmal, wie viel Fläche dieses Chaletdorf in Anspruch nimmt. Und die Natur, der einzigartige Charakter des Csaterbergs, wird verbaut und für immer ruiniert. Das ist nicht nachhaltig, das ist eine Kunstwelt, die gar nicht in die Region passt.«

»Ich mochte diesen Bernd Biela nie«, sagte Betty. »Ich hab ihm von Anfang an nicht über den Weg getraut. Er hatte so was Kaltes, Selbstgefälliges.«

»Betty, diese ›Ich-hab's-ja-immer-schon-gewusst‹-Tour hilft mir jetzt gar nichts«, tobte Hacki, seine Wut richtete sich jetzt gegen seine Freundin. »Ganz im Gegenteil! Und du hast das auch noch den Polizisten unter die Nase reiben müssen! Klar zählen die jetzt zwei und zwei zusammen und denken, wir haben was damit zu tun.«

»Hast du?« Betty blickte Hacki kühl an.

»Spinnst du jetzt komplett oder was?«

»Ich sag's ja nur. Pass auf, wie du dich jetzt in der Öffentlichkeit äußerst. So wie du dich aufführst, könnte man meinen, du hast ihn erschlagen.«

»Glaubst du wirklich, dass ich dazu in der Lage wäre?« Hacki blickte Betty entgeistert an.

»Ich weiß, dass du ein anderer bist, wenn du bummzua bist. Und nach dem *picture on* warst du alles andere als nüchtern. Du hast fast mit meiner Schwester geschmust. Vielleicht bist du noch mal zurückgefahren …«

»Unglaublich, meine eigene Freundin traut mir einen Mord zu.«

Hacki ging auf Betty zu, packte sie an den Schultern und sah ihr eindringlich in die Augen. »Auf welcher Seite stehst du eigentlich?«

»Aua, du tust mir weh«, begehrte sie auf. »Ich bereite dich doch nur darauf vor, was jetzt auf dich zukommen wird.«

Aber Hacki war wie von Sinnen. »Du weißt genau, dass ich damals noch gar nichts von der Sache mit dem Chaletdorf wusste.«

»Das musst du den Kieberern erst mal beweisen.«

»Was muss er uns beweisen?«

Marlies Murlasits klare, dunkle Stimme ertönte.

Betty und Hacki fuhren herum. Sie hatten die Kontrollinspektorin nicht eintreten hören.

Hacki ließ Betty los, als hätte er sich verbrannt.

»Es ist besser, wir beruhigen uns mal alle und setzen uns«, sagte Franz, der hinter Marlies im Türrahmen stand. »Die Tür war übrigens offen.«

Hacki bedauerte einmal mehr, dass Tipsy so ein lausiger Wachhund war. Die Hündin schleckte Franz die Hand ab, als wäre sie überglücklich, ihn zu sehen.

Hacki seufzte. Betty hatte ja recht. Was würden die beiden nun von ihnen denken?

Marlies blickte auf die Zeitung, die auf dem Tisch lag. Betty folgte ihrem Blick.

»Der Hacki, er … wir … wir haben gerade erst davon erfahren. Wir wussten nichts davon. Er hätte den Weingarten nie an diese Leute verkauft, wenn er gewusst hätte, dass die alles ruinieren wollen.«

Hacki ließ sich auf einen der Küchenstühle fallen und sank in sich zusammen wie ein Häufchen Elend.

»Weswegen habt ihr gestritten?«, fragte Marlies.

»Wir haben nicht gestritten, also nicht richtig«, bemühte sich Betty um eine Erklärung. »Wir waren nur aufgebracht. Wir hatten Angst, dass das hier«, sie deutete auf den Zeitungsartikel, »dass das hier falsch interpretiert werden könnte. Aber ich schwöre euch, wir haben davon nichts gewusst. Also bis jetzt.«

»Warum habt ihr uns angelogen?«, fragte Franz.

»Angelogen?« Hacki sah verwirrt hoch.

»Ihr habt das *picture on* nicht gleich nach Alex' Gig verlassen. Wir haben Augenzeugen, die euch Stunden später noch dort gesehen haben. Wir haben mittlerweile auch das Obduktionsergebnis von Bernd Biela auf dem Tisch liegen. Er wurde zweifelsfrei mit einem stumpfen Gegenstand erschlagen und ist an einer Hirnblutung verstorben, aber er hatte auch Drogen im Blut. MDMA und LSD. Wahrscheinlich Partypillen.« Marlies blickte Betty forschend an. »Warum habt ihr mich angelogen, und was ist wirklich in Bildein passiert?«

Bettys Hand zitterte, als sie nach dem Kaffeehäferl griff und begann, mit dem Löffel den kalten Kaffee umzurühren. Sie schloss die Augen, und ihre Gedanken wanderten zurück zu der Nacht nach Alex' Auftritt am *picture on*.

*

»Alex möchte uns bei der After-Show-Party sehen. Sie hat uns am Nachmittag eingeladen«, sagte Hacki. Betty verzog das Gesicht. Sie hatte nicht wirklich Lust dazu. Sie wusste von früher, wie Alex nach Gigs war. Überdreht, aufgeputscht, selbstverliebt, anstrengend. »Klar machen wir das«, sagte Bernd. »Das ist doch eine Ehre, wenn man von der Künstlerin zur After-Show-Party eingeladen wird.«

»Wo steigt denn die Fete?«

»Mike kennt eine Frau hier in Bildein. Birgit, eine Künstlerin aus Vorarlberg. Sie lebt hier in einem Streckhof. Alex hat mir die Adresse gegeben.«

»Aber nur auf einen Sprung«, sagte Betty.

»Wir zelten ohnehin. Wir müssen mit dem Auto nirgendwo mehr hin. Wir können feiern und danach einfach umfallen.« Hacki wandte sich an Bernd. »Wie kommst du später heim?«, fragte er.

»Entweder fahr ich selber oder ich lass mich chauffieren. Sehen wir mal, was die Nacht noch so alles bringt«, sagte Bernd und lächelte schmallippig.

Birgits Hof war keine 15 Minuten Fußmarsch vom Festivalgelände entfernt. Er lag etwas außerhalb des Dorfes. Die wummernden Rave-Klänge waren fast so laut wie die Musik des nahen Festivals. Im Hof standen unter knorrigen Apfelbäumen bunte Ölbilder.

»Miró trifft Salvador Dalí«, sagte Bernd. Aber es klang nicht wirklich wertschätzend. Die Bilder wirkten übertrieben, überzeichnet. Porträts mit fliehenden Kinnlinien, übergroßen Nasen, schiefen Augen. Auch Birgit war ein Kunstwerk für sich. Und weitaus attraktiver als die grotesken Gestalten auf ihren Bildern. Sie hatte langes, silberweißes Haar und gehörte zu den beneidenswerten Geschöpfen, die mit weißen Haaren nicht älter, sondern schöner wirkten. Eine silberne Sirene mit eisblauen Augen und einem Kleid, das an eine Toga erinnerte. Mike hing an ihren Lippen, im wahrsten Sinne des Wortes. Er sog an Birgits Unterlippe wie ein Verdurstender. Die würde morgen garantiert ein Bluterguss zieren.

Alex streifte ihn im Vorbeigehen mit einem abschätzigen Blick und wandte sich dann den Neuankömmlingen zu.

»Fühlt euch willkommen«, sagte sie. Ihre Stimme war heiser wie immer nach einem Gig. »Da drüben ist die Bar. Dirty Martini, anyone?«

Betty blickte sich um, der Raum sah aus wie eine Mischung aus Ali Babas Räuberhöhle und dem Lager eines burgenländischen Altwarentandlers. Die Wände waren in dunklen Farben gestrichen. Ochsenblutrot, Moosgrün, Schwarzblau. An den Wänden lehnten Dutzende Bilder, die ähnlich farbstark waren. Dazwischen bäuerliche Kommoden, ein Herrgottswinkel, ein Waschtisch mit einer Porzellanschüssel und einem alten Wasserkrug. Es gab altmodische Diwans und Lehnstühle und ein modernes grellrotes Sofa, das die Form einer Lippe hatte. Marokkanische Lampen erzeugten mehr Schattenmuster an den Wänden, als dass sie Licht spendeten. Zusätzlich hingen überall Lichterketten. Es roch nach Räucherstäbchen und Gras. Als Alex Betty ein Glas reichte, mischte sich auch der Geruch von Martini und Alex' Parfum in das Duftpotpourri. Alex roch nach Zimt und Kirsche. Ein Duft, der Betty an Kaugummis aus ihrer Jugend erinnerte. Sie hatte diese Kaugummis gehasst.

Betty musterte misstrauisch den Inhalt des Martiniglases. »Das hat eine komische Farbe«, sagte sie.

»Rezept des Hauses«, sagte Alex.

Eine halbe Stunde später wurde Betty klar, dass das Getränk wohl mehr enthalten hatte als Gin, Wermut und Olivenlake.

Aber da war die Party schon in vollem Gange. Rund 20 Leute tanzten gemeinsam mit Betty ekstatisch zu Rave- und Housemusik. Sie knutschten auf den Diwans, rollten sich auf den Teppichen. Die ekstatischen Gefühle kamen nicht nur von der hämmernden Musik.

»Der Dirty Martini … sie hat uns was in die Drinks gemischt«, sagte Betty mit schwerer Zunge zu Hacki, aber der schien sie gar nicht zu hören, strahlte nur verzückt die Diskokugel an, die sich an der Decke drehte.

Betty hatte schrecklichen Durst. Ihre Zunge klebte am Gaumen. Sie wankte zum Badezimmer. Bernd hing unter dem Wasserhahn. Er schwitzte wie ein Schwein und war rot wie eine Tomate. »Lass mich auch mal«, sagte Betty und versuchte, Bernd wegzudrängen. Er lachte, spritzte sie mit Wasser an. Das Wasser war nicht kalt. Als es ihre Haut traf, empfand Betty eine angenehme Geilheit.

Die Bestatterin wankte wieder zurück in den Partyraum und ließ sich auf eine der Couchen fallen. Ihr Kopf sank auf ein Samtkissen. Sie fand Genuss daran, ihr Kinn am Kissen entlangzureiben, immer und immer wieder. »Lass mich auch mal«, sagte Bernd. Betty kicherte. »Nein, das ist mein Kissen.« Bernd zog ein Kondom aus der Hosentasche, blies es auf wie einen Luftballon und rieb es dann gegen sein Gesicht. »Das fühlt sich noch viel besser an«, sagte er und grinste.

Die beiden fielen immer tiefer in ihren Rausch. Betty bemerkte, dass Bernd stark erweiterte Pupillen hatte. Sie selbst begann stark zu schwitzen. Ihre Haut war feucht. Dann begann das Frösteln. Sie nahm eine Decke, die auf äußerst betörende Weise nach Weichspüler roch, und wickelte sich in diese ein. Ja, das war viel besser. Das wohlige Gefühl, das sie in dieser Decke verspürte, war unbeschreiblich. Sie wünschte sich in diesem Moment, dass sie für immer und alle Zeiten auf dieser Couch sitzen bleiben könnte.

Irgendjemand hatte die Ravemusik abgestellt und Pink Floyd aufgelegt. Betty hatte das Gefühl, dass jede einzelne

Note durch ihren Körper floss, und das in einer unglaublichen Intensität! So als würde die Musik sie von innen heraus streicheln.

»Lass uns hinausgehen«, sagte Bernd mit einem fetten Grinsen und nahm sie an der Hand.

Betty sah sich suchend nach Alex und Hacki um, aber die beiden waren nirgendwo zu entdecken. Kurz stieg Panik in ihr hoch. Denn je angestrengter sie sich umsah, desto mehr veränderte sich ihre Wahrnehmung. Die Schatten an den Wänden begannen, sich zu bewegen, Lichtquellen intensivierten sich, und sie musste sich immer wieder mit aller Kraft darauf konzentrieren, in die Realität zurückzukehren.

»Wo ist der Hacki?«, stöhnte sie. Ihr Mund fühlte sich trocken an.

»Der ist sicher auch draußen«, sagte Bernd und zog sie hinaus in die Sommernacht. Sie sah sich um. Es war dunkel auf der Wiese. Scheinwerfer beleuchteten die ausgestellten Porträts. Bunte Bilder, die Betty Angst machten, weil die grotesken Nasen, Augen und Münder der Porträts in ihrem aktuellen Zustand noch verzerrter und grotesker wirkten.

Wenn sie sich mit aller Kraft anstrengte, konnte sie für eine Sekunde klar sehen. Aber dann kam schon die nächste Welle und schwemmte sie zurück ins Reich der Illusionen.

»Ich habe Angst, ich finde nicht mehr zurück«, sagte sie. Ihr Herz schlug plötzlich verkehrt. Irgendwas stimmte mit ihrem Herzen nicht. Es war so, als ob es auf einmal zu wenig schlug. Diese ewig langen Pausen, bevor es endlich wieder klopfte. Und während dieser Pausen wurde

Betty ganz schwarz vor Augen und eiskalt, und auch ihre Atmung wurde irgendwie schwerer. »Ich … ich glaube, ich sterbe«, schluchzte sie.

Bernd sah sie verwundert an. Auf ihn hatte der Cocktail eine ganz andere Wirkung gehabt.

Die Optik, die angenehm kühle Nachtluft, die Emotionen … Er war chemische Pillen und Pulver gewöhnt und fand den Trip super. Er spürte ein starkes Gefühl von endloser Liebe und purem Glück. Alles kam ihm vor wie im Traum.

Bernd umarmte die zitternde Betty, zog sie an sich, strich ihr übers Haar. »Mach dir keine Sorgen, ich pass auf dich auf.« Er wiegte sie wie ein kleines Kind.

Sie schluchzte jetzt hemmungslos. Ihre Tränen durchweichten sein Hemd, als er sie an seine Brust drückte.

»Schhhh, Alex, schhhhhh. Alles wird gut.«

Es brauchte ein paar Sekunden, bis die Worte zu ihr durchdrangen.

Alex? Hatte er Alex zu ihr gesagt?

»Fuck you. Ich bin nicht Alex. Ich heiße Betty, hörst du, ich heiße Betty.«

Betty riss sich los und rannte zurück ins Haus. Sie fand Alex und Hacki auf der Tanzfläche, eng umschlungen tanzend zu *Wish You Were Here* von Pink Floyd.

Hacki glotzte dabei mit entrücktem Blick und blödem Grinsen die Diskokugel an. Seine Hände lagen auf Alex' Po. Alex wandte den Kopf in Bettys Richtung und blitzte sie triumphierend an.

Der Anblick der beiden wirkte auf Betty wie eine eiskalte Dusche. Sie stolperte auf das tanzende Pärchen zu und stieß Alex grob weg. »Wir gehen! Jetzt! Sofort!«, schrie sie hysterisch und zog den immer noch blöde grinsenden Hacki mit sich.

»… wir sind dann zu den Taxis, die vor dem Festivaleingang standen und haben uns heimfahren lassen«, erklärte Betty und blickte Marlies an. »Das ist die Wahrheit. Ich schwöre es.«

Ein Grunzen ertönte aus Richtung Terrassentür.

»Darf ich?« Betty stand auf und ließ Keks herein. Das Schwein rannte an den Polizisten vorbei zum Sofa, sprang hinauf und machte es sich auf der Decke gemütlich. Dabei musste es sich wohl auf die Fernbedienung gesetzt haben, denn der Flachbildschirm ging an. Das Zeichentrick-Ferkel Peppa Wutz tauchte auf dem Bildschirm auf. Das Schwein quiekte entzückt.

»Diese Serie schaut Keks am liebsten«, sagte Betty. Sie war froh über die Ablenkung.

Sie hatte Marlies und Franz *fast* die ganze Story erzählt. Den Teil, bei dem Bernd sie mit ihrer Schwester verwechselt hatte, hatte sie ausgelassen. Zu tief saß der Stachel der immerwährenden Geschwisterrivalität. Und auch, dass Hackis Hände auf Alex' Po gelegen hatten, war keine Info, die sie mit der Polizei teilen wollte. Sie hatte die Fakten so sachlich wie möglich wiedergegeben. »Meine Schwester hat uns zu einer After-Show-Party in das Haus einer gewissen Birgit eingeladen. Die Getränke haben wohl bewusstseinserweiternde Drogen enthalten.«

»Ich war noch nie zuvor in so einem Zustand. Es waren sehr interessante Sichtweisen auf manche Dinge, die ich so vorher noch nicht kannte«, resümierte Hacki. »Eine ganz seltsame Erfahrung war das.«

Alex selber habe auf beide nüchtern gewirkt. Betty habe sich im Laufe des Abends immer unwohler gefühlt und deswegen Hacki gebeten, gemeinsam mit dem Taxi nach Hause zu fahren. Sie hätten beide keine Ahnung, wann Bernd die Party verlassen hatte. »Wir waren circa um 1.30 Uhr daheim«, sagte Hacki. »Ihr könnt ja beim Taxifahrer rückfragen.«

»Es ging uns furchtbar«, betonte Betty. »Wir konsumieren beide keine Drogen.« Schlimm sei der nächste Morgen gewesen. Starke Kopfschmerzen, Appetitlosigkeit, Schwindelgefühle, depressive Verstimmung.

»Also ich möchte so eine Erfahrung nie wieder machen«, sagte Betty und schüttelte sich.

»Und warum habt ihr das alles nicht bei der ersten Einvernahme erzählt?«, rügte Franz.

»Niemand erzählt der Polizei gerne, dass er auf einer Drogenparty war«, sagte Betty trocken.

»Auch wenn wir da komplett unschuldig reingeraten sind. Man will ja niemanden eintunken«, ergänzte Hacki. »Schon gar nicht eine Verwandte.«

Dieser Mike hat uns das auch verschwiegen, dachte Marlies. Der wollte wohl seine Freundin Birgit, die Gastgeberin, schützen.

»Also passts einmal auf, ihr beiden Christkindl, wir sind nicht von der Suchtgiftgruppe. Wir ermitteln in einem Mordfall, und wenn ihr uns solche wichtigen Infos verschweigt, ist das Behinderung der Polizeiarbeit«, polterte Franz. Er sah Betty scharf an. »Ein Mann ist tot.

Deine Schwester ist verschwunden. Da zählt jedes Detail. Jedes!«

Sein Telefon läutete. Schon wollte er den Anruf wegdrücken, da erkannte er die Nummer und drückte den grünen Knopf. Er presste den Hörer ans Ohr. »Ja, ich verstehe, ja.«

»Was ist?« Marlies sah Franz fragend an.

»Das war die Tatortgruppe. Sie haben etwas gefunden. Möglicherweise die Tatwaffe.«

»Was bedeutet das?«, fragte Betty.

»Das heißt, dass wir jetzt mal als Erstes eure Fingerabdrücke nehmen«, sagte Franz grimmig. »Und dann schneiden wir euch die Haare. Für den Drogentest.«

KAPITEL 23 _ GRÜNE TOMATEN

Die Grüne Reiswanze wird mit dem Transport landwirtschaftlicher Früchte aus tropischen und subtropischen Ländern nach Europa eingeschleppt. Die gefürchtete Stinkwanze kann die Tomatenernte gründlich verderben. Von ihr angestochene Tomatenfrüchte werden bitter und völlig ungenießbar. Hauptproblem: Die Grüne Reiswanze hat bei uns noch keine natürlichen Feinde. Und sie kann sich bei warmer Witterung und vor allem durch die milden Winter sehr stark ausbreiten.

Am nächsten Treffen des *Klubs der Grünen Daumen* nahmen weder Marlies noch Betty teil. Marlies verzichtete, weil sie nicht von den anderen Mitgliedern des *Klubs der Grünen Daumen* zu ihren Ermittlungen ausgefratschelt werden wollte. Betty kam nicht, weil sie, so erklärte sie Hacki, dem Thema Tomaten nichts abgewinnen konnte. »Was soll ich da Neues erfahren? Jede Hausfrau kann Paradeiser anbauen«, sagte sie und streichelte Keks über seinen borstigen Rücken, was dieser mit lautem Grunzen quittierte. »Tomaten? Also echt, es gibt doch nichts Anspruchsloseres als Tomaten.«

»Es gibt nichts Anspruchsvolleres als Tomaten«, sagte Vera zur gleichen Zeit ein paar Kilometer weiter. »Alle tun so, als wäre es ganz einfach, Paradeiser zu ziehen. Jetzt erklär ich mal, wie das im echten Leben abläuft!« Sie guckte kämpferisch in die Runde.

Das Klubtreffen fand in der Uhudlerlaube vor Johannas Hofladen statt. Ein ruhiges, schattiges Platzerl war das. Nur das Brummen der Wespen durchbrach die Stille. Die Wespen kreisten um den Krug mit Johannas selbst gemachtem Hollersaft, in dem träge ein paar Orangenscheiben trieben.

»Also.« Vera stand auf und legte ihren Notizblock auf ihr Glas, damit keine Wespe hineinkraxeln konnte. »Bei mir läuft das so ab: Ich säe Paradeissamen in kleinen Töpfen auf der Fensterbank aus. Aber statt kräftig und kompakt werden die Keimlinge dünn und lang und spindelig. Armselige Krankerl sind das, die auf dem Kompost landen. Ich kaufe neue, kräftige Jungpflanzen beim Herrn Kaiser am Bauernmarkt. Die pflanz ich dann in den Garten, wo sie jedoch eine Woche später der Hagel erschlägt …« Vera atmete tief durch. »Ich kaufe also neue Paradeispflanzen. Ich grabe diese ein, dünge sie, gieße sie, geize sie aus, wickle sie um Spiralstäbe. Irgendwann kommt der Sommer, und die Pflanzen fangen an zu wuchern. Alles ist voller Blätter und Triebe. Ich versuche, das Chaos hochzubinden. Dabei bricht jedes Mal die Hälfte der Triebe ab. Die grünen Tomaten, die dran waren, landen jetzt auch auf dem Kompost. Und wenn die restlichen Paradeiser dann *endlich* reif werden, kommt die Braunfäule und ruiniert alles. Oder diese komische Blütenendfäule befällt die Früchte. Oder die grauslichen Nacktschnecken kriechen auf den Kirschtomaten herum, schleimen sie voll und höhlen sie aus.«

Sie ließ sich auf die Bank fallen. Emotional erschöpft von all den schrecklichen Erinnerungen. Vielleicht war es aber auch die Hitze. Ihre Stirn fühlte sich feucht an, und sie tupfte sie dezent mit einer geblümten Papierserviette ab, die vor ihr auf dem Tisch lag. Ein winziges Fuzerl Serviette blieb dabei auf ihrer Stirn kleben.

Eva musste lachen. Ihre blauen Augen blitzten schelmisch. »Das kenn ich. Bis ich in meinem Garten endlich was ernten kann, habe ich so viel Geld für Samen, Dünger und Pflanzen ausgegeben, dass ich das Gemüse auch im teuersten Feinkostladen kaufen könnte.« Evas dunkles Haar war unter einem Tuch hochgesteckt, und die Sommerhitze hatte ihre Wangen ein wenig erröten lassen. Eva, dachte Vera, sah sehr schön aus. Viel lebendiger als früher, als sie noch die Trophäen-Ehefrau eines narzisstischen Architekten gewesen war.

Johanna lächelte. »Allerdings schmeckt Gemüse aus dem Garten trotzdem besser.« Alle nickten zustimmend.

Isabella wandte sich mitfühlend an Vera. »Du hast ja ein echtes Tomatentrauma! Und du hast die Reiswanze vergessen. Die Grüne Reiswanze ist die neue Tomatenplage.«

»Jedes Jahr ein neues Ungeziefer«, bestätigte Mathilde. Die Köchin arrangierte Centmünzen um ihr Saftglas. »Kupfer vertreibt Wespen«, erklärte sie. Kräuterpädagogin Isabella schaute sie skeptisch an. »Das halte ich für ein Gerücht.«

Eine Wespe flog direkt auf Mathilde zu. Diese erschrak und schlug mit ihrem Skript nach dem Insekt. »Schleich dich, du …!«

»Hey, mach das nicht. Die werden aggressiv, wenn du

nach ihnen schlägst.« Isabella legte schützend die Hand über ihr Kind, das auf ihrem Schoß saß.

»Außerdem stehen Wespen unter Naturschutz«, sagte Finz.

»Echt jetzt?« Mathilde sah ihn erstaunt an.

»Ja, das stimmt«, bekräftigte Finz. »Zumindest in Deutschland ist das so. Wer ein Wespennest ohne behördliche Genehmigung entfernt und dabei erwischt wird, muss bis zu 10.000 Euro Strafe zahlen. Handelt es sich um eine besonders geschützte Art, sind sogar Bußgelder bis zu 50.000 Euro möglich.«

»Und wenn man allergisch ist? Dann ist es ja quasi Notwehr!« Mathilde dachte an die mit Zuckerwasser gefüllten Wespenfallen aus Glas, in denen sie daheim im Garten Wespen ertränkte.

Finz sah Mathilde an. Seine Mundwinkel zuckten kaum wahrnehmbar. Es war nur die Andeutung eines Lächelns. Hatte er Mathilde durchschaut? »Für Allergiker gibt es, glaube ich, Ausnahmen.«

»Also nun zurück zu den Tomaten«, unterbrach Johanna die Diskussion. Sie klatschte kurz in die Hände, um die Aufmerksamkeit auf sich zu ziehen. Sie hob einen Korb auf den Tisch und lüftete das Geschirrtuch, mit dem dieser zugedeckt war. Der Korb war bis obenhin mit Paradeisern gefüllt. Es gab gelbe, rote, grüne, schwarze, kleine und große, runde und herzförmige, klassisch ebenmäßige und solche, die aussahen wie fantastische Launen der Natur.

Sie blickte zu Vera. »Du hast vorhin ein paar sehr wichtige Dinge angesprochen. Klassische Fehler, die viele

Hobbygärtner machen, die man aber ganz leicht vermeiden kann.«

Johanna schenkte der Runde ein gewinnendes Lächeln. »Fangen wir bei der Aussaat an. Tomaten sind Spätzünder. Jeder will beim Garteln im Frühling der Erste sein. Aber Tomaten brauchen Wärme und Licht, um nicht zu vergeilen.«

»Vergeilen?« Mathilde begann glucksend zu lachen. Ihr Busen, der in einem eng dekolletierten Kleid steckte, bebte dabei. »Ihr geilen Früchtchen.«

Johanna sah die Köchin streng an. »Nicht zu vergeilen«, wiederholte sie. »Bilden Keimlinge innerhalb kurzer Zeit unnatürlich lange Triebe, sind sie auf der Suche nach Licht. Dieser ungesunde Wachstumsschub wird als Vergeilen bezeichnet. Deshalb solltet ihr frühestens Mitte März, wenn die Tage länger sind, mit der Anzucht auf der Fensterbank beginnen, und erst nach den Eisheiligen dürfen die Pflanzen hinaus ins Beet.«

»Man sollte die Pflanzen in Folge möglichst tief setzen«, ergänzte Finz. »Dann bilden sich entlang des Stammes neue Wurzeln. Paradeiser sind eigentlich Rankpflanzen wie Kürbisse. Sie kriechen den Boden entlang und schlagen überall dort, wo eine Ranke den Boden berührt, neue Wurzeln. Das Hochbinden ist eine Technik aus dem professionellen Gemüseanbau, damit die Früchte nicht auf dem Boden liegen und schmutzig werden.«

Er verstummte, weil sich eine fremde Person der Gartengruppe näherte.

Johanna stand auf und begrüßte sie. »Darf ich vorstellen? Das ist Tanja Westfall-Greiter, sie ist gebürtige Amerikanerin, lebte lange in Tirol und ist nun in Oberwart zu Hause. Hier verkauft sie selbst gezogenes Gemüse und macht Gartenkurse für Pädagoginnen und Hobbygärtnerinnen.«

Tanja winkte freundlich in die Runde. Sie hatte ein gewinnendes Lächeln. Unter dem breitkrempigen Sonnenhut lugte langes, dichtes, silbergraues Haar hervor. Tanja hielt eine Platte mit verführerisch duftendem Essen in den Händen.

»Ich habe euch gebratene grüne Tomaten mitgebracht«, sagte sie. »Greift zu, bevor sie kalt werden.« Die Gärtnerin sprach grammatikalisch perfekt Deutsch, aber der amerikanische Akzent war deutlich zu hören. »Sind die nicht giftig?«, fragte Eva besorgt. Tanja lachte. »Die ganze Welt isst grüne Tomaten, nur in Europa glaubt man, dass sie giftig sind.«

»Ja, aber da war doch was mit dem Solanin. Das ist doch giftig?« Eva war verwirrt.

»Wenn man nicht täglich Unmengen davon isst, besteht keine Gefahr«, beruhigte Johanna sie.

»Und Solanin ist ein Überbegriff. Tomatin in grünen Tomaten ist eigentlich gesund – bindet Cholesterin im Darm und wird sogar als Krebsmedikament beforscht«, ergänzte Tanja. »Das hier ist ein Rezept aus meiner Heimat. Die grünen Tomaten werden in Scheiben geschnitten und dann wie Schnitzel paniert. Ich nehme für die Panade Maismehl, verquirltes Ei mit einem Schuss Buttermilch, Salz, Pfeffer und Panko, eine japanische Art von Paniermehl. Aber normale Brösel gehen auch.«

Sie reichte die Platte herum. Alle griffen zu. Die Kombination aus salzig, pfeffrig und säuerlich zauberte ein glückliches Lächeln auf die Gesichter der Gartenrunde. Selbst die skeptische Eva nahm sich ein zweites Stück.

»Wir sprechen gerade darüber, wie man Tomaten kultiviert. Wie machst du das in deinem Garten, Tanja?«

Tanja setzte sich und nahm sich ebenfalls ein Glas Holundersaft. »Habt ihr schon mal von ›Florida Weave‹ gehört?«

Alle schüttelten den Kopf.

»Der Name klingt wie ein Schal, aber diese Tomatentechnik ist tatsächlich ein effektives Spaliersystem, das einfach zu installieren ist, die Luft zwischen den Pflanzen zirkulieren lässt und so Krankheiten reduziert«, sagte Tanja. Sie kramte nach ihrem Smartphone und öffnete ein Foto. »Ich schlage Pflöcke in die Erde, circa zwei Meter auseinander, und pflanze die Tomaten dazwischen – so fünf pro zwei Meter. Sobald sie groß genug sind, ab 50 Zentimeter, gehe ich durch und spanne zwischen den Pflanzen eine Schnur, waagrecht.« Sie machte eine Achterfigur in der Luft. »Man webt sie ein, deshalb ›weave‹, einmal hin und her, Schnur binden und basta. Wenn die Pflanzen weiter wachsen, nach circa 30 Zentimetern, geht man wieder durch und fängt sie mit der Schnur ein. Wie beim Weben eines Teppichs. So entsteht eine Art Tomatenzaun.«

»Das ist genial«, sagte Isabella und klatschte begeistert in die Hände. Baby Ivy öffnete erstaunt die Augen. »Ich baue schon lange Paradeiser an, aber davon habe ich noch nie gehört. Geizt du deine Tomaten aus?«

Tanja schüttelte den Kopf. Die silbernen Haare flogen dabei hin und her. »Ich bin nicht fürs Ausgeizen.«

»Was ist Ausgeizen?«, fragte Mathilde. »Diese Gärtnersprache ist ja schlimmer als Jägerlatein.«

»Geiztriebe wachsen in den Blattachseln der Tomatenpflanze, genau zwischen dem Haupttrieb und einem seitlichen Fruchttrieb. Diese zunächst zarten Blatttriebe an der Tomate werden von vielen Gärtnern und Gärtnerinnen zwischen Juni und September regelmäßig weggeknipst. So gibt es weniger Blätter, und die Früchte bekommen mehr Sonne ab und werden größer«, erklärte Johanna.

Eine Wespe landete während dieser Ausführungen auf ihrem Arm. Johanna betrachtete sie komplett unbeeindruckt. Das Tier rieb die Vorderbeine aneinander und flog wieder davon.

»Also soll man es jetzt machen oder nicht, dieses Ausgeizen?« Mathilde blickte verwirrt von Johanna zu Tanja und wieder zurück.

»Das kommt darauf an«, lachte Johanna. »Man muss das Für und Wider abwägen. Wenn überhaupt, muss man nur Stabtomaten ausgeizen, das sind Tomatensorten, die entlang von Stangen oder Schnüren gezogen werden. Busch- und Wildtomaten müssen nicht ausgegeizt werden. Und falls ihr euch dazu entscheidet, würde ich nur am Anfang ausgeizen. Später, wenn die Pflanze größer ist, sind auch die Wunden größer, wenn man etwas wegbricht, und das schwächt die Pflanze.«

»Die Wunden sind ein Problem. Wenn im Spätsommer die Pilzsporen in der Luft sind, landen diese auf den offenen Stellen. Dadurch erkrankt die Pflanze besonders leicht an Braunfäule.« Tanja seufzte und wedelte sich mit ihrem Strohhut Luft zu. »Ganz vermeiden lässt sich die

Braunfäule ohnehin nicht. Die Sporen sind, wie gesagt, in der Luft. Ihr könnt das Risiko minimieren, indem ihr dafür sorgt, dass die Pflanzen trocken stehen. Ein Tomatendach ist da günstig.«

»Ich bau dir eines«, sagte Finz zu Eva.

Vera verspürte einen leichten Stich. War sie eifersüchtig, weil sie selbst gerne ein Tomatenhaus gehabt hätte, oder weil sie keinen Mann an ihrer Seite hatte, der ihr jeden Wunsch von den Lippen ablas?

Während der weiteren Fachsimpeleien wanderten ihre Gedanken immer wieder zu Bernd.

Vera hörte nur mehr mit halbem Ohr zu, als Tanja erklärte, dass man Tomaten verkreuzen und so seine eigene Haussorte züchten könnte. Sie bekam auch nur am Rande mit, wie sich Johanna empörte, dass in Deutschland das Bundessortenamt die Vermehrung von Tomaten kriminalisiert hatte. »Alle Sorten, die nicht in ihrer Sortenliste sind, sind in Deutschland genau genommen illegal.« In Österreich wäre die Lage noch etwas besser, hier seien primär Getreide und Obstsorten vom Gesetz her reguliert.

»Trotzdem ein Witz, wenn man als Gärtner wie ein Verbrecher behandelt wird«, schimpfte Finz. »Wenn wir nicht aufpassen, werden sie früher oder später die Pflanzentauschmärkte verbieten. Dann gibt es nur mehr das Hybrid-Saatgut der multinationalen Konzerne zu kaufen. Ein Witz ist das«, er tippte sich an die Stirn, »dabei sind regionale Sorten doch perfekt an Klima und Boden angepasst. Natürliche alte Sorten sind einfach die besten, auch vom Geschmack her.«

»Du solltest einen Artikel im ›Burgenländischen Boten‹ darüber schreiben«, raunte ihr Eva zu.

»Was? Wie?« Vera schrak hoch.

»Hast du nicht aufgepasst?«

»Ich hab nachgedacht«, flüsterte Vera. »Ich krieg die Bilder nicht aus dem Kopf. Als wir ihn gefunden haben.«

Eva nickte mitfühlend. Sie wusste sofort, von wem die Rede war.

»Weißt du was, wir gehen ein paar Schritte durch den Garten.«

»Johanna, wir schauen uns deine Paradeispflanzerl hinten bei den Glashäusern an!«, rief sie etwas lauter.

»Ich komm mit«, sagte Mathilde. Sie war neugierig wie immer.

Johanna nickte nur. Sie war mit Tanja in eine Diskussion über Lieblingstomatensorten vertieft. Welche Fleischtomate schmeckte am besten? Die rosarote Brandywine, die gelb-rosa Pineapple oder der Bozener Riese? Die beiden Gartenexpertinnen verkosteten eine nach der anderen, konnten sich aber nicht einigen.

Vera und Eva entfernten sich schnellen Schrittes. Mathilde stakste g'schaftig hinterher. Sie hatte Espadrilles mit Keilabsatz an und Angst, über einen Maulwurfhügel zu stolpern und dabei umzuknicken.

»Wartet, ich muss euch was erzählen«, sagte sie wichtig.

»Was ist?« Vera schaute über ihre Schulter. Mathilde war ja nett, aber sie wäre jetzt lieber mit Eva allein gewesen. Eva war empathisch, Mathilde war immer so sensationsheischend.

Mathilde sah sich verschwörerisch um. »Sie haben die Mordwaffe gefunden.«

Vera blieb stehen und drehte sich um. »Woher weißt du das?«

»Und wenn man einmal die Mordwaffe hat, ist es ein Leichtes, den Mörder zu überführen. Oder die Mörderin.«

Vera wurde plötzlich trotz der Hitze kalt.

»Geh Mathilde, tuast scho wieda a Gschichtl druckn.« Bevor Eva Finz kennengelernt hatte, hatte sie immer Hochdeutsch gesprochen, aber inzwischen hatte sie sich angepasst und typische Finz-Phrasen in ihr Vokabular aufgenommen.

Mathilde war beleidigt. »Das ist kein Gschichtl. Die Polizeischüler, die sie in Bildein durch die Brennnesseln gejaukt haben, haben einen Campingspaten gefunden. Ganz blutig war er.«

»Wer hat dir das erzählt?«

»Ist ein Geheimnis«, sagte Mathilde verschwörerisch. »Ich weiß nicht, ob ich euch das erzählen darf.«

Vera rollte mit den Augen, sagte aber nichts. Sie wusste, dass die Köchin früher oder später ohnehin damit herausrücken würde. Sie wandte ihre Aufmerksamkeit den Tomaten in Johannas Garten zu. »Schau mal, die sieht aus wie mutiert«, sagte sie zu Eva und deutete auf eine Frucht, die aussah, als wären mehrere Tomaten zusammengewachsen.

»Das ist eine Russische Reisetomate. Die hatte ich auch schon einmal. Die heißt so, weil man sich unterwegs immer ein Stück abbrechen kann.«

Mathilde sah ihre Felle davonschwimmen. »Ich hatte mal was mit einem, der eine Tochter hat, die auf der Polizeischule ist«, platzte sie heraus. »Das war natürlich vor dem Gerhard. Das Pantscherl mit dem.« Sie kicherte. »Wir stehen auf dieselbe Musik und auf die gleiche Fifties-Mode. Der Gerhard ist ja nicht so der Typ dafür. Na egal, auf jeden Fall hab ich ihn gestern bei einem Rockabillytreffen in Weiz getroffen. Wie der Elvis hat er ausgesehen. Also wie der ältere Elvis, der mit den Koteletten, der schon ein bissi dicker war. Er nennt sich deshalb auch Elvis.«

»Wie war das mit der Reisetomate?«, wandte sich Vera wieder an Eva. Die Message hinter dem Satz war klar. Komm endlich auf den Punkt, Mathilde!

Diese verstand den Wink mit dem Zaunpfahl. »Auf jeden Fall hat sich der Elvis voll aufgeregt, dass seine Tochter tagelang durch die Brennnesseln laufen hat müssen. Für nix und wieder nix. Bis es sich jetzt doch gelohnt hat. Weil sie den Spaten gefunden haben. Ich weiß sogar, von wem die Fingerabdrücke sind.«

»Gibt es für Polizeischülerinnen keine Schweigepflicht während einer laufenden Ermittlung?«, fragte Eva.

»Das schon, aber die Tochter vom Elvis war super sauer, weil sie nicht zur Einvernahme der Verdächtigen mitfahren hat dürfen, obwohl sie doch den Spaten gefunden hat. Sie weiß eh nicht, ob sie die Ausbildung weitermachen will. Wegen der fehlenden Work-Life-Balance. Sie hat ihrem Papa alles brühwarm erzählt, und der hat es mir erzählt, weil er wissen wollte, ob ich die kenne. Die, deren Fingerabdrücke gefunden wurden.«

»Ja, kennst du die denn?«

»Ja! Und ihr kennt sie auch.«

Mathilde holte tief Luft. Endlich konnte sie die Bombe platzen lassen. »Es waren die Fingerabdrücke von der Betty und vom Hacki drauf. Und von dieser Alex. Da haben sie Fingerabdrücke von ihren privaten Sachen genommen zum Vergleichen. Die ist ja verschwunden. Jetzt könnt ihr überlegen, wem ihr den Mord eher zutraut.«

II. HOFFNUNG

Er freut sich wie ein kleines Kind, als er mir das Plastiksackerl mit den Kleidern überreicht.

»Ich hätte dir ja deine eigenen Sachen gebracht, aber das wäre zu riskant gewesen.« Er lächelt verschwörerisch. »Ich hoffe, es gefällt dir, was ich für dich ausgesucht habe.« Er hat diesen Hundeblick, den ich an Männern immer schon verachtet habe.

Ich mustere ihn genau. Ich muss wachsam sein. Aber solang er mich so demütig anhimmelt, habe ich noch alle Karten in der Hand. Ich sitze auf dem ausziehbaren Sofabett. Ich habe es mir angewöhnt, dieses so früh wie möglich am Morgen zusammenzuklappen und die Bettwäsche im Kleiderschrank zu verstauen. Das gibt mir die Illusion, ihn auf neutralem Terrain zu empfangen.

Das Bett ist uralt. Ich nehme die Tüte und ziehe die Sachen heraus, die er für mich besorgt hat. Ein pinkfarbener Jogginganzug aus Nickistoff mit Strasssteinen, T-Shirts mit dem Aufdruck von 1990er-Jahre-Pop-Bands, eine weite Boyfriend-Jeans, ein Shorty-Pyjama mit einem Snoopy-Aufdruck. Ganz unten noch weiße Frotteesocken mit Kirschen am Bündchen und Unterwäsche. Die Unterwäsche ist quietschbunt und aus Kunstfaser. So sieht er mich also: poppig, billig, kindlich, künstlich.

»Ich wollte dir auch Kosmetik kaufen, aber ich kenn mich da nicht so aus. Ich dachte, vielleicht magst du mir eine Liste schreiben.« Er beugt sich leicht vor und nickt eifrig mit dem Kopf, während er spricht. Er deutet mit dem Kopf in Richtung Gitarre. Ein erwartungsvolles Leuchten erhellt sein Gesicht. »Und, hast schon etwas geschrieben? Einen neuen Song?«

Ich schüttle den Kopf. »Bin nicht in der Stimmung.«

»Das ist eine faule Ausrede!« Seine Stimme ist jetzt einen Tick lauter, fordernder.

»Ich bin selber Musiker. Gerade traumatische Ereignisse sind ein Nährboden für uns Künstler. Du musst das musikalisch verarbeiten. Deine Emotionen. Oder brauchst du es noch traumatischer?« Es klingt wie eine Drohung. Er runzelt die Stirn. Waagrechte und senkrechte Stirnfalten bilden dabei eine Art Gittermuster. Ich betrachte es mit derselben Faszination, mit der man ein Spinnennetz betrachtet. Bin ich die Fliege, die in diesem Netz hängt? »Ich glaube, ich muss dich zu deinem Glück zwingen«, sagt er etwas schärfer.

Ich zucke zusammen. Er ist launisch. Das könnte gefährlich werden.

»Ich schreibe bald etwas«, verspreche ich und ringe mir ein Lächeln ab. »Im Moment geht es nicht.« Ich reibe mir die Schläfen. »Ich habe Kopfschmerzen. Die habe ich oft, wenn sich das Wetter ändert.« Ich blicke zur Oberlichte. »Ändert sich das Wetter?«

»Ja, sie haben Gewitter angesagt. Es tut mir leid, dass du dich nicht wohlfühlst.« Seine Stimme ist jetzt wieder ganz samtig. Er steht auf, kramt in seiner Fahrradboten-Tasche, die über dem Sessel baumelt, und kommt mit einer Kopfschmerztablette zurück. »Hier!« Er wirkt jetzt zerknirscht. Sein Blick wandert zum Frühstückstablett, Eierspeis mit Speck, Kipferl mit Butter und Erdbeermarmelade, Birchermüsli, das er mit Obers verfeinert hat. Alles unberührt. »Hast du deshalb nichts gegessen?«

Ich nicke.

»Du musst aber etwas essen.« Es klingt fast flehentlich. »Du darfst mir nicht verhungern.« Ein kurzer, hoher Lacher. Das ist auch so eine Angewohnheit von ihm, die mich rasend macht. Dieses unangebrachte Lachen.

»Ich mag aber nicht! Ich will frei sein.« Ich klinge wie ein trotziges Kind. Ich ziehe die Beine an meinen Körper. Der verwaschene Bademantel klafft dabei ein bisschen auf. Ich schlinge die Arme um meine Knie. »Suchen sie mich schon?«

Er streckt die Hand nach mir aus, als ob er mich streicheln will.

Ich zucke zurück. Enttäuschung in seinen Augen.

»Ich habe nichts gehört.«

»Nicht mal auf *Facebook*?«

»Ich weiß es nicht.«

»Schau nach. Ich will es wissen.«

»Was soll ich nachschauen?«

»Ich will wissen, ob meine Schwester mich sucht. Das macht man doch so, wenn jemand verschwindet. Für jede entlaufene Katze geben die Leute eine Suchanzeige auf Social Media auf. Da muss doch was über mich stehen. ›Wer hat Alex Woods gesehen? Sie ist seit Freitag abgängig. Bitte teilt diesen Beitrag.‹ So was in der Art. Das macht man doch so? Nicht wahr?« Er zögert.

»Wenn du nachschaust, denke ich über einen neuen Song nach«, schmeichle ich.

Sein Blick wandert zum Frühstückstablett. Er hat sich solche Mühe damit gegeben. »Isst du dann auch etwas?«

Ich verziehe angewidert die Mundwinkel und seufze. »Sobald meine Kopfwehtablette wirkt, aber du musst gleich nachschauen. Ich will es jetzt wissen.«

Er kramt nach seinem Telefon. Ich versuche, über seine Schulter zu schauen, als er die Social-Media-Seite aufruft. Seinen Profilnamen. Ich muss seinen Profilnamen sehen. Aber er steht auf und entfernt sich ein paar Schritte, während er sich einloggt.

»Bettina Pomper heißt deine Schwester, gell?« Er glättet das Gitter auf seiner Stirn mit der rechten Hand. »Da gibt es mehrere. Welche ist sie?«

Er hält das Display in meine Richtung.

Ich strecke die Hand nach dem Telefon aus.

Er kommt mir zuvor, indem er sich neben mich auf die Bettbank setzt und mir das Telefon nun ganz nahe vor die Augen hält.

Ich schiele nach seinem Profilbild, das winzig klein in der Ecke aufleuchtet. Ich kann keinen Profilnamen erkennen.

»Es ist die erste Bettina Pomper in der Liste«, sage ich. »Gut gebettet mit Betty.«

»Sie hat einen öffentlichen Account, das ist gut.« Er scrollt hinunter.

»Und, fahndet sie nach mir?« Meine Stimme wirkt jetzt angespannt.

Er blickt auf. »Ich finde nichts.«

»Probier es über die Suchfunktion.«

Er tippt etwas ins Handy, schüttelt bedauernd den Kopf und versucht gleichzeitig, seine Erleichterung zu verbergen.

»Es tut mir leid.« Er greift nach meiner Hand, berührt diese leicht. Ich zucke zurück.

»Entschuldige.«

Ich reibe meine Schläfen und fange dann an, den Nacken zu bewegen, bis er knackt.

»Die Migräne habe ich wegen ihr.« Mein Lachen klingt bitter.

»Wie das?«

»Ich hatte mal einen Schädelbasisbruch. Schädel-Hirn-Trauma, um es genau zu sagen.«

»Ein Unfall?« Er wirkt betroffen.

»Ein Unfall? Ha!« Mein Lachen klingt fake. »Sie hat versucht, mich umzubringen.«

KAPITEL 24 – WAS DAMALS GESCHAH

Möwen, Albatrosse, Pinguine und Flamingos können Meerwasser trinken. Das Salz gelangt zunächst in ihr Blut und wird dann durch sogenannte Salzdrüsen wieder aus dem Blut herausgefiltert. Die Drüsen befinden sich in den Augenhöhlen der Vögel. Je nach Vogelart läuft das herausgefilterte Salz als winzige Tränen hinunter zur Schnabelspitze oder wird als feiner Nebel durch die Nasenlöcher ausgepustet.

Schon als Teenager liebte es Alex, auf ihrer Gitarre zu spielen und dazu zu singen. Zwei, manchmal drei Stunden lang. Sie konnte nicht genug davon bekommen. Sie übte wie eine Besessene, bis sie auch die schwierigsten Gitarrenriffs, die herausforderndsten Lieder beherrschte. Die Musik machte sie glücklich. Die Eltern waren ebenfalls entzückt über ihre musikalische Tochter.

»Diese Stimme! Sie ist so talentiert, sie singt wie Tina Turner«, schwärmten sie.

Die Pompers machten Videos, die sie im Freundeskreis stolz herumzeigten, bezahlten teure Musikstunden, förderten Alex, so gut sie konnten.

Ihrer Schwester Betty hingegen ging Alex' Musiziererei im gemeinsamen Kinderzimmer furchtbar auf den Geist. »Hör auf mit diesem entsetzlichen Gejaule, das nervt!«, brüllte Betty und hielt sich die Ohren zu. Alex ignorierte sie, und wenn Betty sie beim Singen störte, sang sie einfach noch lauter und länger.

Mehr als einmal waren ihre Gitarrenplättchen verschwunden oder die Saiten ihrer Gitarre durchgeschnitten. Alex wusste, dass es Betty gewesen sein musste. Wer sonst? Vertrauen gab es in dieser Geschwisterbeziehung keine. Die Eltern bestraften Betty mit Hausarrest, Taschengeldentzug und ab und zu mit einer »g'sunden Watschen«.

»Du hast deine Plättchen verlegt, und die Saiten müssen gerissen sein. Aber ich bin immer der Sündenbock und bekomme es ab«, murrte Betty.

»Dann hör auf, so gemein zu sein«, wehrte sich Alex. Sie wusste aber jetzt: Wollte sie Betty in Schwierigkeiten bringen, musste sie nur die Gitarrenplättchen verstecken und sich bei den Eltern beschweren. Wissen ist Macht.

Betty wusste, dass die Eltern Alex lieber mochten als sie. Alex wusste ebenfalls, dass die Eltern sie lieber mochten als Betty. Alex erkannte auch, dass Betty mit solchen Aktionen nur ihren Frust, ihre Eifersucht und ihren Neid an ihr ablud. Aber dieses Wissen brachte keine Lösung. Die Familiendynamik war wie ein gordischer Knoten. Eine unlösbare Verstrickung.

Je älter die Schwestern wurden, desto aggressiver wurden die Konflikte um Kleinigkeiten.

Der Gefühlstumult aus Hass, Eifersucht und schlechtem Gewissen zerfraß beide.

Alle heiligen Zeiten schworen sie sich, in Zukunft netter zueinander zu sein. Doch im Laufe der Zeit wurde Bettys Wut, die sie immer schlechter unterdrücken konnte, zu einem echten Problem.

»Du könntest doch auch singen«, sagten die Eltern zu Betty. »Ihr habt von Natur aus dieselben Anlagen.« Aber Betty wollte das nicht. Sie wollte nicht mit Alex konkurrieren. Wenn Alex Gesangsstunden nahm, wollte sie lieber zum Karate. Der Gedanke, dass sie dadurch in der Lage wäre, die verhasste Schwester zu verprügeln, gefiel ihr.

Betty konnte es gar nicht erwarten, endlich erwachsen zu sein, dem Elternhaus zu entkommen. Als in der sechsten Klasse über die Möglichkeit eines Austauschjahres in den USA diskutiert wurde, war sie die Erste, die diese Möglichkeit ergriff.

Hass, so erklärte ihr ein Psychologe später, sei immer auch ein Zeichen für eine tiefe emotionale Bindung.

Vielleicht war das der Grund, warum Betty es nicht schaffte, den Kontakt zu Alex ganz abzubrechen. Auch nachdem diese versucht hatte, ihren Freund zu verführen. Es war knapp zwei Jahre nach diesem Vorfall, kurz nachdem Alex aus der Girlband *FAQ* geflogen war. Betty war noch in Amerika, weil sie sich als Make-up-Künstlerin für Tote profilieren wollte, und hatte Alex auf Druck der Eltern angerufen.

»Wie geht es dir?«

»Gut, danke, und selber?«

»Auch gut. Ich dachte, wir könnten was trinken gehen.«

»Das kommt jetzt aber sehr überraschend. Ich hab ewig nichts von dir gehört.«

»Du musst nicht, wenn du nicht magst.«

»Ich mag eh.«

»Wohin magst du denn?«

»Weiß nicht, ist mir egal.«

»Mir auch.«

»Jetzt gleich?«

»Nein, ich arbeite bis 18 Uhr.«

»Wo arbeitest du denn?«

»Miller & Daughters – Funeral & Cremation Service.«

»Echt?«

»Ja, echt! Hat dir das die Mama nicht erzählt?«

»Sie hat was erwähnt … Weißt du was, schick mir eine Nachricht mit deiner Adresse. Ich hol dich nach deinem Dienst ab, und wir überlegen uns was.«

»Okay.«

»Okay. Bis später.«

Alex holte Betty in einem goldenen Ford Bronco ab, einem protzigen Offroader. Das Auto war geliehen, aber in Betty machten sich sofort Vorurteile breit. So schlecht konnte es Alex trotz Ausschluss aus der Band nicht gehen, wenn sie in so einem Angeberwagen herumfuhr.

»Lass uns aus der Stadt rausfahren«, schlug Betty vor. Alex nickte. Ihr Atem roch nach Kirsche-Zimt-Kaugummi. Sie sah älter aus als 18. Mondäner. Die Haare hatte sie mit einem bunt gemusterten Emilio-Pucci-Tuch zurückgebunden. Sie wirkte wie ein Filmstar und kein bisschen am Boden zerstört.

Alex lenkte den Wagen über den Freeway, hinaus aus dem Großstadtmoloch, weg von der Hektik der unendlich breiten Straßen. Weg von den anderen extragroßen Pick-ups und den endlosen Autoschlangen. Und tatsächlich, nach einer knappen halben Stunde Stop-and-Go löste sich der Stau auf. Mit jedem Kilometer, den die beiden Schwestern dem Ozean näher kamen, schien der Verkehr weniger zu werden. Die angenehm warme Luft, die durch das halb geöffnete Autofenster drang, roch frischer, salziger, nach Meer. Und dann sahen sie ihn plötzlich, den Pazifik. Tiefblau tauchte er in ihrem Blickfeld auf. Sie wählten ein Restaurant mitten am Malibu Pier. Die Terrasse bot einen Blick auf den breiten Sandstrand und die Surfer, die mit den Wellen kämpften. Zahlreiche Möwen flatterten wild kreischend um die Tische und versuchten, etwas vom Essen abzubekommen. Betty bestellte einen Salat und ein Sandwich. Alex sagte, sie hätte keinen Hunger.

»Ich nehme an, du zahlst, nachdem du mich eingeladen hast«, feixte sie und orderte beim Kellner eine Flasche Rotwein. Einen *Margerum M5 Red Rhône Blend* um 75 Dollar. Der teuerste Rote auf der Karte. Der Kellner fragte nicht nach einem Ausweis.

»Du bestellst eine *Flasche* Wein? Wir sind mit dem Auto da!«, rügte Betty.

Alex zuckte nur mit den Achseln.

Sie hatte gehofft, dass der Wein die Stimmung entspannen würde, aber gerade das Gegenteil war der Fall. Der Alkohol schaffte es nicht, die Genervtheit in ihrem Inneren zu dämpfen. Und auch Betty, die nur an ihrem Weinglas nippte, benahm sich wie eine Katze, die gegen den Strich gebürstet wurde.

Harmlose Aussagen wurden als Provokation aufgefasst. Das betraf beide Schwestern.

»Du siehst gut aus«, sagte Betty.

»Was hast du erwartet, dass ich am Boden zerstört bin?« Alex' Stimme klang bitter.

»Nein, aber ich dachte, dass es dich mehr mitnimmt, dass du aus der Band geflogen bist.«

»Das hättest du wohl gerne gehabt, dass es mir schlecht geht.«

»Bitte, wie kommst du darauf?« Betty starrte die Schwester entgeistert an.

»Weil es immer so war«, sagte Alex und ließ den feuchten Finger über den Glasrand gleiten, was diesen zum Singen brachte.

Betty, der der Ton durch Mark und Bein ging, zuckte zusammen.

»Dir ging es immer am besten, wenn es mir schlecht ging«, resümierte Alex.

»Geh bitte. Fängst du jetzt wieder damit an. Das ist doch Bullshit.«

Alex lachte und nahm einen großen Schluck Rotwein. »Du warst nur happy, wenn es den anderen um dich herum schlechter ging. Du bist jetzt Bestatterin? Warum überrascht mich das nicht? Weißt du noch, als wir Kinder waren? Am Spielplatz? Wenn wir Familie spielten, durfte ich immer nur die verstorbenen Verwandten spielen. Sag doch, dass du dir gewünscht hättest, dass ich tot wäre.«

Betty presste die Lippen zusammen. »Weißt du was, das war eine beschissene Idee, dich zu treffen, lass uns zurückfahren.« Sie warf ihr Sandwich den Möwen zum

Fraß vor, die sich gierig darauf stürzten, und stürmte zum Auto.

Alex stürzte den Wein herunter, zahlte und folgte ihr. Als sie zum Parkplatz ging, bemerkte sie, dass ihr der Alkohol zu Kopf gestiegen war. Sie hatte sicher drei große Gläser intus. Auf nüchternen Magen.

Sie startete den Wagen und drehte den Kassettenrekorder des Autos auf.

»Ich hab letztens meine Kassetten aufgeräumt«, sagte Betty bitter. »Ich hab mich so gefreut, als ich meine Lieblingskassette von damals gefunden habe. Als ich die Aufkleber sah, wusste ich sofort, die ist es. Ich erinnerte mich noch an die exakte Reihenfolge der Lieder. Wann der Moderator reingequatscht hat. Alle meine Lieblingsnummern von damals waren da drauf. Aber als ich sie dann eingelegt hatte, kam nur dein Geplärre raus. Alles überspielt. Von dir. Du hast meine Lieblingskassette überspielt.«

»Gibt es irgendwas in deinem Leben, an dem ich nicht schuld bin?«, fragte Alex und schlug so heftig auf das Lenkrad, dass die Hupe ertönte. »Fuck you, Betty. Du und dein ewiges Märtyrergetue.«

Sie bog auf die Schnellstraße und beschleunigte den Wagen.

»Rede ruhig weiter, bis dir etwas Gescheites einfällt«, sagte Betty kühl.

»Wenn ich auf dein Niveau runterdenke, krieg ich Kopfweh«, konterte Alex. »Jedes Mal, wenn ich dich anschaue, frage ich mich: Was will mir die Natur damit sagen?«

»Das ist alles, was du drauf hast. Mich runtermachen und beleidigen.«

»Ich habe dich nicht beleidigt. Ich habe dich beschrieben, und du hast mit dem ganzen Scheiß angefangen. Ich bin wieder deinen kranken Psychospielchen aufgesessen. Du manipulierst Menschen, damit du dich danach als Opfer hinstellen kannst. Du bist ein Psycho, du warst immer ein Psycho.«

»Sagt wer?«

»Alle sagen das, alle!«, brüllte Alex. »Ich bin nicht dran schuld, dass dich keiner liebt. Du bist selbst dran schuld, weil du einfach das Letzte bist. Gemein, niederträchtig, von Neid zerfressen. Du warst immer Psycho. Jeder hat das gesagt. Die Mama, der Papa, sogar dein heiliger Greg, der sofort mit mir geschnackselt hätte, wenn ich ihn lassen hätte. Ahhh! Aua, was soll der Scheiß …«

Alex versuchte, Bettys Schlägen auszuweichen, und verriss dabei den Wagen, der ins Schlingern geriet. »Bist du jetzt komplett deppert geworden, du Irre! Hör sofort auf!«

Sie duckte sich unter Bettys Schlägen und versuchte dabei, die Spur zu halten, was ihr nur mit Mühe gelang. Die Autos links und rechts neben ihr fingen an zu hupen.

»Hör auf, du blöde Kuh! Du bringst uns noch um!«

Aber Betty hörte nicht auf.

Später würde der Mann, der hinter ihnen gefahren war, als Zeuge vor Gericht aussagen. Er hatte zwei wild gestikulierende Frauen gesehen, und dass die Beifahrerin dann auf die Fahrerin eingeschlagen und diese an den Haaren gerissen hatte. Er konnte nicht sagen, ob die Fahrerin den Wagen verrissen hatte oder ob die Beifahrerin ihr ins Lenkrad gegriffen hatte. Auf jeden Fall war der Wagen von der Straße abgekommen, hatte die Leitplanke durchbrochen und sich mehrere Male überschlagen.

Was sich erst im Krankenhaus herausstellte: Die Beifahrerin war bei dem Unfall bis auf ein paar Prellungen relativ unverletzt geblieben. In ihrer rechten Hand befand sich ein Büschel langer, blonder Haare. Die alkoholisierte Fahrerin hatte ein Schädel-Hirn-Trauma erlitten. Es gab auch einen Todesfall. Das ungeborene Kind der Fahrerin war tot.

KAPITEL 25 _ UND WAS JETZT?

Vanille stammt ursprünglich aus Mexiko, und nur dort gibt es Insekten, die die Vanille-Orchidee bestäuben. Durch den Einsatz von Pestiziden und Umweltzerstörung sind diese Insekten nun bedroht, was dazu führen könnte, dass man die Vanille-Orchideen – wie schon jetzt in anderen Ländern – in Mexiko künftig per Hand bestäuben wird müssen.

»Und was jetzt?«, fragte Chefinspektor Franz Grandits und ließ sich schwer in seinen Bürosessel fallen.

Seine Kollegin Marlies Murlasits seufzte und fächelte sich mit dem Akt zum Fall Bernd Biela Luft zu. Es war wieder einmal drückend heiß in der Außenstelle der LPD Burgenland in Oberwart. Sogar die Fliegen schienen sich träger gegen die Fensterscheiben zu werfen als sonst.

»Dieses Trutscherl, das überall herumerzählt hat, dass auf dem Klappspaten die Fingerabdrücke vom Liszt und von der Pomper waren, fliegt wegen Verletzung des Amtsgeheimnisses«, polterte Franz.

»Sie hat schon gekündigt.« Marlies betrachtete ihre Finger. Seit sie zu garteln begonnen hatte, war es fast unmöglich, ihre Nägel sauber zu halten. Sie griff nach dem altmodischen Brieföffner in ihrer Schreibtischschublade und versuchte damit erfolglos, den schwarzen Dreck in der Ecke ihres rechten Daumennagels herauszukratzen. Ob dunkler Nagellack eine Lösung war?

»Was heißt, sie hat gekündigt?« Franz sah überrascht auf. Als er Marlies' Maniküre-Versuche sah, verzog er angewidert die Mundwinkel. Marlies bemerkte es und legte den Brieföffner weg.

»Sie hat gesagt, dass wir sie bei der Suchaktion durch die Brennnesseln geschickt hätten, wäre Folter gewesen. Und außerdem, als Polizistin hätte sie ohnehin zu wenig Work-Life-Balance. Zu viele Überstunden und zu wenig freie Wochenenden.«

»Work-Life-Balance! Wenn ich das schon höre. Was glaubt die Jugend von heute nur? Dass die Mörder und Verbrecher auch nur einen Zwanzigstundenjob machen? Und was heißt Folter? Die Dame hat keine Ahnung, was wirkliche Folter ist. Verwöhnt und überempfindlich sind die Jungen. Keiner ist mehr belastbar. Niemand will mehr was arbeiten. Und Diskretion ist sowieso ein Fremdwort. Wo soll das alles nur hinführen? Wohin?« Franz stand so abrupt auf, dass er gegen die Tischkante stieß und der Kaffee, der vor ihm stand, überschwappte. »So eine Sauerei aber auch!«

Marlies war sich nicht sicher, ob ihr Vorgesetzter die Arbeitsmoral der Jugend oder die Kaffeelacke auf seinem Schreibtisch meinte.

»Hier, nimm das.« Sie reichte ihm ein Papiertaschentuch. »Das Gute ist, dass das Fräulein nicht im Bilde war, was die Kürzel UT1 und UT2 bedeuten, sonst hätte sie das auch noch ausgeplaudert.« Sie öffnete den Akt. »Hier haben wir es. Die Analyse der Fingerabdrücke auf dem Klappspaten. UT1 = Unbekannter Täter Nummer eins. Noppen – das deutet auf Handschuhe hin. UT2 = Unbekannter Täter Nummer zwei – Fingerabdrücke, und zwar welche, für die wir noch kein Match haben. Das bedeutet, wir sind trotz Fund der Tatwaffe keinen Schritt weiter. Magst du noch einen Kaffee, Franz, ich drück mir auch einen runter.«

»Danke, Marlies.« Franz trank den letzten Schluck aus und reichte seiner Kollegin seine leere Tasse.

Marlies nahm diese und ihr eigenes Häferl, auf dem »Hamdraht« stand, und ging damit zum Kaffeeautomaten. Manchmal hatte sie das Gefühl, sich bewegen zu müssen, damit auch ihre Gedanken in Schwung kamen. Vor allem, wenn es so schwül war wie heute.

Die Taktik funktionierte. Als sie mit den vollen Kaffeetassen zurückkam, ratterte ihr Hirn bereits.

»Also, lass uns zusammenfassen, was wir haben. Auf der Tatwaffe sind die DNA des Opfers und Fingerabdrücke von vier oder fünf unterschiedlichen Personen eruierbar. Darunter auch die von Hacki, Betty und Alex, was wenig verwunderlich ist, da Hacki der Spaten gehört und Hacki und Betty ihn laut eigenen Angaben auch zuvor benutzt haben. Alex angeblich ebenfalls. Letzteres nach Aussage von Hacki, er war mit Alex am Freitagnachmittag kurz am Zeltplatz und hat gesehen, wie sie den Spaten ebenfalls angegriffen hat.«

»Benutzt? Wozu braucht man so einen Klappspaten?«

»Ja sag, warst du noch nie campen, Franz? Man gräbt sich mit so einem Spaten ein Loch, um ›groß‹ aufs Klo zu gehen, wenn das nächste Klo zu weit entfernt ist. Und danach schüttet man das Loch wieder zu.«

»Echt, tut man das?« Franz schüttelte verwundert den Kopf. »Man lernt wirklich nie aus.«

»Dennoch würde ich Hacki noch nicht vom Haken lassen. Sein Investor hat ihn übers Ohr gehauen. Im ganzen Bezirk reden sie nur über das neue Chaletdorf, für das der Biela dem Liszt ein Grundstück abgeluchst hat. Rache ist ein starkes Motiv.«

»Der Taxifahrer hat bestätigt, dass er Hacki und Betty um 1 Uhr nachts von Bildein auf den Csaterberg gefahren hat«, erinnerte sie Franz.

»Das stimmt, aber wer sagt, dass die Angaben, die sie zur Party gemacht haben, so stimmen? Betty soll in der Stunde davor mit Bernd draußen Sternderl geschaut haben. Hacki hat mit Alex getanzt. Ihr Zeuge ist tot, seine Zeugin ist verschwunden. Und die restliche Gesellschaft war so high, dass keine verlässlichen Zeugenaussagen mit genauen Zeitangaben möglich sind. Vielleicht waren die beiden gar nicht so lang auf der Party, wie sie uns erzählt haben. Vielleicht sind sie zurück zum Zeltplatz, und dort sind die Dinge eskaliert. Der Investor könnte Betty angestiegen haben. Der Hacki ist aus Eifersucht ausgerastet und hat ihn erschlagen. Und die Schwester hat die Flucht ergriffen.«

»Hmm.« Franz warf eine Süßstofftablette in seinen Kaffee, die sich sprudelnd auflöste. »Ich weiß nicht. Das mit dem Eifersuchtsmord klingt plausibel. Aber warum sollte die Schwester die Flucht ergriffen haben? Es spricht mehr dafür, dass sie auch tot ist. Sie ist wie von der Bildfläche verschwunden. Seit zehn Tagen kein Lebenszeichen. Gar keines, und das ist im digitalen Zeitalter, wo wir überall Spuren hinterlassen, kein gutes Zeichen.«

»Du weißt schon, dass Süßstoff ungesund ist«, sagte Marlies und bekam augenblicklich Lust auf etwas Süßes. »Vielleicht wird sie irgendwo festgehalten! Vielleicht halten Hacki und Betty sie fest, weil sie Angst haben, dass die Schwester plaudert. Ja, so könnte es gewesen sein. Hacki und Betty haben den Investor getötet und verstecken die einzige Zeugin.« Marlies holte eine Blechdose aus ihrer Schreibtischschublade, öffnete diese und nahm ein Vanillekipferl heraus, das sie zur Hälfte in den Kaffee tauchte.

Dann ließ sie die durchweichte Hälfte zwischen ihren Lippen verschwinden. Ah, es gab doch nichts Besseres, als diese süße, milchkaffeegetränkte Köstlichkeit mit der Zunge gegen den Gaumen zu drücken und zu genießen.

»Ich habe mich umgehört, die Schwestern haben sich nie gut verstanden. Die Eltern spielen diesen Umstand zwar herunter, aber ehemalige Schulfreundinnen erzählen, dass die beiden ein Leben lang wie Hund und Katz waren.«

Marlies griff zum Telefon. »Ich werde beim Staatsanwalt eine Telefonüberwachung und eine Observierung beantragen.«

»Und die noch nicht zuordenbaren Fingerabdrücke?«

»Der Handschuhabdruck, das kann jeder gewesen sein. Auch Hacki und Betty selbst. Und die nicht zuordenbaren Fingerabdrücke könnten auch vom Verkäufer des Spatens sein, er war ja noch recht neu.«

»Kannst du der Betty nicht in deinem Gartenklub ein bisschen auf den Zahn fühlen?«, fragte Franz. »Vielleicht kriegst du etwas heraus, das uns bisher verborgen geblieben ist.«

»Ich glaube, das wäre in diesem Fall kontraproduktiv. Sie war schon bei den bisherigen Einvernahmen verschlossen wie eine Auster. Aber ich werde Vera auf sie ansetzen.«

»Vera Horvath? Die Lokaljournalistin? Das ist aber nicht dein Ernst!«

»Vera hat schon bei unseren letzten Fällen gezeigt, dass sie absolut vertrauenswürdig ist. Sie hat extrem professionell mit uns zusammengearbeitet und uns wertvolle Hinweise geliefert. Sie würde nichts an den ›Burgenländischen Boten‹ leaken, was nicht vorab mit uns abgesprochen ist.«

»Vera Horvath? Warum engagierst da nicht gleich ihre g'schaftige Mutter, die ihre Nase überall hineinsteckt?« Franz lachte laut, langte über den Tisch und fischte ebenfalls ein Vanillekipferl aus Marlies' Dose, das als Ganzes in seinem Mund landete und energisch zermalmt wurde. »Jetzt hab ich auf etwas Hartes gebissen. Ich glaub, das war eine Walnussschale. Machst du die Vanillekipferl mit Walnüssen?«

Marlies nickte. »Natürlich, wie denn sonst?«

»Meine Frau macht die immer mit Mandeln.« Franz kam wieder zurück zum Thema: »Was machen die Recherchen zum Biela selbst?«

»Uiii.« Marlies leckte sich den Staubzucker von ihren Fingern. »Da weiß ich gar nicht, wo ich anfangen soll. Wirtschaftskriminalität, mein Lieblingsthema. Das stinkt zum Himmel.« Ihre Nase kräuselte sich verächtlich. »Wir haben die Unterlagen, die Vera uns gebracht hat, analysieren lassen. Ein Haufen Scheinfirmen, es sieht nach Schwarzgeldwäsche aus, und die rumänische Mafia dürfte als Geldgeber auch irgendwie involviert sein. Wir versuchen da gerade, länderübergreifend Informationen zu bekommen. Der Wein ist wohl nur so ein Hobby von dem Herrn gewesen. In Wahrheit ging es um Bauland, stille Reserven. Und wenn auf dem Weg dorthin das eine oder andere Weingut pleitegegangen ist, waren das halt Abschreibposten, durch die man andere Einnahmen steuerschonend verbuchen konnte.«

»Das bedeutet aber auch, dass der Herr Biela wohl mehr Feinde hatte als nur den Hacki.«

»Die drei Winzer, mit denen er bisher Geschäfte gemacht hat, haben alle ein Alibi. Das vom letzten ist sogar wasserdicht. Der arme Kerl hat sich nämlich umgebracht.«

»Als ob es die Winzer nicht ohnehin schon schwer genug hätten, auch ohne diese Aasgeier.« Franz schaute zum Fenster. Der Himmel hatte sich bedrohlich verdunkelt. In der Ferne war Donnergrollen zu hören.

»Wenn man das Unglück nennt, kommt es g'rennt. Hört sich nach Gewitter an. Es ist ganz schwarz da draußen. Hoffentlich kommt kein Hagel.«

Die Hoffnung erfüllte sich nicht. Der Hagel kam. Er kam mit Starkregen, Böen und einer Blitzshow, die ängstliche Naturen das Fürchten lehrte. Innerhalb von 13 Minuten prasselten Unmengen von walnussgroßen Eiskugeln auf das Südburgenland und weite Teile der Oststeiermark herab. Die Straßen waren komplett weiß. Blitze schlugen in Bäume und Wohnhäuser ein. Das Wasser überflutete Keller. Die Sirenen der Feuerwehren heulten im Chor ob der zerstörerischen Naturgewalt. Die Eisbrocken waren hart wie Steine, die vom Himmel fielen. Sie schlugen Dellen in die Karosserien der Autos, verletzten Menschen und Tiere, die nicht schnell genug Unterschlupf fanden, zerfetzten Blätter, Obst, Gemüse und Getreide. Binnen nur 13 Minuten wurden alle Kulturen, die kurz vor der Ernte standen, und damit auch das Einkommen aller betroffenen Bauern und Winzer, vernichtet. Die ganze Arbeit umsonst. »Nach ersten Erhebungen durch die Sachverständigen der Österreichischen Hagelversicherung ist mit einem Gesamtschaden von 7,8 Millionen Euro zu rechnen«, schilderte der Vorstandsvorsitzende der Hagelversicherung später in einem Interview dem »Burgenländischen Boten«.

Hacki brauchte das Interview nicht zu lesen. Er würde nichts von dem Geld sehen. Er hatte keine Hagelversicherung. Er wusste, er war erledigt. Er saß im Weinkeller, weinte bitterlich und betrank sich. Was hätte er denn auch sonst tun sollen? Sich erschießen? Er hatte tatsächlich kurz daran gedacht. Aber der Schlüssel zum Waffenschrank war verschwunden. Betty hatte ihn vorsorglich versteckt.

KAPITEL 26 _ ES IST ALLES GANZ ANDERS, ALS IHR DENKT

Handelsübliche rote Marmelade und Süßigkeiten oder andere Lebensmittel mit intensiver roter Färbung enthalten in den meisten Fällen Karmin (E120). Karmin ist ein Farbstoff, der aus weiblichen Schildläusen gewonnen wird.

»Es ist alles ganz anders, als ihr denkt«, sagte Betty. Sie saß in Johannas Hofladen und rieb sich die Schläfen.

»Wir denken uns gar nichts«, sagte Johanna beschwichtigend. Mathilde sah drein, als würde sie sich jede Menge denken, aber sie hielt ausnahmsweise einmal den Mund. Vera, Mathilde, Eva und Betty waren gekommen, um Johanna, die als Nahversorgerin von ihrem Garten lebte, beizustehen. Gemeinsam hatten sie geholfen, den Garten aufzuräumen, hatten das Chaos in den Beeten beseitigt, und nun wurde eingekocht und eingerext. Auf dem Ofen brodelte es in riesigen Töpfen. Es roch nach Knoblauch und süßem Obst, nach Kräutern und Kuchen.

Die Frauen kochten aus den vom Hagel erschlagenen Tomaten Sugo. Sie schälten Erbsen aus den beschädigten Schoten und froren sie ein, verwandelten zerzauste Kräuter in Pesto.

Die Zwetschken, die der Sturm von den Bäumen gefegt hatte, wurden zu Marmelade verarbeitet. Aus den Sommeräpfeln, die zu Boden gefallen waren, bereitete Johanna Apfelmus und Kompott zu. Außerdem buk sie mehrere Haxen Apfelstrudel, die sie auch einfror. Für bessere Tage, wie sie sagte.

»Ich hab diesen Bernd nicht umgebracht, und der Hacki war es auch nicht«, stellte Betty fest, während sie einen Apfel schälte. Sie zog aggressiv senkrechte Streifen Schale ab. Viel zu dick, wie Eva befand, die danebensaß und ohne abzusetzen hauchdünne Spiralen fabrizierte.

»Kommen die Schalen auf den Kompost?«, fragte Vera.

Johanna schüttelte den Kopf. »Ich trockne einen Teil für meine Tees, koche die Apfelputze für Sirupe aus, und den Rest bekommen die Hühner.« Bei Johanna verkam wirklich nichts.

»Wie geht es dem Hacki?«, fragte Vera.

»Wie soll es ihm schon gehen? Beschissen geht es ihm. Er kann froh sein, wenn ihm die Bank das Haus lässt.« Betty rutschte mit dem Schälmesser ab und ritzte sich den Daumen auf. Blutstropfen quollen aus der Wunde. »Scheiße!«

»Mach eine Pause, Betty«, sagte Johanna und reichte ihr ein Taschentuch. »Ich mach dir einen Tee. Johanniskraut. Wir brauchen jetzt alle ein bisschen Licht und Zuversicht.«

Betty wollte einwenden, dass bei ihren Problemen auch Johanniskraut nicht helfen konnte, aber dann klappte sie den Mund wieder zu. Johanna meinte es ja nur gut.

»Ich bin schon seit 5 Uhr früh auf, um dieses Chaos zu beseitigen. Ich kann mir gut vorstellen, wie es dem

Hacki geht. Als ich meinen Garten gesehen habe, ist mir das Herz ganz schwer geworden. Es ist furchtbar, wenn man mitansehen muss, wie alles, für das man hart gearbeitet hat, zerstört wird. Aber wir dürfen uns nicht unterkriegen lassen. Es gibt immer einen Weg. Manchmal muss man ein bisschen Vertrauen ins Universum haben. Die Menschheit hat schon Schlimmeres überstanden.« Johanna war wie immer der Fels in der Brandung.

»Gibt es irgendetwas Neues, was deine Schwester anbelangt?«, fragte Mathilde und schob ein Blech mit leeren Marmeladegläsern zum Sterilisieren in den Ofen.

Betty schüttelte den Kopf und saugte an ihrem Daumen. »Keine Spur. Ihr Telefon ist tot, und es gibt keine Kreditkartenbewegungen, aus denen man schließen könnte, wo sie sich aufhält.«

»Ihr seid doch Zwillinge. Spürst du nicht irgendwas? Also, wo sie sein könnte?« Sie sah Betty erwartungsvoll an. »Und wie es ihr geht, also ob sie …«

»Ob sie gefoltert wird? Ob sie noch am Leben ist? Ernsthaft, Mathilde?« Betty stieß empört Luft aus.

Mathilde lief rot an. »Das hab ich nicht gesagt. Das wollt ich nicht … Ich dachte nur … Ich hab mal gelesen, dass Zwillinge eine telepathische Verbindung haben.«

Betty zuckte hilflos mit den Schultern. »Ist schon gut, ich weiß, du hast es nicht so gemeint. Aber nein, bei uns ist das nicht so. Erstens sind wir zweieiige Zwillinge, also quasi Geschwister, die nur zufällig am selben Tag Geburtstag haben. Und zweitens …« Sie seufzte tief. »Wir haben eine komplizierte Beziehung.«

»Familie kann man sich nicht aussuchen«, sagte Johanna und ließ sich neben Betty auf die Küchenbank sinken. »Ich glaube, ich brauche auch eine Pause.«

»Meine Schwester und ich, wir sind sehr verschieden«, sagte Betty. »Wie Goldmarie und Pechmarie. Ich war immer die Pechmarie.« Ihre Stimme wurde bitter. »Zum Teil haben uns unsere Eltern in diese Rollen gedrängt. Ich weiß auch nicht, warum sie das getan haben. Ich war drei Jahre beim Psychologen und weiß es noch immer nicht.« Ihre Augen begannen zu glänzen. Sie versuchte vergeblich, die aufsteigenden Tränen wegzublinzeln. Betty war kein Mensch, der gerne vor anderen Gefühle zeigte. Aber aktuell fühlte sie sich wie eine straff gespannte Saite, die kurz vor dem Zerreißen stand. Erst der Mord, dann Alex' Verschwinden, die Verhöre der Polizei, die Blicke der Nachbarn, der Hagel, Hacki, der allen Lebensmut verloren hatte und seit der Naturkatastrophe nur noch soff.

Johannas mitfühlende Art öffnete alle Schleusen. Tränen, die in einen Weinkrampf ausarteten, heftig, anfallsartig, bis sie vor lauter Erschöpfung Schluckauf hatte.

Johanna strich ihr über den Rücken und nahm die weinende Betty dann spontan in den Arm.

»Heul dich nur aus, es ist gut, dass das jetzt alles rauskommt. Es muss raus, damit es wieder besser werden kann.«

Betty sah auf. Verweint wirkten ihre Augen noch blauer. »Und was, wenn es nicht besser wird? Was, wenn sie nicht mehr auftaucht? Ich hab sie schon einmal fast verloren. Bei einem Autounfall. Was, wenn sie wirklich tot ist?« Sie krümmte sich auf der Bank zu einem Ball zusammen. »Wenn sie tot ist, haben wir nie die Chance, es wiedergutzumachen. Das, was wir einander als Schwestern angetan haben.«

Eine lange Pause entstand. Keine wusste, was sie sagen sollte.

Es war Eva, die als Erste die Sprache wiederfand. »Wir werden sie suchen«, sagte sie. Es klang entschlossen.

»Wie, was heißt, du willst sie suchen? Wo willst denn da anfangen? Nicht mal die Polizei hat einen Anhaltspunkt«, sagte Mathilde zweifelnd.

»Wir müssen noch einmal ganz von vorn beginnen. Was ist in der Freitagnacht in Bildein passiert? Wir waren doch alle da. Wir kennen so viele Menschen. Irgendjemand muss etwas gesehen haben. Wir müssen das nur systematisch angehen«, überlegte Eva.

»Die Polizei hat doch schon alle verhört«, widersprach Vera.

»Ja, die Polizei. Mit der redet niemand gerne. Und alle haben sie sicher nicht verhört. Da waren Tausende Leute«, sagte Eva. »Vera, du musst noch einmal mit Marlies reden.« Vera nickte.

»Und du, Mathilde, du erzählst den Leuten irgendein Geheimnis. Wenn sie dir dafür ihres erzählen.«

»Meine leichteste Übung«, strahlte Mathilde.

»Betty, kannst du die Band übernehmen? Die haben die Tour abgebrochen, aber der Lead-Gitarrist ist aus Weiz.«

»Mach ich«, sagte Betty. Mit Evas Plan schien auch ihr Kampfgeist zurückgekehrt zu sein.

Sie würde auch dafür sorgen, dass Hacki wieder nüchtern war, und jedes Detail über die Geschehnisse auf der Party aus ihm herauskitzeln.

»Und in drei Tagen treffen wir uns wieder hier und tauschen uns aus«, bestimmte Eva.

»In drei Tagen? Ich muss auch arbeiten«, protestierte Mathilde.

»Ja, in drei Tagen. Und du wirst ja wohl gleichzeitig Leute ausfratscheln, G'schichtln drucken und kochen können. Wer, wenn nicht du?«

III. ISS

Ich betrachte den Berg Pasta vor mir. Lustlos stochere ich in den Spaghetti Carbonara. »Schmeckt es dir nicht?«, fragt er. »Hahahaha.« Wieder so ein unangebrachter Lacher, der meine Nerven, die ohnehin schon wie Drahtseile gespannt sind, strapaziert.

»Ich bin so üppige Kost am Abend nicht gewöhnt«, sage ich mit Blick auf die Oberlichte. Der Himmel färbt sich langsam dunkel. »In Kalifornien essen die Leute gesünder, vegan, low carb.« Der Mann schlägt mit der Hand auf den Tisch, sodass der Teller klirrt. »Das ist doch Blödsinn, die Amis, die fressen nur Fast Food. Hahahaha.« Er sieht mich durchdringend an. »Ich hab für dich gekocht, mit Liebe. Da sind nur die besten Zutaten drin. Gute Nudeln, Eier von Hühnern, die im Garten herumlaufen, Mangalitzaspeck, Käse. Wenn du nicht aufisst, wird der liebe Gott böse.« Seine Augen funkeln zornig. »Dann regnet es morgen.« Er redet mit mir wie mit einem kleinen Kind.

»Du isst jetzt auf! Keine Widerrede. Und dann spielst du mir etwas auf der Gitarre vor.«

Ich spüre einen Klumpen im Magen. Ich weiß nicht, ob das die fettigen Nudeln sind oder die Angst, die mein ständiger Begleiter ist, seit ich in diesem Keller bin. Es *war* ein großer Fehler, ihm zu vertrauen. Es *ist* ein großer Fehler, ihm zu vertrauen.

»Ich kann nicht für immer hierbleiben«, sage ich. »Ich muss wieder zurück in mein richtiges Leben. Das ist dir doch klar.«

»Lenk nicht ab, iss deine Nudeln auf, oder soll ich dich füttern?«

Seine Augen glitzern. Er wirkt erregt.

»Da sind Menschen, die mich vermissen«, sage ich und würge eine weitere Gabel Spaghetti hinunter.

»Niemand vermisst dich«, sagt er lapidar.

KAPITEL 27 _ WIR BRAUCHEN DEINE MUTTER

Für das Farbensehen sind Zapfen auf der Netzhaut verantwortlich. Während das menschliche Auge drei Zapfentypen besitzt, müssen Hunde und Katzen mit nur zwei Zapfenarten auskommen. Daher können sie ihre Umgebung nur in Blau- und Gelbschattierungen wahrnehmen. Rot- und Grüntöne erkennen die Tiere nicht.

Als sich der harte Kern des Gartenklubs drei Tage später wieder bei Johanna traf, hatte sich die Natur erholt. Die niedergedrückten Stauden hatten sich wieder aufgerichtet. Und nach dem starken Regen, den der Hagelsturm mit sich gebracht hatte, wirkte die Welt wie reingewaschen. Die Pflanzen schienen in ihrem Bestreben, das Erlittene wettzumachen, sogar noch üppiger zu wachsen als zuvor.

Es war ein warmer schöner Sommertag, und Johanna hatte den Vormittag damit zugebracht, Möbel für das neue Gartencafé zu restaurieren.

»Mein Gott, sind diese alten Gasthaustische mit den Resopalplatten schön«, schwärmte Eva. »In Wien würden die Leute ein Vermögen für so was bezahlen.« Johanna hatte die Tische gratis bekommen. Von jemandem, der jemanden kennt, der jemanden kennt, der jemanden kennt. Auch die Holzstühle aus einer alten Schule waren ein Geschenk. Johanna bemalte diese mit Kreidefarbe in verschiedenen Grüntönen.

Helles Salbeigrün, dunkles Moosgrün, sattes Blaugrün, leuchtendes Limettengrün.

»Nicht, setz dich da nicht drauf, die Farbe ist noch feucht«, warnte Johanna Mathilde, die ihr üppiges Hinterteil auf einen apfelgrünen Stuhl platzieren wollte.

»Lasst uns lieber hineingehen, ich habe für heute schon genug Sonne abbekommen«, schlug die Chefin des Gartenklubs vor. Johanna trug einen Strohhut, aber die Sonne hatte sie trotzdem erwischt. Ihre Nase war ganz rot.

»Außerdem ist es ja vertraulich, was wir zu besprechen haben«, sagte Isabella und wischte Ivy mit einer Stoffwindel Spucke vom Mund. »Ah, da sind ja auch Vera und Betty. Wir sind vollzählig.«

Die Damen vom *Klub der Grünen Daumen* betraten Johannas Küche und nahmen um den großen Küchentisch Platz. »Ich dachte, ihr wollt mir vielleicht beim Etikettieren helfen«, sagte Johanna und deutete auf die unzähligen Gläser mit Marmelade, Chutney und Sugo.

»Na klar. Viele Hände, rasches Ende«, sagte Eva fröhlich und griff zu dem Stapel mit Etiketten.

»Sag, drehst du die verschlossenen Gläser eigentlich um, nachdem du die Marmelade eingekocht hast?«

Johanna schüttelte den Kopf. »Nein. Ich arbeite ohnehin extrem sauber und mag es nicht, wenn hinterher Marmelade am Deckel pickt.«

»Meine Oma hat sie immer umgedreht«, sagte Mathilde.

»Warum das?«, fragte Betty. »Also warum macht man das überhaupt?«

»Wenn man die frisch befüllten Gläser umdreht, sorgt die kochend heiße Marmelade dafür, dass Keime, die sich vielleicht am Deckel oder Glasrand befinden, abgetötet werden. In früheren Zeiten hat man das gemacht, weil man nicht sicher sein konnte, dass Früchte und Umgebung hygienisch einwandfrei sind«, erklärte Johanna.

»Es gibt aber auch Leute, die sagen, dass die Deckel innen eine Beschichtung haben, die Weichmacher enthalten könnte. Und die werden so freigesetzt«, warnte Isabella.

»Soweit ich weiß, haben die Hersteller schon vor etlichen Jahren darauf reagiert und bieten ausschließlich Bisphenol-A-freie Deckel an«, beruhigte sie Vera, die erst kürzlich einen Artikel zum Thema »Einkochen damals und heute« für den »Burgenländischen Boten« geschrieben hatte.

»Einigen wir uns darauf, dass es jeder nach seiner Fasson machen kann und soll«, sagte Johanna. »Aber«, ihre Augen blickten listig, »wenn ihr einen richtigen Streit auf Social Media auslösen wollt, dann postet einfach ein Bild mit umgedrehten Marmeladengläsern. Aber sagt nicht, ich hätte euch nicht gewarnt.«

Sie blickte sich um. »Kommen wir nun zum eigentlichen Grund unseres Treffens. Was haben wir herausgefunden? Wer mag den Anfang machen?«

Mathilde reckte die Hand in die Höhe. Sie war gestylt wie für ein Fotoshooting: weit schwingendes, rosa Petticoat-Kleid mit roten Erdbeeren drauf, pinkfarbene Pumps und eine rosa Schleife im Haar.

»Also gut, Mathilde, fang an. Toll siehst du übrigens aus«, sagte Johanna.

»Sag das einmal meinem Gerhard. Er behauptet, in diesem Outfit erinnere ich ihn an Miss Piggy.« Sie verzog das Gesicht. Dass der Gerhard Mathildes Liebe für farbenfrohe Mode im Stil der 1950er nicht teilte, war bekannt.

»Der Gerhard ist ein Banause, und jetzt erzähl uns, was du herausgefunden hast«, tröstete Vera sie.

»Also.« Mathilde holte Luft. »Die Bauers und die Putz haben Frauen getauscht, oder Männer. Je nachdem, von welcher Seite du es betrachtest. Angefangen hat es im Swingerklub *Corona* in Graz.«

»Es gibt einen Swingerklub, der *Corona* heißt?«, fragte Betty verblüfft.

»Ja, und da hat das mit dem Partnertausch begonnen.«

»Und wer hat sie dort gesehen? Du etwa?«, fragte Isabella.

»Bist g'scheit? Natürlich nicht!« Mathildes Gesicht überzog sich mit einer pinkfarbenen Röte. »Da sind nur grausliche Leute in billigen Dessous. Alte Männer, wo unter dem Bademantel Spindelbeine mit Krampfadern rausschauen, und das All-you-can-eat-Büfett kann auch nichts.«

»Na, du bist ja gut informiert!«

»Hat man mir erzählt!«, verteidigte sich Mathilde. »Auf jeden Fall ist am nächsten Tag die Frau Putz zum Herrn Bauer gezogen. Und die Frau Bauer zum Herrn Putz. Dabei sind die nur eine Thujenhecke voneinander getrennt. Aber wennst Thujen pflanzt, hast sowieso die Kontrolle über dein Leben verloren.«

»Und was hat das mit unserem Fall zu tun?«, fragte Vera.

»Na nichts, aber ich dachte, ich erzähl euch das trotzdem.«

Vera brach in Gelächter aus.

»Hat noch jemand einen ähnlich wertvollen Beitrag?«, fragte Betty sarkastisch. »Vielleicht eine Nachbarin, die heimlich als Domina arbeitet?« Sie spielte auf eine Story an, die Mathilde letzte Woche erzählt hatte.

»Hey, du bist gemein. Die G'schicht ist echt wahr. Bei der loussn si die Mauna haun. Sogar dei vo gaunz obn.*«

Vor lauter Aufregung verfiel Mathilde in Dialekt.

»Ich habe eine Neuigkeit«, mischte sich Vera ein. »Marlies hat sie mir erzählt. Allerdings vertraulich. Sie haben Alex' Handy doch gefunden. Nach dem Festival wurden insgesamt acht Mobiltelefone gefunden, die alle erst ausgewertet werden mussten. Alex' Handy war dabei.«

»Und wo wurde es gefunden?«, fragte Eva.

»In der Pinka, kurz vor dem Wehr.« Vera blickte zu Betty. »Aber das sagt noch nichts aus.«

»Natürlich nicht«, sagte Betty gefasst.

»Ich hab auch etwas herausbekommen«, sagte Eva. »Finz hat ja am Festival die Komposttoiletten aufstellen lassen. Er hat sich ein bisschen mit den Veranstaltern angefreundet. Die sind natürlich am Boden zerstört. Ein Toter unweit des Festivals. Das ist schon schlimm genug.« Sie machte eine Pause. »Aber dann wurde auch noch Alex'

* Bei der lassen sich die Männer schlagen. Sogar die von ganz oben.

Gitarre aus dem Tourbus gestohlen. Und zwar kurz nach dem Mord an Bernd Biela. Und das versteht nun wirklich niemand, denn der Backstagebereich ist von den Securitys gut bewacht. Da kann man nicht so einfach reinspazieren.«

»Kann es nicht sein, dass einer der Mitarbeiter ein glühender Fan ist und die Gitarre an sich genommen hat?«

Eva schüttelte den Kopf. »Die Leute, die dort arbeiten, machen das schon seit Jahren. Die sind komplett vertrauenswürdig. Finz hat sich mit einer Claudia unterhalten, die beim *picture on* für die Künstlerbetreuung zuständig ist. Der ist auch niemand Verdächtiger aufgefallen. Es waren halt die üblichen Selfie- und Autogrammjäger, die außerhalb des Backstagebereichs abhängen, in der Hoffnung, einen Blick auf ihr Idol zu erhaschen.«

»Es gibt noch Autogrammjäger?«, wunderte sich Isabella.

»Absolut. Manche drucken riesige Hochglanzposter von ihren Idolen aus und wollen diese signiert haben. Es gibt einen Markt für alles«, führte Eva aus. »Claudia sagt, die meisten von denen, die vor und nach dem Gig vor dem Backstagebereich rumhängen, kennt sie schon. Viele sind richtig schrullig. So schräge Nerdtypen. Diesmal war auch einer dabei, der anfangs ganz normal gewirkt hat. Aber dann hat er sich doch als komisch geoutet.«

»Wie das?«

»Er hat ihren Nacken befummelt.«

»What the fuck?« Mathilde riss die Augen auf.

»Er hat gesagt, ihr Etikett steht raus und dass er es gerichtet hat. Aber die Claudia hatte kein Etikett. Sie schneidet die Etiketten immer raus, weil sie die kratzen.«

»Das klingt jetzt wirklich crazy. Aber man sagt ja immer, es gibt keine Zufälle, mir ist das auch passiert«, sagte Betty.

»Mir auch«, echote Vera.

»Was soll das heißen? Euch ist das auch passiert? Kennt ihr den Typen?« Isabella konnte es gar nicht fassen. »Wer ist das, wie heißt er?«

»Wie er heißt, weiß ich nicht, aber als ich in der Nacht, in der Bernd gestorben ist, aufs Klo gegangen bin, hat ein Typ auf dem Rückweg zum Zelt meinen Hals befummelt. Mit einer ähnlich lahmen Ausrede. Er war circa einen halben Kopf größer als ich, hatte etwas längere Haare und ein Tribal Tattoo. Er war auch auf dem Konzert von Alex. Er ist neben mir gestanden und hat ein paar Worte mit mir gewechselt.«

Eva schaute zweifelnd. »Da waren Tausende Leute, und dann soll das derselbe Typ sein?«

»Finz soll diese Claudia anrufen. Er soll rauskriegen, wie der Fan, der diese Claudia angegrabscht hat, ausgesehen hat.«

Eva nickte und tippte eine Nachricht in ihr Handy.

»Auf den Kerl, der mich befummelt hat, könnte die Beschreibung passen«, sagte Betty. »Es ist schon ein paar Wochen her. Wir haben ein junges Mädchen für die Beerdigung hergerichtet, Denise Csmarits. Die Eltern wollten den Freund nicht auf die Parte schreiben. Der ist dann einen Tag vor dem Begräbnis aufgetaucht, um privat Abschied zu nehmen. Und dann ist er mir auch mit dem Schmäh mit dem raushängenden Etikett gekommen.«

»Echt jetzt?« Mathilde stand vor Überraschung der

Mund offen. Ans Beschriften der Marmeladen dachte schon längst niemand mehr.

»Und wie hat der ausgesehen?«

»Genau so, wie du gesagt hast. Groß, lange dunkle Haare. Ob er ein Tattoo hatte, kann ich nicht sagen. Er hatte was Langärmliges an. Und da war noch was …«

»Noch was?« Vera sah Betty forschend an.

»Er hat mich gebeten, einen Brief in den Sarg zu legen. Und dann hat er noch ein Erinnerungsfoto gemacht, von sich und dem Sarg. Es war seltsam.«

»Und hast du es getan?«, fragte Mathilde.

»Den Brief in den Sarg gegeben? Natürlich. Das kommt oft vor. Dass die Hinterbliebenen mich um so etwas bitten. Liebesbriefe, Stofftiere, Schmuck. Ist alles schon vorgekommen.«

»Ich würd so gerne wissen, was in dem Brief steht«, sagte Mathilde.

»Die ganze Sache ist dann noch seltsamer geworden.« Betty rieb ihre Fingerknöchel aneinander. »Beim Begräbnis ist nämlich ein anderer junger Mann aufgetaucht, der auch behauptet hat, er wäre der Freund von Denise.«

»Vielleicht ist sie zweigleisig gefahren?« Mathilde sah Betty fragend an.

»Vielleicht? Aber was hat das mit Alex und Bernd zu tun?« Betty dachte nach.

»Das wissen wir noch nicht, aber wir werden es herausfinden«, sagte Eva kämpferisch.

»Da ist eine Nachricht vom Finz«, jubelte sie. »Bingo. Die Claudia hat gesagt, der Fan hätte halblange dunkle Haare und ein Tattoo gehabt.«

»Die Beschreibung trifft auf jeden fünften *picture-on*-Besucher zu«, dämpfte Johanna Evas Begeisterung.

»Aber die Sache mit dem Etikett? Das muss so ein Tick von diesem Typen sein«, widersprach Eva. »Und es ist schon seltsam, dass ein Mann, der bekennender Fan von Alex Woods ist, erst im Backstagebereich herumhängt und sich dann mitten in der Nacht in unmittelbarer Nähe des Tatortes herumtreibt, kurz bevor sie verschwindet.«

»Da war auch ein weißer Lieferwagen. Ich glaube, der hat ihm gehört. Zumindest ist er in Richtung Lieferwagen gegangen«, erinnerte sich Vera. »Am nächsten Morgen war der nicht mehr da.«

»Na bitte. Es wird immer besser.« Eva klatschte in die Hände. »Vermutlich hat er Alex entführt und in seinem Lieferwagen weggebracht. Und ihr Handy hat er in die Pinka geworfen, damit man sie nicht orten kann. Wir rufen jetzt Marlies an. Wir haben einen Verdächtigen. Und wie der verdächtig ist. Los, Vera, ruf an.«

Vera wählte Marlies' Nummer und drückte auf Lautsprecher. In aufgeregten Worten schilderte sie der Polizeibeamtin die Theorien des Gartenklubs.

Diese hörte sich die Erläuterungen an, gab ab und zu ein leises »Hmmm« von sich und reagierte keineswegs so euphorisch, wie die Gartenrunde erwartet hatte.

»Tut mir leid, Vera, aber die Fakten sind einfach nicht ausreichend. Männer, auf die diese Beschreibung zutrifft, gibt es auf einem Rockfestival wie Sand am Meer, und nur weil jemand sagt, dein Schlafsack hängt im Dreck, macht ihn das nicht zum Mörder.«

»Aber er war in der Nähe des Tatortes!«, widersprach Vera.

»So wie auch du und 100 andere.«

Vera war fassungslos. »Das heißt, ihr tut gar nichts?«

Marlies seufzte. »Wir werden mit den Eltern des toten Mädchens reden und den Mann ausforschen und überprüfen.«

»Das ist alles?«

»Herrgott, was sollen wir denn sonst tun?«

»Ihr könntet das Grab öffnen und den Brief sicherstellen. Ein handschriftliches Gutachten einholen. Die Fingerabdrücke auf dem Brief mit denen am Tatort vergleichen. Was man halt so tut bei der Kripo.«

»Vera, bitte!« Marlies war jetzt gekränkt und genervt zugleich. »Wir sind nicht bei CSI Miami. Wir sind in Oberwart. Die Beweislage ist viel zu dünn. Kein Staatsanwalt wird aufgrund dieser Faktenlage die Öffnung eines Grabes anordnen.«

Vera merkte an Marlies' säuerlichem Ton, dass sie zu weit gegangen war.

»Okay, wir wollten ja nur helfen«, sagte sie versöhnlich.

»Haltet weiterhin Augen und Ohren offen, aber ansonsten haltet euch bitte aus dem Fall raus. Keine Alleingänge!«

»Natürlich nicht«, sagte Vera, verabschiedete sich und beendete den Anruf.

»Keine Alleingänge. Natürlich nicht!«, äffte Mathilde die Konversation nach. »Natürlich machen wir einen Alleingang. Das sind wir Betty schuldig. Wenn die Polizei schon nichts macht, dann müssen wir was machen.«

Betty nickte dankbar.

»Was machen?« Johanna sah Mathilde fragend an.

»Wir werden das Grab öffnen.« Mathilde blickte sich strahlend um.

»Wir werden *was*?« Betty stand der Mund offen.

»Das Grab öffnen und den Brief bergen.« Mathilde stand auf und strich sich über die Hüften. »Mir graust ja vor so halb verwesten Leichen. Aber du als Totengräberin kommst wohl damit klar.«

»Man kann nicht so einfach ein Grab öffnen. Mit Schaufeln dauert das ewig. Erinnert euch an das Trichterbeet«, wandte Vera ein. »Wie mühsam das war.«

»Finz hat einen kleinen Bagger«, sagte Eva.

»Außerdem fällt das ja auf, wenn wir am Friedhof ein Grab öffnen.«

»Nicht, wenn wir als Gartenklub einen offiziellen Auftrag zur Bepflanzung des Grabes bekommen«, überlegte Mathilde.

»Und wer soll uns diesen Auftrag erteilen?« Johanna runzelte die Stirn.

»Natürlich die Eltern des Mädchens. Wir brauchen nur noch jemanden, der den Eltern das verklickert. Jemanden, der überzeugend ist. Jemanden, dem man nichts abschlagen kann. Eine Person, die immer ihren Willen durchsetzt …« Eva blickte zu Vera. »Es hilft alles nichts. Wir brauchen deine Mutter.«

IV. NIMM ZU

Öl gemischt mit Sauerrahm fließt über mein Kinn und tropft auf mein T-Shirt und auf meine Jogginghose. Mein Magen fühlt sich an, als würde er gleich platzen. Ich habe nicht einmal den halben Langos mit Sauerrahm und Käse geschafft. Dieser Geruch nach fettgebackenem Germteig und Knoblauch wird mich noch tagelang verfolgen, nicht nur, weil man hier nicht lüften kann.

Mir gegenüber sitzt der Fan in einem T-Shirt, auf dem ein Adler seine Flügel spannt. Die Augen des Adlers fixieren mich. Der Mann leckt sich über die Lippen. Auf seinem Teller liegt ebenfalls ein Langos, aber er rührt sein Essen nicht einmal an.

Mir ist übel. Ich ersticke buchstäblich am Essen und denke mir, dass ich für mein Leben lang genug von der ungarischen Küche habe.

»Du magst es, einer Frau beim Essen zuzusehen?«, frage ich, während ich ein weiteres knoblauchöltriefendes Stück Germteig herunterwürge. Ich weiß, wenn ich nicht esse, bekommt er schlechte Laune, und schlechte Laune ist gefährlich für mich.

Seine Zungenspitze taucht zwischen seinen Lippen auf. Rosa und fleischig.

»Ich liebe es. Es ist so ästhetisch«, sagt er. »Du musst zunehmen. Du bist zu dünn. Ich fand immer schon, dass du zu dünn bist.«

»Ich bin genau richtig«, protestiere ich, aber ganz sicher bin ich mir nicht mehr. Er hat die Größenangaben aus meinen Kleidern geschnitten.

»Ich mag es, wenn eine Frau mich dominiert«, sagt er. »Ich bin ein Verehrer der Korpulenz. Ich wünschte, eine richtig fette Rubensfrau würde sich auf mich setzen und mich mit ihrem Busen und ihrem Bauch erdrücken.«

Meine Situation ist viel beschissener, als ich dachte.

KAPITEL 28 _ DER TUT NICHTS

Auch Hunde kennen Neid. Wissenschaftler haben jeweils zwei Hunde für die Erledigung diverser Aufgaben ungleich belohnt. Schon nach einigen Versuchen mit ungerechter Belohnung verweigerten die benachteiligten Hunde die Mitarbeit und zeigten sich aufgrund der unfairen Behandlung verstimmt und frustriert.

»Fuß!«, brüllte Hilda und zerrte an der Leine von Herrn Schröder. Der Hund zuckte zusammen und duckte sich. So eine Dominanz war er nicht gewöhnt. Letta und Vera ließen ihm ziemlich viel durchgehen.

»Herrschaft noch einmal. Gehst jetzt links oder rechts?«, herrschte Hilda den Rüden an, als dieser drei Sekunden später schon wieder vor ihren Beinen hin und her sprang.

Sie packte den Hund am Halsband.

Herr Schröder guckte schuldbewusst.

»Weißt was, da vorne ist der Park. Da kannst rennen«, sagte Hilda, zog den Hund Richtung Parkeingang und ließ ihn von der Leine.

Herr Schröder, hocherfreut über die plötzliche Freiheit, stob davon und nahm sofort die Witterung eines Eichhörnchens auf. Davon gab es im Kurpark von Bad Tatzmannsdorf genügend.

»Hunde müssen hier an die Leine«, sagte eine Passantin, die die Szene beobachtet hatte, kopfschüttelnd. Ihr Dialekt verriet, dass sie aus Wien kam. Ein Kurgast, dachte Hilda grimmig. Als ob die hier was zu melden hätte.

»Regen Sie sich nicht so auf, sonst bekommen Sie noch einen Herzinfarkt. Dann war die ganze Kur umsonst«, schimpfte Hilda und ging weiter.

Der Dame blieb der Mund offen stehen. Aber Hilda sah das gar nicht mehr. Sie war schon weitergestapft. Sie war auf einer wichtigen Mission.

Vera hatte ihr Fotos von Frau Csmarits gezeigt. Zum Glück hatte der »Burgenländische Bote« mittlerweile ein digitales Archiv. Es war ein Leichtes gewesen, ein Foto ausfindig zu machen, das Frau Csmarits beim Jägerball zeigte, wo sie einen Tombolapreis gewonnen hatte.

Vera hatte außerdem recherchiert, dass Frau Csmarits den Hund ihrer Tochter geerbt hatte und diesen nun regelmäßig äußerln führte. Frau Csmarits lebte in Jormannsdorf, einem Ortsteil von Bad Tatzmannsdorf, und zum Spazierengehen bot der Kurort eine Menge Gelegenheiten.

»So viele sind das auch nicht«, hatte Hilda entgegnet, die wie immer bestens informiert war.

»Die meisten gehen am späten Nachmittag mit ihren Hunden spazieren. Nach der ›Karlich Show‹, aber vor ›Studio 2‹. Die gehen dann entweder unterhalb vom Golfplatz Gassi, auf der Batthyany-Allee beim Freilichtmuseum oder im Kurpark. Und im Kurpark ist es jetzt im Sommer am angenehmsten. Weil da ist der meiste Schatten. Man muss nur logisch denken.«

»Die Frau Csmarits könnte aber auch in den Wald gehen. Da ist auch Schatten«, hatte Vera widersprochen.

»In den Wald? Geh bitt di gar schön! Ein Burgenländer geht nur zum Arbeiten in den Wald. Nicht zum Vergnügen. Die ist sicher im Park. Jeder, der sein Hirn einschaltet, würd dort hingehen.«

Frau Csmarits hatte offenbar ihr Hirn eingeschaltet. Herr Schröder entdeckte sie im Park, oder besser gesagt entdeckte er den Butzi. Herr Schröder hatte eine Schwäche für kleine Hunde, die wie Katzen aussahen. Er rannte laut bellend auf das Fellknäuel zu. Der Pomeranian erstarrte und begann, laut zu kläffen und seine winzigen Zähne zu blecken.

Frau Csmarits sah den um vieles größeren Rüden auf den Butzi zustürmen und hob diesen hoch. »Pfui, geh weg!«, schrie sie angsterfüllt.

»Der tut nix. Der will nur spielen!«, rief Hilda ihr zu.

Frau Csmarits sah sie ängstlich und zweifelnd an.

»Entschuldigen Sie bitte. Wir wollten Sie nicht erschrecken. Das ist der Hund meiner Tochter, die hat ihn nicht gescheit erzogen«, erklärte Hilda und packte Herrn Schröder am Halsband.

»Er ist wirklich harmlos. Er kennt auch Hühner und Katzen«, sagte sie beschwichtigend. »Und er liebt kleine Hunde.«

Frau Csmarits setzte den Butzi wieder auf den Boden, und die beiden Tiere stoben davon und begannen wild kläffend auf der Wiese vor dem Springbrunnen im Kreis zu laufen. Ab und zu schlug Butzi einen Haken, und Herr Schröder überschlug sich dann bei den Versuchen, es ihm gleichzutun, rollte über den Rasen, sprang wieder auf, schüttelte sich und begann das Spiel von Neuem.

»Ein Spitz?«, fragte Hilda und zeigte auf den Butzi.

»Ein Pomeranian«, erklärte Frau Csmarits. »Die haben ja wirklich einen Spaß, die beiden. Wissen Sie, der Butzi war in letzter Zeit direkt depressiv, aber heute blüht er richtig auf.«

»He, Sie beide da. Sie müssen die Hunde an die Leine nehmen!«, rief ein Mann, der vorbeikam.

»Nehmen Sie Ihre Kinder an die Leine?«, wollte Hilda wissen.

Der Mann sah sie verwirrt an.

»Na eben. Und für uns sind die Hunde wie Kinder.«

»Das sind aber keine Kinder, das sind Hunde. Die könnten wen beißen«, widersprach der Mann.

»Mein Hund hat schon gefrühstückt«, konterte Hilda.

»Und meiner beißt nicht, der schluckt im Ganzen«, sagte Frau Csmarits. Sie hatte sich heute auch schon einiges anhören müssen, weil der Butzi nicht an der Leine ging. Und Hildas resolute Art hatte sie mutig gemacht. Der Mann zeigte den beiden Frauen den Vogel und entfernte sich dann schimpfend.

Hilda musste lachen. »Na, dem haben wir es aber gegeben. Man darf sich im Leben nichts gefallen lassen«, sagte Hilda. Sie deutete auf eine Parkbank, die im Schatten stand. »Wollen wir uns da hinsetzen?«

»Je mehr Leute ich treffe, desto mehr mag ich Hunde«, sagte Frau Csmarits.

Nach 30 Minuten Small Talk über das Wetter, die Hunde und die Kurgäste kamen die beiden Frauen zum Wesentlichen.

Hilda Horvath erzählte, dass sie Witwe war und eine Tochter hatte, die mit Mitte 40 noch immer ledig war. »Es heißt ja immer, jeder Topf findet seinen Deckel. Aber die Deckel, die du bei uns in der Gegend findest, sind entweder alt, angeschlagen oder nix wert.«

Frau Csmarits nickte verständnisvoll. »Meine Denise hatte auch kein gutes Händchen mit den Männern«, seufzte sie und tupfte sich mit dem Mittelfinger eine Träne aus dem Augenwinkel. »Sie war ein Fischerl im Sternzeichen. Eine richtige Träumerin. Sie hat die schlechten Seiten der Menschen nicht sehen wollen.«

»War?«, fragte Hilda und legte ihr ganzes Mitgefühl in dieses eine Wort.

»Sie ist an einem Herzinfarkt gestorben«, sagte die Frau Csmarits. »Es ist alles noch so frisch, ich kann es gar nicht glauben, dass sie nicht mehr da ist. Ich weine die ganze Zeit.«

»Das ist doch ganz natürlich. Vor mir müssen Sie sich nicht z'sammreißen. Das dürfte der liebe Gott nicht zulassen, dass das eigene Kind vor einem geht.« Hilda holte aus ihrer Handtasche ein Päckchen Taschentücher. »Hier, nehmen Sie.«

Frau Csmarits schnäuzte sich geräuschvoll die Nase. »Entschuldigen Sie bitte. Ich will Sie nicht mit meinen Problemen belasten. Aber es ist so schwer. Mein Mann, er kann gar nicht darüber reden. Wie ein Roboter ist er, seit das mit der Denise passiert ist. Er will halt stark sein, auch für unsere Söhne. Die vermissen ihre Schwester, auch wenn sie schon groß sind.«

Butzi, der vom Spielen müde geworden war, kam zu Frau Csmarits gelaufen. Diese hob ihn hoch, küsste ihn und verbarg ihr Gesicht in seinem Fell. »Der Butzi ist alles, was mir von ihr geblieben ist.«

»Jetzt haben S' auch noch eine Hundefreundin«, sagte Hilda. »Ich muss jetzt weiter, aber ich bin morgen um dieselbe Uhrzeit wieder da. Der Butzi freut sich sicher auch, wenn er wieder mit unserem Herrn Schröder spielen kann.«

Frau Csmarits hob den Blick.

»Ja, das würde ihm gefallen.«

»Bis morgen dann«, sagte Hilda und empfahl sich.

»Bis morgen«, sagte Frau Csmarits und winkte ihrer neuen Hundefreundin nach.

Hilda wusste, dass es mehr Erfolg versprach, die Mission in Teiletappen zu absolvieren. Sie musste das Vertrauen von Frau Csmarits erlangen, und dafür hatte sie einen Plan, für dessen Erfüllung sie sich eine Woche gab. Vertrauen, das wusste Hilda, gewinnt man, indem man Informationen austauscht. Man gibt etwas von sich preis und bekommt dafür etwas vom anderen. Der Informationsaustausch der beiden gestaltete sich folgendermaßen:

Am nächsten Tag erzählte Hilda der Frau Csmarits, dass ihre Tochter ein lediges Kind hatte: die Letta, die früher in der Schule gemobbt worden war, weil sie wegen ihres brasilianischen Vaters eine dunklere Hautfarbe hatte. Frau Csmarits erzählte im Gegenzug, dass die Denise immer wegen ihres Gewichts gemobbt worden war. »Sie war schon als Baby rundlich«, erzählte sie. »Wir haben gedacht, das wächst sich schon aus. Sie hat halt immer gerne genascht.«

Am dritten Tag gab Hilda, natürlich ohne Namen zu nennen, Details zu Lettas Vater preis. Ein südamerikanischer Fotograf sei das gewesen, der ihre Tochter hochschwanger sitzen gelassen hätte. Frau Csmarits erzählte im Gegenzug von Denises Pech bei Männern. »Als Teenager war sie meist unglücklich verliebt. Und als sie dann endlich einen Freund hatte …«

Gerade als die Geschichte spannend wurde, sprang der Butzi in ein Maulwurfsloch und verrenkte sich die Kniescheibe. Die lockere Kniescheibe war seine Schwachstelle, wie Hilda erfuhr.

Am vierten Tag kam Frau Csmarits mit einem humpelnden Butzi, und das Gespräch wurde ob Butzis schwacher Kniescheibe statt im Park in der Konditorei *Kaplan* fortgesetzt. Bei Kardinalschnitten und Melange erfuhr Hilda, dass der erste Freund von der Denise, der Hubsi, zwar ein bisschen langweilig, aber ein guter Lotsch gewesen war. Nach nur einem halben Jahr hatte die Denise den guten Lotsch wegen eines Typen verlassen, der den Csmarits von Anfang an nicht sympathisch gewesen war. »Er war viel älter als sie und total besitzergreifend. Ein richtiger Kontroletti.« Es hatte dann einen Streit gegeben, bei dem die Denise erklärt hätte, dass sie erwachsen sei und selbst über ihr Leben entscheiden würde. Sie war mit Sack und Pack zu ihrem neuen Freund gezogen und hatte quasi mit der Familie gebrochen.

Am fünften Tag erzählte Hilda von Veras letztem Freund, den sie als windigen Wirten bezeichnete, und hoffte, im Gegenzug mehr Infos zu Denises Beziehungsleben mit dem Kontroletti zu erfahren. Aber Frau Csmarits schien selbst kaum etwas über den Mann zu wissen, der ihre Tochter monatelang von ihnen ferngehalten hatte.

»Nicht einmal seinen echten Namen haben wir gekannt. Er hat uns gesagt, er heißt Carlo. Carlo. Dabei war das nur ein Spitzname, oder besser gesagt, der Name von einem Rapper, der ihm gefiel. Ich fand den übergriffig. Ständig hat der alle Leute angetatscht*. Die Denise war ihm richtig hörig, und als sie dann nach drei Monaten endlich wieder bei uns angeläutet hat, haben wir uns geschreckt.« Sie machte eine Pause. »Man weiß ja, dass man in Beziehungen ein bisserl zulegt, weil man so viel daheim ist, gemeinsam kocht und nur mehr vor dem Fernseher liegt und Chips isst. Aber die Denise«, sie holte tief Luft, »die Denise hat über 30 Kilo zugenommen. In drei Monaten.«

Am sechsten Tag konnte Hilda nicht in den Kurpark kommen, weil sie Probe für den Kirchenchor hatte. Nie hätte sie eine Probe verpasst, außerdem glaubte sie an die Devise: Willst du was gelten, mach dich selten.

Am siebenten Tag trafen sich die beiden Frauen an Denises Grab in Jormannsdorf. Hilda hatte es vorgeschlagen, und Frau Csmarits hatte sofort eingewilligt. »Es tut mir so leid, dass es hier so ausschaut«, hatte Frau Csmarits beschämt angemerkt, weil eine uralte Fichte in der sommerlichen Hitze Nadeln gelassen hatte, die nun das frische Grab bedeckten. Hilda winkte ab. »I bitt Sie gar schön, der Natur kommt man kaum mehr hinterher.«

Frau Csmarits schleppte eine Plastikgießkanne heran und wässerte die Blumen, die bereits die Köpfe hängen ließen. »Ich hab leider keinen grünen Daumen«, sagte sie.

---

* berührt

»Dabei will ich doch, dass es die Denise schön hat.« Hildas großer Moment war gekommen. »Wissen Sie was«, sagte sie, »ich hab eine Idee. Meine Tochter ist doch in einem Gartenklub. Ich werde mit ihr reden. Die sollen sich da eine Lösung einfallen lassen.«

»Ich weiß nicht …« Frau Csmarits wirkte unschlüssig. »Das ist doch sicher schrecklich teuer.«

Hilda winkte ab. »Teuer? Geh wo. Die ziehen alle Pflanzen selber. Die bepflanzen Ihnen das Grab um kein Geld. Dafür sorg ich.« Ihre Stimme nahm einen schmeichelnden Unterton an.

»Die Denise soll es doch schön haben«, sie lächelte listig, bevor sie die nächste Trumpfkarte zog, »und was glauben Sie, wie die anderen hier in Jormannsdorf schauen werden, wenn die Denise das schönste Grab am ganzen Friedhof hat? Die Augen werden denen aus dem Kopf fallen.«

Frau Csmarits' verhärmtes Gesicht begann ein klitzekleines bisschen zu leuchten.

»Meinen Sie?«

»Und ob ich das meine«, sagte Hilda triumphierend. »So mach ma das. Der Gartenklub wird sich darum kümmern, und Sie kriegen eine Grabbepflanzung, bei der die Jalouhexen* im Ort vor Neid zerspringen.«

Die Mission war erfüllt, und wie immer hatte Hilda die richtigen Worte gefunden.

---

* Frauen, die hinter ihren Jalousien unbemerkt am Fenster stehen, um andere heimlich zu beobachten.

KAPITEL 29 _ JOHANNA PLANT EINE GRABBEPFLANZUNG

Rehe sind Stammgäste auf vielen Friedhöfen: Sie vernaschen mit Vorliebe frische Rosenblätter, finden aber auch getrocknete Kranz-Beeren schmackhaft. Es soll helfen, Blüten und Beeren mit Buttermilch zu bestreichen.

Frau Csmarits war erleichtert, als sie den Hofladen von Johanna betrat. Sie hatte Angst gehabt, dass dieser Gartenklub, von dem ihr ihre neue Hundefreundin vorgeschwärmt hatte, so ein alternativer Hexenzirkel war. Es gab in ihrer Nachbarschaft eine Frau, die sich selber als Hexe bezeichnete. Eine Zuagroaste mit lila Dreadlocks, die in ihrem Garten überall Klangspiele aufgehängt hatte. Dieses Gebimmel und Geklingel war nicht auszuhalten. Nie war eine Ruhe. Von einer solchen hätte sich die Frau Csmarits das Grab der Denise nicht neu bepflanzen lassen wollen. Aber die Eigentümerin des Hofladens, die ihr die Frau Horvath präsentierte, schien vertrauenswürdig. Das Lächeln in dem freundlichen runden Gesicht strahlte Ruhe und Kompetenz aus. Auch der Händedruck fühlte sich gut an. Kräftige Hände mit kurz geschnittenen Fingernägeln und Schwielen an den richtigen Stellen. Das waren Hände, die zupackten. Frau Csmarits war beruhigt.

Sie blickte sich um. Holzregale mit buntem Emaillegeschirr und pastellfarbenen Leinenservietten. Eine Kommode mit duftenden Seifen und handgerührter Naturkosmetik. Daneben ein alter Apothekerschrank mit Salben und Tinkturen. Vis-à-vis ein Kühlschrank mit Milchprodukten und Aufstrichen in Gläsern. Auf der Budel* etwas erhöht hinter Glas befand sich ein viereckiger Korb voller knuspriger Brotlaibe. Davor am Boden standen Kisten mit Zwiebelzöpfen, Tomaten und Gurken.

Johanna stand hinter der Budel und war soeben dabei, einen Marillenfleck aufzuschneiden. Der vanillesüße Geruch von flaumigem Rührteig hing in der Luft.

»Sie sind auch Nahversorgerin«, stellte Frau Csmarits erfreut fest. »Das ist gut, ich denk mir immer, was machen die armen alten Leute am Dorf, die kein Auto haben, um zu den Supermärkten an die Peripherie rauszufahren?«

»Nahversorgerin und bald auch Kaffeehausbesitzerin«, ergänzte Hilda stolz, als wäre das ihr Verdienst. Johannas Augen leuchteten. »Das stimmt. In zwei Wochen eröffnen wir unser Gartencafé, das *Bliamal*, aber jetzt können S' natürlich auch schon einen Kaffee haben. Wenn Sie möchten.« Sie wertete das begeisterte Nicken als Zustimmung und ging zur Kaffeemaschine. Dort bereitete sie drei Häferlkaffee zu und brachte diese zu einem kleinen Tisch, der bereits mit blau-weißen Tellern und Servietten gedeckt war. In einem großen, blauen Tonkrug steckten Zweige mit bauschigen, weißen Hortensienblüten.

* Theke

»So eine tüchtige Frau. Ein Geschäft und ein Café. Und da haben Sie noch Zeit, Gräber zu bepflanzen?« Frau Csmarits hatte eine Stimme, die immer etwas leicht Zweifelndes, Verzagtes hatte.

Johanna schob ein Stück Kuchen auf den Teller der Frau und lächelte sie an. »Wissen Sie, ich leite einen Gartenklub. Und eines der Themen, die wir als Nächstes behandeln wollen, ist Grabgärtnerei. Insofern würden wir uns freuen, wenn wir Denises Grab neu bepflanzen dürften.« Sie sah zu Hilda. »Die Frau Horvath hat mir erzählt, Sie haben Ihre Tochter verloren. Mein aufrichtiges Beileid.«

Frau Csmarits nickte. Wie alle Hinterbliebenen hasste sie diese Floskel, aber sie hatte inzwischen gelernt, sie als unausweichlich hinzunehmen.

»Ich tu mir schwer mit der Grabpflege«, gab sie zu. »Es ist so extrem heiß. Auch wenn ich noch so oft zum Gießen rausfahre – alles vertrocknet.«

»Was haben Sie denn gepflanzt?«, fragte Johanna.

»Ich hab vergessen, wie die Blumen alle heißen, aber ich habe ein Foto mitgebracht.« Frau Csmarits kramte in ihrer Handtasche. »Hier.«

Das Foto war auf einem Vierfarb-Drucker ausgedruckt, bei dem die blaue Tinte schon versiegt war. Die Farben auf dem Bild wirkten verfälscht und grell und leicht psychedelisch. Doch Johannas geschulter Blick erkannte sofort, was Sache war.

Sie nahm das Bild und betrachtete es aufmerksam.

Ihr Blick erinnerte an den einer Ärztin, die einen kranken Patienten untersucht.

»Ah, das dachte ich mir«, murmelte sie halblaut. »Hier

haben wir Eisbegonien. Das hier links Paprikablumen, der botanische Name ist *Salvia splendens,* Feuersalbei. Und das in der Mitte …«, der Finger landete im Zentrum des Fotos, »das sind diverse Fleißige Lieschen, auch Schöne Wienerinnen genannt. Die sind zwar blühfreudig, aber verblühen genauso schnell.« Sie setzte die Lesebrille auf, die an einer Kette um ihren Hals baumelte. »Und das da hinten, das sieht mir nach Männertreu aus. Lobelien, wie der Gärtner sagt.«

»Männertreu und Fleißige Lieschen – manche Friedhofsblumen haben in der Tat originelle Namen«, stellte Hilda fest.

»Und warum wächst das nicht?« Frau Csmarits wirkte verzagt. »Ich habe mir solche Mühe gegeben, dass die Denise es schön hat in ihrer letzten Ruhestätte, aber das Grab ist ein echter Schandfleck. Es sieht so verwahrlost aus.«

»Nun, diese Art der Grabbepflanzung ist das, was ich als No-Go bezeichnen würde.« Johanna seufzte. »Ich weiß, viele Leute pflanzen diese Blumen, aber das ist halt ein typischer Wechselflor.«

»Ein Wechselflor?« Frau Csmarits hatte dieses Wort noch nie gehört.

»Ja, ein Wechselflor. So nennt man Jahresblumen, die man dreimal im Jahr ausreißen muss, weil nichts davon von Dauer ist. Im Frühling und im Herbst kommen dann auch noch die Stiefmütterchen dazu und im Herbst die Erika. Aber das alles ist nicht von Bestand. Diese Arten müssen intensiv gegossen und geheindelt* werden.«

* geharkt

»Das ist nur was für Leute, die einen Grund brauchen, um auf den Friedhof zu gehen, damit sie Leute ausrichten* können«, befand Hilda. »So wie die alte Frau Hegedüs. Die pflanzt nur solche Wegwerfblumen.« Sie schnaubte entrüstet, nahm einen großen Schluck Kaffee und sprach dann weiter. »Also die Hegedüs. Die kommt immer am Vormittag und horcht alle gießenden Hausfrauen aus. Seitensprünge, Schwangerschaft, Hochzeit, Scheidung, Tod. Die Hegedüs weiß immer alles als Erste und tratscht alles weiter. Von wegen ›Host eh scho g'hert?**‹. Und wenn's regnet und keiner gießen kommt, ist die Hegedüs untröstlich. Der Friedhof, das ist ihr Social Media. Und wenn das wegfällt, das ist so, wie wenn bei mir das *Facebook* kaputt warat.« Hilda steckte sich ein Stück Kuchen in den Mund und verbrannte sich an der heißen Marille den Mund. Sie öffnete den Mund und wachelte sich Luft zu. Frau Csmarits nutzte die Gelegenheit, um das Wort zu ergreifen.

»Ich gehe nicht zum Tratschen auf den Friedhof, sondern, um meiner Tochter nahe zu sein. Und ich möchte, dass ihr Grab ein schöner, idyllischer und beschaulicher Ort ist.« Sie rückte ihren Sessel näher zur Johanna. »Was schlagen Sie vor?«

Johanna griff nach einer grünen Heftmappe aus Naturpapier, die sie vorbereitet hatte, und schlug die erste Seite auf. Sie deutete auf ein Bild, das eine pinkfarbene Blüte zeigte. »Ich bevorzuge *Geranium*, Storchschnabel, das ist eine Staude, die kommt jedes Jahr wieder und gedeiht

---

* über jemanden herziehen
** Hast du schon gehört?

auch an trockenen Orten. Das heißt, es muss nicht so oft gegossen werden. Wie gefällt Ihnen diese Sorte? *Geranium Sirak*. Das ist ein ganz besonderer Storchschnabel, selektiert von einem gewissen Doktor Hans Simon. Der blüht sehr lange, ist standfest und äußerst robust. Und die großen lilarosa Blüten sind auffallend geädert.«

»Ich mag die Farbe«, sagte Frau Csmarits. »Die Denise mochte Rosa und Pink auch immer so gerne. Ihr ganzes Mädchenzimmer war pink. Und dem Butzi hat sie auch immer pinkfarbene Leinen und Halsbänder gekauft.« Ihre Stimme wurde brüchig.

»Die Halsbänder vom Butzi sind sehr schön«, lobte Hilda. Sie war um Aufmunterung bemüht, bevor die Stimmung im Andenken an die tote Denise kippen konnte.

Johanna blätterte um und deutete auf ein anderes Bild. »Und als Bodendecker Thymian. Ich empfehle kriechenden Thymian oder Trittthymian.«

Sie überlegte. »Nein, noch besser. Wir nehmen *Coccineus*, den Scharlachroten Feld-Thymian.« Johannas Augen glitzerten schwärmerisch. »Und dazu Lavendel. Lavendel braucht kaum Zuwendung und kann auch längere Trockenperioden gut überstehen. Und die Symbolik ist auch passend. Lavendel steht traditionell für das Erinnern.«

Sie machte eine Pause. »Die Engländer nennen so eine Bepflanzung mit Duftkräutern *Scented Lawn,* duftenden Rasen.«

»Duftender Rasen. Das gefällt mir.« Die Augen blickten immer noch wehmütig. Aber es war das erste Mal, dass die Andeutung eines Lächelns Frau Csmarits' dünne Lippen umspielte.

Johanna schlug eine weitere Seite auf. »Und vielleicht als Farbtupfer noch dunkelrotblättrige *Heuchera*, sprich Purpurglöckchen. Das ist eine kleine, buschige Blattschmuckstaude mit außergewöhnlichen Blättern. Die haben eine wunderschöne Blattfärbung.« Sie rieb ihre Nase. »Ich weiß, wir nehmen die rotlaubige *Heuchera Creole Nights*.«

»Ein schöner Name«, sagte Hilda.

»Ich wähle meine Stauden oft wegen der Namen aus«, sagte Johanna.

»Ich denke, mit dieser Zusammenstellung haben wir eine harmonische Grabbepflanzung in Rosa, Lila und Dunkelrot. Dazu außergewöhnliche Blattformen. Und alles ist farbenfroh und pflegeleicht. Denn diese Stauden kommen jedes Jahr wieder. Und die Purpurglöckchen sind auch noch wintergrün.«

»Das klingt alles wunderbar.« Frau Csmarits tupfte sich die Augen ab. »Und es passt so gut zur Denise. Aber …« Ihre Stimme stockte. Der zweifelnde Unterton war wieder da.

»Wegen dem Geld machen Sie sich keine Sorgen«, redete Hilda ihrer neuen Freundin gut zu. »Die Johanna macht Ihnen einen guten Preis. Gell, Johanna?«

Die Chefin des *Klubs der Grünen Daumen* nickte.

»Nein, wegen des Geldes ist es nicht. Ich will das unbedingt. Es ist nur wegen der Leute.«

»Wegen der Leute?«, fragte Hilda.

»Nun ja. Wenn da lauter Wildfremde am Grab von der Denise herumschaffen. Wie schaut denn das aus? Das schaut so aus, als würden wir das selber nicht hinkriegen. Oder noch schlimmer: Es sieht so aus, als hätten wir keine Lust, uns selber um das Grab unserer einzigen Tochter zu kümmern.«

Hilda legte ihre Hand auf die Hand der Frau Csmarits. »Machen Sie sich keine Sorgen. Ich bin sicher, der Gartenklub kann das auch ganz diskret erledigen. Zum Beispiel in der Nacht, oder ganz zeitig in der Früh, bevor die Frau Hegedüs kommt. Gell, Johanna?«

Johanna nickte. »Der Friedhof in Jormannsdorf liegt ja auch etwas außerhalb vom Dorf. Machen Sie sich keine Sorgen. Wir werden wie die Heinzelmännchen auftauchen und wieder verschwinden.«

»Aber in der Nacht auf dem Friedhof? Ist das überhaupt erlaubt?« Frau Csmarits sah zweifelnd von einer zur anderen.

»Was nicht alles nicht erlaubt ist«, sagte Hilda. »Schaun Sie sich einmal an, was die Politiker alles machen, was nicht erlaubt ist.« Sie guckte bauernschlau. »Und die alte Hegedüs soll ja nichts mitkriegen, oder?«

»Auf gar keinen Fall!«

»Na, dann mach ma das so, heimlich, schnell und diskret wie die Heinzelmännchen. Und ich pass auf, dass keiner kommt«, sagte Hilda wichtig. »Und wenn wer kommt, dann erzähl ich dem schon was.«

KAPITEL 30 _ AUF DEM FRIEDHOF

Wenn Krähen Grabkerzen stehlen, um sich an dem Wachs zu laben, sind sie sehr intelligent und schnell. Sie in flagranti zu erwischen, ist beinahe unmöglich.

Hilda hatte den Polizisten schon im Rückspiegel kommen gesehen. Sie beschloss, ihn vorerst zu ignorieren, und blickte starr geradeaus in die dunkle Nacht, Richtung Jormannsdorfer Wald. Er trat näher, beugte sich zu ihr herunter, sah in das Wageninnere und klopfte dann an die Scheibe ihres Wagens. Hilda fuhr zusammen und betätigte dabei wie zufällig die Hupe. Ein blecherner Trötton erklang. Der Mann sprang einen Schritt zurück.

Hilda kurbelte die Fensterscheibe herunter und musterte den jungen Polizisten vorwurfsvoll von oben bis unten.

»Sie haben mich erschreckt, junger Mann!«, sagte sie streng. »Fast hätt ich wegen Ihnen einen Herzkasperl bekommen!«

Der junge Polizist sah sie überrascht an. Er hatte mit einem Betrunkenen gerechnet, der es nicht nach Hause geschafft hatte. Oder mit einem Liebespärchen, das irgendwelche Goth-Fantasien am Friedhof ausleben wollte, aber nicht mit einer alten Frau. Einer alten, sehr energischen Frau.

»Darf ich fragen, was Sie hier machen?« Die Gesichter der beiden sahen im Schein der Straßenlaterne bleich aus. Das lag an dem kalten Licht der neuen Lampen, früher hatten Straßenlaternen ein schmeichelnderes Licht verströmt.

Der junge Beamte fand die Frau in dem Wagen respekteinflößend. Sie hatte eine autoritäre Aura und erinnerte ihn an seine alte Klavierlehrerin, die immer grantig geworden war, wenn er nicht geübt hatte.

Hilda Horvath deutete mit dem Kinn Richtung Friedhof. »Mein Mann liegt da.«

»Ja, und?« Der Beamte schob verwirrt die Kappe nach hinten.

»Ich passe auf, dass er nicht wieder aufsteht.«

»Wie bitte?« Er war nicht sicher, ob er richtig gehört hatte.

»Das war ein Scherz. Habt ihr jungen Polizisten keinen Humor mehr?« Hilda schüttelte enttäuscht den Kopf. »Wo soll das alles hinführen, wenn keiner mehr einen Schmäh versteht?«

»Haben Sie etwas getrunken?« Er bemühte sich, seiner Stimme einen autoritären Klang zu geben.

»Ja, natürlich«, sagte Hilda.

»Sie geben zu, etwas getrunken zu haben?« Sein Mund klappte auf. Und dann wieder zu. Er war ein Frischg'fangter, erst seit drei Monaten bei der Polizei. So etwas hatte er noch nie erlebt. Er fühlte sich schwer überfordert.

»Natürlich gebe ich das zu«, sagte Hilda genervt. »In der Früh habe ich gleich nach dem Aufstehen ein Zitronenwasser getrunken. Das ist sehr gesund und hält schlank.

Ich geb aber immer etwas Honig hinein, sonst kann man das Zeug ja nicht trinken.« Sie schüttelte sich. »Dann, nach dem Turnen, habe ich einen Kaffee getrunken. Mit Milch aus dem Bauernladen. Da haben die Bauern nämlich mehr Gewinn, wenn man die Milch direkt im Bauernladen kauft und nicht im Supermarkt. Zum Mittagessen dann ein Sauerwasser und am Nachmittag …« Sie überlegte. »Am Nachmittag habe ich noch ein Leitungswasser getrunken, weil das Sauerwasser aus war.«

Der Uniformierte unterbrach sie. »Das tut alles nichts zur Sache. Ich hab Sie gefragt, ob Sie Alkohol getrunken haben.«

»Das haben Sie nicht«, sagte Hilda beleidigt. »Weil wenn Sie mich das gefragt hätten, hätte ich gleich Nein gesagt. Alkohol ist schlecht für meinen Blutdruck. Und für die Hirnzellen ist er auch schlecht. In jedem Alter. Weil bei jedem Rausch sterben Hirnzellen.« Sie sah den Beamten streng an. »Ich hoffe, Sie trinken nicht, junger Mann.«

Der junge Mann überlegte fieberhaft, was als Nächstes zu tun war. Er war schon auf dem Heimweg. Eigentlich gar nicht mehr im Dienst. Und deswegen auch alleine unterwegs. Die erfahrene Kollegin, mit der er sonst auf Streife war, hätte gewusst, was zu tun wäre. Sollte er jetzt einen Alkoholtest durchführen? Durfte er das überhaupt, wenn er allein und gar nicht mehr im Dienst war? Sollte er die diensthabenden Kollegen anrufen? Oder würden die ihn verspotten und in Folge noch mehr wie den dummen Anfänger behandeln?

Er war unschlüssig. Da hörte er plötzlich Geräusche. Waren das Stimmen? Im Friedhof? Jetzt? Sollte er nachsehen, ob da jemand war? Oder hatte er sich das nur eingebildet?

»Haben Sie das auch gehört?«, fragte er Hilda.

Diese schüttelte den Kopf. »Wenn Sie schon mitten in der Nacht hier herumstehen und Fragen stellen, dann können Sie mir auch helfen«, sagte Hilda. »Die Polizei ist ja dein Freund und Helfer. Zumindest war das früher so«, stellte sie fest.

»Wobei brauchen Sie denn Hilfe?«

»Mein Hund ist mir am Nachmittag hier ausgekommen. Eigentlich ist er der Hund meiner Tochter. Ein Rüde. Ein bisserl ungestüm ist er halt. Ich war am Nachmittag gießen und hab ihn deshalb am Eingang angeleint, und dann ist er wohl aus dem Halsband geschlüpft. Und jetzt findet er nicht heim, der Arme, und irrt hier irgendwo herum.«

»Und wie soll ich Ihnen helfen?«

»Sie können mir den Weg leuchten. Sie haben doch sicher eine Taschenlampe. Im Friedhof drinnen ist ja nichts beleuchtet. Nicht, dass ich noch hinfalle und mir was breche. Ich will nämlich auf keinen Fall ins Spital. Weil dort gibt's Krankenhauskeime. Wenn du dir die einfangst, bist so gut wie tot.«

Dem jungen Polizisten schwirrte bereits der Kopf. Seine Klavierlehrerin hatte entschieden weniger geredet. »Also gut«, sagte er, ging zum Auto zurück und holte seine Taschenlampe. Dann half er Hilda aus dem Wagen und leuchtete ihr den Weg Richtung Friedhof. »Wie heißt denn Ihr Hund?«

»Herr Schröder«, sagte Hilda. »Herr Schröder!«, brüllte sie. Und dann noch einmal lauter: »Herr Schröder!«

»Herr Schröder!«, rief der Polizist.

»Na, Sie müssen nicht schreien, weil Sie kennt er ja nicht, Sie müssen nur leuchten«, herrschte ihn Hilda an.

»Hörst du das?« Finz hörte mit dem Graben auf. »Dreht die Lampen ab. Da ist wer.« Er hatte die meiste Erde mit einem kleinen Bagger entfernt, aber wenn sie den Sarg nicht beschädigen wollten, mussten sie jetzt von Hand weitergraben. Sie, das waren Max, Finz, Eva und Betty, Vera und Tom. Tom war nicht von Anfang an Teil der Verschwörung gewesen. Aber Vera hatte sich dann doch dazu hinreißen lassen, ihn einzuweihen und um Hilfe zu bitten. »Viele Hände, rasches Ende«, hatte der Gartenklub einmal mehr befunden. Nur dass das Ende trotz stundenlanger Grabarbeit noch lange nicht in Sicht war. Und jetzt, um 1 Uhr Früh, hörten sie plötzlich Hilda, die eigentlich Schmiere stehen sollte, nach Herrn Schröder rufen.

»Herr Schröder, hier, Fuß. Sonst verhaftet dich die Polizei!«, rief Hilda, so laut sie konnte, während sie den jungen Polizisten absichtlich von der Gruppe weg zur anderen Ecke des Friedhofes führte.

Herr Schröder erkannte die Stimme von Veras Mutter und bellte erfreut. Hilda, das wusste er von den regelmäßigen Spaziergängen, war zwar resolut, hatte aber immer Hundekekse eingesteckt. Und manchmal sogar die getrockneten Schweinsohren, die Vera nicht kaufte, weil sie Flatulenzen förderten.

Vera hielt Herrn Schröder am Halsband fest. »Was soll ich tun?«, raunte sie Eva zu.

»Lass ihn los«, sagte diese.

»Ich soll ihn loslassen?«

»Ja. Lass ihn los.«

»Bist du sicher?«

»Ich weiß zwar auch nicht, was das soll, aber deine Mutter ist schlau. Wenn sie will, dass der Hund zu ihr kommt, dann lass ihn zu ihr.«

Vera ließ das Halsband aus.

Herr Schröder stürmte los. Keine Sekunde zu früh. Denn wenn Hilda und der Polizist noch eine Grabreihe nähergekommen wären, hätte der Strahl der Lampe vermutlich das geöffnete Grab erfasst und alles rundherum: den Erdhügel, den kleinen Bagger und die sechs Gestalten in Schutzanzügen, die sich hinter den umliegenden Gräbern mehr schlecht als recht verbargen.

»Ja, da ist er ja, der Herr Schröder!«, rief Hilda erfreut. Dann steckte sie ihm einen Hundekeks ins Maul und zog ihn Richtung Auto. Herr Schröder fand das sehr schade. Er wäre lieber zu seinem Frauerl zurückgelaufen, um ihr mitzuteilen, dass Hilda nun auch Teil der Mitternachtsparty war. Nur die Aussicht auf eines dieser stinkenden getrockneten Schweinsohren, die Hilda ihm immer gab, wenn er besonders brav gewesen war, tröstete ihn.

»Da, leuchten S' mir den Weg zurück zum Auto«, herrschte Hilda den Polizisten an. Und als sie beim Auto ankamen, wurde ihre Stimme sogar ein bisschen milder. »Sie haben mir sehr geholfen. Ich würd Ihnen ja jetzt gerne ein Trinkgeld geben. Aber ich weiß nicht, ob die Polizei ein Trinkgeld nehmen darf.« Der Polizist hob abwehrend die Hände. »Nein, ist schon in Ordnung.«

Hilda dachte kurz nach, während sie den Hund auf den Rücksitz ihres Autos bugsierte. Dann kramte sie nach ihrer Geldbörse. »Hier, ich geb Ihnen fünf Euro für die Kaffeekasse. Aber kein Bier kaufen. Sie wissen schon, das ist schlecht für die Gehirnzellen.« Sie tippte mit dem Finger gegen ihre Stirn.

Der junge Polizist nahm das Geld wortlos. Kurz überlegte er, ob er diese Geste als Vogelzeigen und Beamtenbeleidigung werten sollte. Aber das alles zu Protokoll nehmen? Das Gespött seiner Kollegen wäre ihm für alle Zeiten sicher.

»Ich wünsche Ihnen noch eine gute Nacht, und fahren Sie vorsichtig«, sagte er stattdessen.

»Sie auch«, sagte Hilda, schaltete »Radio Burgenland« ein und fuhr mit Herrn Schröder davon, der auf der Rückbank zufrieden ein Schweinsohr zerkaute. Die »Radio Burgenland«-Musiknacht mochte sie besonders gerne, und zu dem Song *Wahnsinnsfrau* von Peter Cornelius konnte Hilda sogar mitsingen.

»Was war das jetzt? Wo ist Herr Schröder? Was wollte meine Mutter mit ihm? Da war doch noch wer dabei? Wer war das? War das der Friedhofswächter? Holt der jetzt die Polizei?« Es war nicht ganz klar, ob Vera die Fragen sich selbst oder den anderen stellte.

»Nicht so laut«, warnte Tom. »Die könnten noch in der Nähe sein.«

»Pling.« Veras Handy hatte eine Message empfangen. Von Hilda. »Alles gut, deine Mutter hat mit Hausverstand gehandelt wie immer. Weitermachen!«

Finz sah erst Richtung Himmel und dann auf die Uhr. »Wir müssen uns wirklich beeilen. Also los, weiter geht's.«

Der Bagger hatte die gröbsten Erdmassen beseitigt, aber jetzt musste das Erdreich rund um den Sarg händisch entfernt und nach oben befördert werden. Finz hatte eine kleine Seilwinde gebastelt. Jeweils zwei der Truppe stiegen in das dunkle Loch hinab und schaufelten die Eimer voll, die von den anderen hochgezogen und ausgeleert wurden. Weil das so anstrengend war, wechselten sie sich dabei alle 20 Minuten ab.

»Ich hätte nie gedacht, dass das so eine Hacken ist«, fluchte Max. Er fühlte sich bei der ganzen Aktion am unwohlsten. Und das, obwohl er in einer Bestattung arbeitete. »Die Ruhe der Toten darf man nicht stören«, war sein Credo. Aber genau das tat er nun.

Vera musste plötzlich an die Enterdigungen angeblicher Vampire denken. Im Habsburgerreich wurden Ende des 17. Jahrhunderts an der osmanischen Grenze Roma und Sinti rekrutiert, um angeblich Untote auszugraben, ihnen den Kopf abzuhacken, einen Pfahl ins Herz zu schlagen und sie dann zu verbrennen. Sie hatte einen Podcast darüber gehört und später selbst einen Artikel dazu geschrieben. Angeblich waren die Vampire nur Opfer von Milzbrand gewesen. Angeblich. Aber gab es vielleicht nicht doch mehr Dinge zwischen Himmel und Erde, als man wusste?

Ein ungutes Gefühl stieg in ihr hoch. Steiger dich in nichts rein, befahl sie sich selbst zur Beruhigung. Sie blickte sich um. Aber das ungute Gefühl ließ sich nicht abschütteln. Was für eine perverse Idee, ein Grab zu öffnen.

»Ahhh!« Vera stieß einen Schrei aus.

»Was ist jetzt schon wieder?« Betty sah sie stirnrunzelnd an.

»Die Kerze dort hat sich bewegt, ich schwöre euch, sie hat sich bewegt!«

Vera ließ den Eimer, den sie gerade ausgeleert hatte, sinken und deutete auf ein Grab zwei Reihen weiter.

»Das hast du dir eingebildet«, sagte Tom.

»Nein, da, schon wieder.«

Die Kerze wackelte. Alle hatten es gesehen. Oder – alle hatten es sich eingebildet.

Und plötzlich ergriff es sie alle. Dieses kollektive Angstgefühl. Die Angst, die von einem zum anderen überspringt, wenn man sich als Kind Geistergeschichten erzählt hat. Die Angst, wenn man als Gruppe einen Horrorfilm schaut. Wie eine Kette, die alle erfasst. Übers Rückenmark ins Neandertalerhirn klettert. Bis alle Instinkte nur mehr Kampf, Verstecken oder Flüchten brüllen. Alle starrten jetzt dorthin. Eine Grababdeckung aus Stein. Darauf stand ein Allerheiligenlicht aus rotem Plastik.

»Da ist nichts!«, sagte Finz. Es klang, als wolle er sich selber überzeugen.

Im nächsten Moment fiel die Grabkerze um.

Vera stieß einen markerschütternden Schrei aus, machte einen Schritt nach hinten, verlor das Gleichgewicht und fiel in das offene Grab. Sie landete zwar auf den Füßen, aber ihr rechter Knöchel knickte ein, und sie knallte auf den Rücken. Sie merkte, wie ihr die Luft wegblieb. Sie wollte erneut schreien, aber kein Ton kam aus ihrem Mund. Dann wurde es schwarz um sie herum.

War sie ohnmächtig, tot? Das Nächste, was sie sah, war Toms Gesicht über ihrem. Seine Hand, die eine Haarsträhne aus ihrem Gesicht strich, nach ihrem Hals tastete, ihren Puls fühlte. Sein Gesicht sah so ängstlich aus. »Vera, Vera, alles okay? Bitte sag was, bitte sprich mit mir!«

»Wwwwaaa?« Es war mehr ein Krächzen als eine Frage. Vera hatte Erde im Mund. Sie versuchte, sich aufzurichten, fing an zu spucken, zu husten. Spucke und Erdkrümel landeten auf seinem T-Shirt.

Sie richtete sich auf. »Ich bin okay«, sagte sie.

»Sie ist okay!«, rief er nach oben. »Gebt uns nur eine Minute.«

Die besorgten Köpfe über dem Erdloch verschwanden. Vera fiel ihm um den Hals. Der Schock fiel von ihr ab. Toms Nähe, die sie seit Monaten entbehrt hatte. Plötzlich brachen alle Dämme. Sein Shirt bekam nach Spucke und Erde jetzt auch noch Rotz und Tränen ab, aber das war egal.

»Ich bin so froh, dass du okay bist. Ich …« Tom beendete den Satz nicht. Er umarmte sie. »Du hättest dir den Hals brechen können. Da hätten wir einen wilden Erklärungsbedarf gehabt, warum da plötzlich zwei Leichen im Grab liegen.«

Vera brachte fast so etwas wie ein Lächeln zustande, aber dann schoss die Erinnerung wieder ein. Sie hob den Kopf. »Die Kerze da oben? Was war das?«

»Wir haben uns umsonst deppert gemacht. Das war nichts Übersinnliches, das war nur ein hungriges Tier. Wir haben es davonhuschen gesehen. Kerzenwachs, das ist pures Fett. Sehr nahrhaft«, beruhigte er sie.

Tom half ihr auf. »Kannst du rausklettern, wenn ich dir eine Räuberleiter mache?«

Vera stützte sich auf Tom, als sie aufstand. »Ich kann's versuchen, aber ich glaub, ich hab mir den Knöchel verstaucht. Es tut weh, wenn ich auftrete.«

»Ich heb dich hoch, und Finz und Max ziehen dich rauf«, sagte Tom.

Vera musste die Zähne zusammenbeißen. In ihrem Knöchel pochte es, und sie spürte einen scharfen Schmerz, als sie mit ihrem Fuß am Rand des Grabes anstreifte. Aber die Erleichterung, wieder aus diesem feuchten Loch draußen zu sein, überwog alles andere.

»Und du glaubst wirklich, das war eine Ratte?« Sie wandte sich an Betty.

Betty nickte. »Es gibt viele Tiere, die sich von Kerzenwachs ernähren. Dachse, Ratten, Vögel. Es gibt sogar eine Doku vom Wiener Zentralfriedhof über Hamster, die mit den Köpfen in den Kerzen stecken bleiben, weil ihre Backen von dem ganzen Wachs, das sie gehamstert haben, voll sind. Dann rennen die mit der Kerze auf dem Kopf stundenlang durch die Gegend.«

»Leute, wir müssen wirklich weitermachen«, mahnte Eva. »In ein paar Stunden geht die Sonne auf, und bis dahin muss das Grab wieder picobello sein. Tom und Vera, könnt ihr Wache halten? Ihr könnt ja notfalls Liebespärchen spielen, wenn euch wer neugierige Fragen stellt. Ihr seht ohnehin aus, als hättet ihr euch gemeinsam in der Botanik gewälzt. Und wir machen hier weiter.«

Tom führte Vera weg von dem Grab zu der Wasserstelle, wo die Gießkannen gefüllt werden konnten. Sie wuschen sich Gesicht und Hände, und Tom machte aus seinem Unterleiberl eine nasse Bandage für Veras Knöchel. Sie ließen sich auf einer Parkbank nieder. Vera sah, dass die Parkbank eine Plakette hatte. Irgendjemand musste sie gestiftet haben. Die Neugier überwog. Sie wollte wissen, was auf der Plakette stand. Sie ließ ihre Handytaschenlampe aufleuchten. »Legen Sie Ihre Traurigkeit ab, hier dürfen Sie schweigen«, stand da. Dann saßen Vera und Tom einfach nur da, er hatte seinen Arm um sie gelegt, und sie schwiegen.

In der Ferne war das rhythmische Geräusch der Schaufeln zu hören. Bis dieses auf einmal verstummte. »So, das reicht jetzt, der Deckel ist freigelegt, gebt mir den Schraubenzieher. Wir öffnen die Truhe«, sagte Finz. Betty zog lange Gummihandschuhe an.

Sie wollte keine Spuren hinterlassen. Für den Fall, dass irgendjemand die Graböffnung bemerken und Untersuchungen anstellen würde.

»Ich weiß nicht, ob ihr das sehen wollt«, sagte sie zu Finz und streifte dann Eva mit einem Blick. »Eine Hysterikerin reicht mir für heute.«

»Keine Angst, ich habe schon einmal eine Leiche gesehen«, sagte Eva mit fester Stimme.

»Ich auch«, sagte Finz.

»Wirklich?« Betty runzelte die Stirn und sah die beiden überrascht an. »Ich muss euch aber warnen, das hier ist kein TV-Krimi. Das sieht anders aus als im Fernsehen.«

Sie schaltete ihre mitgebrachte Taschenlampe ein und beleuchtete die Tote.

Eva riskierte von oben einen Blick. Sie hatte einen blauschwarzen Zombie wie aus einem Horrorfilm erwartet. Aber Denise Csmarits sah prall, blühend und rosig aus. So sah man also nach sechs Wochen in einem Sarg aus?

Betty wusste, dass sie eine Faulleiche vor sich hatte. Aufgebläht, aufgedunsen, pinkfarben verfärbt, noch voluminöser als zu Lebzeiten. Sie wusste, dass Fäulnisgase für diese aufgeblasene Optik verantwortlich waren. Denises Oberhaut hatte sich abgelöst wie nach einem schweren Sonnenbrand, und nun war die rosa Lederhaut zu sehen. Ein Glucksen ertönte. Vielleicht nur eine Einbildung. Aber Gase konnten noch nach Wochen im Körper eines Leichnams arbeiten, im Darm rumoren, in den Lungen blubbern. Eine Tatsache, die die Vampirlegenden befeuert hatte.

Du musst dich konzentrieren, dachte sie. Der Fan hatte sie gebeten, den Brief unter das Kleid des toten Mädchens zu schieben, damit die Eltern diesen bei der Verabschiedung nicht bemerkten; aber Denise etwas unters Kleid zu schieben, das wäre Betty pietätlos erschienen.

Sie hatte den Brief in Kopfhöhe platziert. Unter dem Leichentuch, und das lag auf den geschredderten Ausgaben des »Burgenländischen Boten«. Betty hoffte, dass diese auch den Großteil der ausgetretenen Körperflüssigkeiten aufgesaugt hatten.

Sie langte unter das Tuch, ertastete den Brief und griff zu. »Ich hab ihn«, sagte sie.

KAPITEL 31 _ DER BRIEF

Dass uns wirklich die Würmer fressen, wenn wir tot im Sarg liegen, ist ein Mythos.

»Was ist das?«, fragte Marlies Murlasits und musterte Vera mit gerunzelter Stirn, als diese ihr eine Plastiktüte mit einem Kuvert hinhielt.

Vera hielt Marlies' Blick stand.

»Das ist ein Beweismittel.«

»Ein Beweismittel?«

»Ja, ein Brief. Von dem Typen, der möglicherweise etwas mit Alex' Verschwinden zu tun hat. Der spooky Typ, der Frauen an den Hals greift und behauptet, er müsse ihre Kleidung richten. Der mit dem weißen Lieferwagen am Festival. Wir sind überzeugt, der Brief ist von ihm.«

»Und wo habt ihr diesen Brief her?«

Vera überlegte kurz, bevor sie zu reden begann. »Die offizielle Version ist: Betty hat sich geirrt. Sie hat vergessen, den Brief in Denises Sarg zu geben.«

»Und die nicht offizielle?«

»Die willst du nicht wissen.«

Marlies seufzte.

»Ich soll dich also nicht fragen, warum das Grab von

Denise Csmarits auf wundersame Weise über Nacht neu bepflanzt ist.«

»Das war kein Wunder«, widersprach Vera. »Das war Johannas Gartenklub. Die Eltern von Denise Csmarits haben Johanna ganz offiziell den Auftrag dafür gegeben. Und es wurde nicht in der Nacht, sondern ganz zeitig in der Früh bepflanzt. Weil es aktuell so heiß ist. Damit die Jungpflanzen nicht austrocknen.«

»Ich soll dich auch nicht fragen, was deine Mutter um Mitternacht am Jormannsdorfer Friedhof macht?« Marlies' Stimme klang jetzt drohend.

Vera biss sich auf die Lippen. Fuck. Das war also auch bis zu Marlies durchgedrungen.

»Die Story mit dem entlaufenen Hund kann sie nämlich wem anders erzählen«, schnaubte Marlies.

Der junge Kollege hatte seine nächtlichen Erlebnisse mit einer resoluten älteren Dame, die einen Hund namens Herr Schröder hatte, doch im Kollegenkreis geteilt. Und auch wenn er die Geschichte zu seinen Gunsten geschönt und sich als Retter in der Not präsentiert hatte, Marlies musste nur zwei und zwei zusammenzählen.

»Eigentlich sollte ich euch alle verhaften«, knurrte sie. »Wegen Behinderung in einer Mordermittlung.«

»Aber wir behindern doch nicht«, widersprach Vera. »Wir helfen. Wir liefern wichtige Beweise.«

Marlies betrachtete das Kuvert. »Ich hoffe, ihr habt da nicht eure Fingerabdrücke und eure DNA hinterlassen«, grummelte Marlies. »Habt ihr den Brief gelesen?«

Jetzt kam der schwierige Part. Der Gartenklub hatte sich da wirklich ganz weit aus dem Fenster gelehnt. Vera wusste, dass Marlies Lügen und Unehrlichkeit hasste. Es wäre einfacher gewesen, jetzt zu lügen und auf eigene Faust weiterzuermitteln. Aber wenn Marlies ihr draufkäme, wäre ihre Beziehung für immer ruiniert. Und das wollte Vera nicht riskieren. Außerdem war Marlies mittlerweile selbst ein Mitglied des Gartenklubs.

»Haben wir, aber wir waren wirklich sehr vorsichtig. Wir haben Plastikhandschuhe angehabt und Schutzanzüge mit Masken. Und er war auch nicht zugeklebt, sondern nur zugesteckt.«

Marlies rollte mit den Augen. »Und was steht drin? Du kannst es mir jetzt auch gleich sagen.« Sie wusste, dass es ein paar Tage dauern würde, bis im Labor Fingerabdrücke und andere Spuren untersucht waren. Tatsächlich half ihr der Alleingang des Gartenklubs, Zeit zu gewinnen. Zeit, die knapp wurde, wenn Alex Woods wirklich entführt worden war, irgendwo gefangen gehalten und vielleicht gefoltert oder missbraucht wurde. Marlies dachte an ihren früheren Job in einer Abteilung, die sich vor allem mit Gewalt gegen Frauen befasst hatte. Es war furchtbar, was manche Menschen anderen antaten.

Vera zog ihr Handy aus der Tasche. »Wir haben den Brief abfotografiert.«

Marlies beugte sich über den Screen. Sie konnte das Geschreibsel kaum entziffern.

»Und abgetippt. Er hat wirklich eine Sauklaue.« Ein Schmunzeln umspielte Veras Mund, als sie Marlies ein DIN-A4-Blatt reichte.

Die Polizistin begann zu lesen.

My darling »Watch me from behind closed eyelids«

So habe ich mir das für uns nicht vorgestellt. Ich hätte nie gedacht, dass ich mich verabschieden muss und gleichzeitig keine Chance bekomme, mich zu verabschieden.
Es ist schwerer, als alle gesagt haben. Sie haben keine Ahnung, wie sich Verlust wirklich anfühlt, wie es ist, dich nie wiederzusehen, zu spüren. Deine lichte Seele, dein schwaches Herz, dein weiches Fleisch. Jeden Tag begrabe ich tausend Emotionen, flehe darum, deinen Funken in mir zu spüren, während ich innerlich ausbrenne. Muss ich sterben, um wieder bei dir zu sein? Gibt es einen anderen Weg? Bleib einfach bei mir. Beobachte mich weiter hinter verschlossenen Lidern. Bis wir uns wiedersehen. Wir gemeinsam Tränen über eine lange, lange unvollendete Erfahrung vergießen. Ich liebe dich. Ich vermisse dich. Ich brauche dich.
Für immer dein.
C.

Sie war zum Ende des Briefes gekommen.

»Was sagst du?«, fragte Vera.

»Wir haben Experten, die das psychologisch analysieren werden.«

»Schwaches Herz, lichte Seele. Beobachte mich hinter verschlossenen Lidern. Also wir glauben, der hat einen Vollposcher*«, sagte Vera unverblümt. »Aber das war auch

* Knall, Schaden

schon nach diesem Ordnungstick mit den Etiketten in den Kleidern klar.«

Marlies musste Vera stillschweigend recht geben.

Fingerabdrücke, psychologische Analyse, Gutachten zur Handschrift. Möglicherweise war der Brief wirklich eine Spur. Ein Problem gab es aber noch zu lösen. Wie sollte sie das alles ihrem Vorgesetzten, dem Franz, erklären?

*

Hilda Horvath und ihre neue Freundin, die Frau Csmarits, spazierten durch den Kurpark von Bad Tatzmannsdorf und gingen ihrem neuesten Hobby nach: Hunde ausführen und Kurgäste ausstallieren. »Die zwei sind sicher verheiratet, aber nicht miteinander«, sagte Hilda mit Kennerblick und deutete auf ein Pärchen im fortgeschrittenen Alter, das knutschend auf einer Parkbank saß. Sie strich verliebt über seinen lichten Haarkranz. Er starrte ihr bedeutungsschwanger in die Augen. »Das kennt man ja«, sprach Hilda weiter, »morgens Fango, abends Tango. Schieberpartie im Tanzcafé.« Sie kicherte. Und die Frau Csmarits stimmte in das Lachen mit ein.

»Und der da drüben ist sicher zum Abnehmen da. Obwohl, das wird nichts werden.« Hilda deutete auf einen gewichtigen Herrn, der das Werbeplakat einer Buschenschank anstarrte. »Die Sorte kennt man ja auch. Das sind die, die im Hotel Schonkost essen und sich dann beim Heurigen die Wampe vollschlagen mit Bratlfettbrot, Spagatkrapfen und Most. Dem würde ich leichte Gymnastik empfehlen.«

»Leichte Gymnastik? Was meinen Sie damit?«

»Na, Kopfschütteln, wenn einem wer was zum Essen anbietet.« Hilda kicherte erneut.

Aber diesmal lachte die Frau Csmarits nicht mit.

»Das war jetzt nicht sehr nett von Ihnen, so über den Herrn zu sprechen. Für manche Menschen ist es nicht so einfach, das Gewicht zu halten«, sagte sie steif. Und dann nach einer Pause: »Die Denise war auch ein bisschen stärker. Aber das heißt noch lange nicht, dass sie maßlos oder unbeherrscht war.«

»Natürlich nicht«, versuchte Hilda, ihren Fehler auszumerzen. »Manche können nichts dafür. Die haben was mit den Drüsen oder einfach starke Knochen.«

Frau Csmarits sagte lange Zeit nichts.

Als Hilda schon dachte, sie hätte das Thema fallen gelassen, purzelten dann aber doch Worte aus ihrem Mund.

»Ich weiß, dass die Denise viel dicker war, als es für ihre Gesundheit gut war. Aber es war nicht ihre Schuld. Dieser Carlo war schuld. Dieser Mann hat sie komplett manipuliert. Zuerst war sie froh, dass sie endlich jemanden gefunden hat, der nicht auf diese dünnen Hungerhaken steht, der sie schön findet und liebt, wie sie ist. Aber es war nicht nur, dass er ihr Übergewicht gemocht hat.« Eine leichte Röte überzog ihr Gesicht. »Er war besessen davon. Er hat ihr verboten abzunehmen, sie kontrolliert, sie ständig zum Essen genötigt. Es war so, als hätte er ihr Übergewicht mehr geliebt als sie selbst. Ich weiß das jetzt, weil ich ihr Tagebuch gelesen habe …«

Sie fuhr sich mit der Hand über die Augen. »Ich weiß, es ist furchtbar. Das Tagebuch des eigenen Kindes lesen.

So was tut man nicht. Aber sie ist tot, und ich kann es immer noch nicht begreifen und irgendwie habe ich mir erhofft, dass ich etwas finde, das mir hilft, das alles zu verstehen.«

»Ich hätt das auch gemacht. Das Tagebuch meiner Tochter gelesen«, tröstete Hilda und überlegte, ob Vera wohl ein Tagebuch führte. »Haben Sie irgendeinen Hinweis auf diesen Carlo darin gefunden?«

»Einen Hinweis worauf?«

»Na, wie er heißt und wo er wohnt. Eigentlich muss man den ausforschen, denn was Sie mir da erzählen, das klingt ja wie Körperverletzung«, schlussfolgerte Hilda.

Frau Csmarits schüttelte den Kopf. »Wie schon gesagt, wir haben ihn nie getroffen. Die Denise hat sich ja auch von ihm getrennt. Sie hat dann auch jemand anderen kennengelernt bei den *Weight Watchers*. Einen sehr netten jungen Mann. Es macht mich verrückt, mir vorzustellen, was sie alles nicht erleben durfte. Wie ihr Leben weiter verlaufen wäre, wenn das alles nicht passiert wäre. Wenn ihr Herz sie nicht im Stich gelassen hätte.«

»Sie sollten das Tagebuch der Polizei geben«, sagte Hilda.

Hilda und Frau Csmarits waren zu der Wiese im Kurpark gekommen, wo sie immer die Hunde laufen ließen. Butzi und Herr Schröder hatten schon darauf gewartet, sich endlich austoben zu dürfen, und stoben los, kaum dass sie von der Leine gelassen waren.

»Hunde müssen hier an der Leine sein«, schimpfte ein Mann, der das sah.

»Nehmen Sie Ihre Frau an die Kandare?«, schimpfte Hilda zurück.

»Das ist hier Vorschrift!«, beharrte der Mann.

»Schaun sa sich unsere Politiker an und dann erzählen S' mir was von Vorschriften«, keppelte Hilda zurück.

Frau Csmarits lachte. Die dunkle Wolke, die sie konstant umgab, schien sich in diesen Momenten des konspirativen Widerstandes gegen den Leinenzwang immer ein bisschen zu lichten.

Butzi liebte es, mit Herrn Schröder zu spielen. Wie ein kleines Fellknäuel stob er im Zickzack über die Wiese, schlug einen Haken nach dem anderen und genoss es, wenn der viel größere Mischlingshund seine Manöver zu spät durchschaute, sich zu spät einbremste oder in die falsche Richtung lief. Als die beiden Hunde wieder ihre Wege kreuzten und sich balgten, ertönte aber auf einmal ein wehleidiges Quietschen. Butzi jaulte schrill und hielt dann seinen Hinterlauf in die Höhe. Herr Schröder blieb erstaunt stehen und lief dann schuldbewusst zu Hilda.

»Oh nein, hat mein Hund ihn niedergerannt?« Hilda zeigte sich ganz betroffen.

Frau Csmarits ging zu Butzi, beruhigte ihn und hob ihn hoch.

»Ihr Hund kann nichts dafür«, sagte sie dann. »Das ist wieder sein leidiges Kniegelenk. Ein Zuchtfehler. Er hatte das ja letztens schon. Ich fürchte, ich muss ihn operieren lassen, wenn das jetzt so oft passiert. Wobei, so eine Operation ist richtig teuer.«

»Können Sie die Züchterin nicht belangen?«, fragte Hilda. Sie hatte heute ihren kriegerischen Tag, wollte sich mit jedem anlegen und alle zur Verantwortung ziehen.

»Weil wenn das ein Zuchtfehler ist, dann ist das ja quasi ein Gewährsmangel.«

»Der Butzi hat keine Papiere. Er ist von einer Züchterin aus Ungarn.« Frau Csmarits streichelte dem kleinen Hund beruhigend über den Kopf. »Der Carlo hat ihn der Denise geschenkt.« Sie dachte nach. »Ich glaube, sie hat gesagt, eine Verwandte von ihm hat ihn gezüchtet. Aber ganz sicher bin ich mir nicht.«

V. FETT

»Weißt du«, sagt er, »es gibt Frauen, die haben eine genetische Veranlagung für einen speziellen ›Essmuskel‹. Sie kämpfen meistens, wenn sie noch jünger sind, gegen den Hunger und die Lust, einfach zu schlucken und zu essen.«

Ich schaue auf den Teller vor mir, sehe die fetten Fleischstücke in der Soße, die mit Puddingcreme und Schlagobers verzierten Somlauer Nockerl und bekomme Angst. Was will er mir sagen?

Er spricht weiter. »Diese Frauen nehmen zu, wenn sie Essen nur anschauen. Ein Albtraum für jede Schlankheitsfanatikerin, aber ein Traum für Männer wie mich.«

Er leckt sich über die Lippen. Diese spitze Zunge zwischen den fleischigen Lippen. Ich will, dass er aufhört zu sprechen, aber er tut mir den Gefallen nicht. »Ihr Magen ist anfangs klein«, sagt er, »aber er wartet nur darauf, endlich richtig gestopft zu werden. Wenn man ihn jedes Mal ein bisschen mehr überfüllt, dehnt er sich aus und wächst und erreicht bald schon eine enorme Größe. Ich hatte einmal so eine Freundin. Sie war nie dünner als mollig, aber als sie sich dann gehen ließ, wuchs sie in kürzester Zeit zu königlicher Fettheit heran.«

Er sieht mich an wie eine Spinne ihr Opfer.

»Schade, dass du nicht so eine Frau bist. Aber du hast andere Qualitäten. Und vielleicht bekommen wir dich ja doch noch dazu, dass dir Essen endlich Spaß macht.«

KAPITEL 32 _ DER GARTENKLUB MAG ES SCHARF

Schärfe ist ein Schmerzreiz, kein Geschmack. Vögel haben aufgrund ihrer höheren Körpertemperatur (um die 42 °C) gegenüber Säugetieren (um die 37 °C) einen anderen Aufbau ihrer Schmerzrezeptoren. Aufgrund dieser Abweichung verspüren sie keine Schärfe beim Verzehr von Chilifrüchten.

»Das ist bis auf Weiteres das letzte Gartenklubtreffen«, sagte Johanna. »In den nächsten Wochen müssen wir uns voll auf die bevorstehende Eröffnung des Gartencafés konzentrieren.«

Die Anwesenden nickten verständnisvoll. Diesmal waren alle gekommen. Auch die zuagroaste Grete, die den Sommer über Künstlerworkshops in Griechenland gehalten hatte, und Altbäuerin Mitzi, die mit ihrer Tochter zum ersten Mal nach Italien ans Meer gefahren war. »Scheei wors, deiis Meer, so vü Wossa auf an Fleick. Nur an Kaffee kinnas kuan kochn durt. Ua uanziger Schluck wor nuar in dera Tassn. So a kluana Schluck.*« Ihre mit

* Schön war es, das Meer, so viel Wasser auf einem Fleck. Nur Kaffee können sie nicht kochen dort. Ein einziger Schluck war in der Tasse. So ein kleiner Schluck.

Altersflecken übersäten Finger machten einen Zangengriff mit etwa einem Zentimeter Spielraum zwischen Zeigefinger und Daumen.

So enttäuschend für Mitzi der italienische Kaffee auch gewesen war, das heutige Gartenthema Chilis und Paprika gefiel ihr. War es doch etwas Urburgenländisches. Oder auch etwas Urungarisches, wenn man die Tatsache bedachte, dass das Burgenland vor noch gar nicht so langer Zeit zu Westungarn gehört hatte.

»Unser Klima ist mit seinen vielen Sonnenstunden perfekt für den Chilianbau«, erklärte Johanna und zupfte geistesabwesend ein Labkraut aus ihrem Chilibeet. In dem Beet befanden sich Chilipflanzen mit reifen Schoten in leuchtenden Farben und unzähligen Formen. Kleine, große, runde, längliche, glockenförmige, rote, gelbe, orange, violette und sogar schwarze.

»Die habe ich alle aus Samen gezüchtet«, sagte Johanna stolz.« Ich fange schon im Februar mit der Anzucht auf der Fensterbank an. Manche Chilisorten gehören zu den sogenannten ›Schwerkeimern‹ und brauchen ewig, bis endlich was Grünes kommt. Deswegen empfehle ich euch, die Samen in Wasser vorzuquellen, bevor ihr sie in die Erde steckt. Und die Jungpflanzerl dürfen dann erst nach den Eisheiligen ins Freie und brauchen viel Sonne, Wärme und einen tiefgründigen Boden.« Sie strich über die Blätter ihrer Chiliplantage. »Die oberste Triebspitze entferne ich immer. Dann bilden sich mehr Seitentriebe und Schoten.«

Sie zupfte eine orangefarbene Chilischote ab und reichte sie herum. »Riecht mal dran, das ist eine orange

Habanero. Die riecht ein bisschen nach Pfirsich, finde ich. Ich lege sie gerne in Honig ein. Man bekommt dann einen scharfen Honig, perfekt zu Käse.«

Sie bemerkte noch ein Beikraut, das wegmusste, diesmal eine junge Tollkirsche. Johanna runzelte die Stirn. Wo die wohl herkam? Ob sie die mit der Erde vom Finz eingeschleppt hatte?

»In Amerika gibt es auch Chilis in Zuckersirup. Die nennt man *Cowboy Candy*«, erzählte Betty.

Johanna nickte ihr zu. »Ich bin mit einem Ethnobotaniker befreundet.« Die Stirn glättete sich wieder, und Johannas Gesicht leuchtete plötzlich wie das eines jungen Mädchens. »Er hat mir erzählt, dass es schon vor 8.000 Jahren Chilipflanzen in Bolivien gab. Christoph Kolumbus hat die Chili dann nach Europa gebracht, wo sie in Klostergärten weiterkultiviert wurde. Mittlerweile gibt es Hunderte verschiedener Sorten. Jedes Jahr kommen weitere Neuzüchtungen hinzu. Und auch wenn jeder von Schoten spricht, botanisch gesehen sind Chilis eigentlich Beeren.«

»Was ist eigentlich der Unterschied zwischen Chili und Pfefferoni?«, fragte Vera und machte sich eifrig Notizen, die sie in Folge zu einem Artikel für den »Burgenländischen Boten« verarbeiten wollte.

»Chili, Peperoni oder Pfefferoni: Im Handel sind die scharfen Schoten unter allen drei Namen zu kaufen«, erläuterte Johanna. »Der Ausdruck ›Chili‹ ist von den Azteken überliefert. ›Peperoni‹ sowie ›Pfefferoni‹ leiten sich von Pfeffer ab, denn Kolumbus hielt Chilis irrtümlich für Pfeffergewächse.«

»I mog nur dei grianen laungen ausn Glasl. Dei wost beim Buschnschank auf da Plottn host«, sagte Mitzi. »Dei wos nit so schoaf san*.«

»Scharf werden Chilis durch den Inhaltsstoff Capsaicin. Bei den milden Chilisorten wurde das Capsaicin gezielt herausgezüchtet. Ich möchte noch auf die hiesigen Traditionen im Umgang mit Chilis zurückkommen«, sagte Johanna. »Wie Mitzi gerade erwähnt hat, werden bei uns die milden grünen, spiralförmigen Pfefferoni und die scharfen roten, runden Kirschpfefferoni gerne zu Essiggemüse verarbeitet. Daneben gibt es auch die Tradition, Chilis aufzufädeln und diese Ketten unter den Arkaden der traditionellen Bauernhäuser zu trocknen.«

»Kann man das auch in der Wohnung machen?«, fragte Eva.

Johanna schüttelte bedauernd den Kopf. »In der Wohnung herrscht zum langsamen Trocknen weder genug Temperatur noch Luftzug, aber was gut funktioniert, ist ein Dachboden mit geöffneten Fenstern. Es dauert allerdings bis zu sechs Wochen, bis die Chilis durchgetrocknet sind.«

»Ich habe auch etwas beizutragen«, sagte Mathilde. Die Köchin stellte zwei Schraubgläser auf den Tisch. »Darf ich vorstellen: Stefan und Anna.« Sie erntete rundum nur fragende und neugierige Gesichter.

»Das sind klassische ungarische Würzpasten. In der Tube findet man die in jedem ungarischen Supermarkt

* Ich mag nur die grünen langen aus dem Glas. Die, die man beim Buschenschank auf den Platten hat. Die, die nicht so scharf sind.

und auch bei den ungarischen Marktstandlern in Oberwart. Aber meine sind selbst gemacht.«

»Und warum heißen die Stefan und Anna?«, fragte Vera.

Mathilde deutete auf eines der Gläser. »Das ist *Erős Pista*. Das ist der in Ungarn gebräuchliche Handelsname für pürierte scharfe Paprika und Chilis und Salz. Der Name leitet sich ab von ungarisch erős für ›scharf, stark und kräftig‹, und Pista ist die Koseform des Vornamens István. Und István heißt auf Deutsch Stefan.«

»Was für eine coole Story, ich liebe so was!«, Vera klatschte in die Hände. »Und was hat es mit der Anna auf sich?«

»Die mildere, edelsüße Variante heißt *Édes Anna*, das bedeutet süße Anna. Die wird aus den milden ungarischen Paprikaschoten hergestellt. Man nimmt die Pasten zum Würzen von Gulasch und Bohnensuppe, aber gelegentlich anstelle von Senf.«

»Jetzt habe ich Lust auf ungarisches Essen«, sagte Finz. »Kennt ihr diese Csarda gleich hinter der Grenze bei Rechnitz, da gibt es die herrlichsten Gerichte. Gefüllte Krautwickel, Hortobagy-Palatschinken, Pörkölt.«

»Essen gehen kannst dorthin, aber tu dir ja keinen Hund aus Ungarn heim«, sagte Hilda. Sie saß etwas abseits im Schatten und spielte mit Letta und Evas Tochter Carla *DKT*. *DKT*, das war das Kürzel für »Das Kaufmännische Talent«, die österreichische Variante von *Monopoly*. Das Interesse der drei an Chilis hielt sich in Grenzen, aber die Aussicht auf Kostproben aus Johannas zukünftigem Gartencafé hatte die drei dann doch in den Hofladen gelockt. Und in der alten Truhenbank hatten sie dann das *DKT*-Spiel gefunden und aus reiner Nostalgie zu spielen begonnen.

»Oh Mist, ich bleib schon wieder auf Eisenstadt sitzen«, schimpfte Hilda.

»Warum magst du Eisenstadt nicht?«, fragte Carla.

»Weil es weniger wert ist als die anderen Städte, und die rosa Farbe von den Karten mag ich auch nicht.«

»Und warum soll ich mir keinen Hund aus Ungarn heimtun?«, fragte Vera. »Wir haben einen Hund aus Rumänien. Was ist an Ostblockhunden schlecht?«

»Ich red nicht von deinem Hund aus dem Tierheim, ich red von diesen überzüchteten Schoßhunden. Die reinste Inzucht. Die sind alle degeneriert und haben einen Schaden, und dann muss man die operieren gehen, und das kostet ein Vermögen.«

Vera hatte große Lust, das Thema zu wechseln. Sie mochte nicht, wenn ihre Mutter so radikale Pauschalurteile fällte. Aber Eva war höflich genug nachzufragen. »Was für Schäden?«

»Dem Hund von der Frau Csmarits hupft dauernd die Kniescheibe raus. Das ist, weil der so überzüchtet ist. Aber sie kann nicht reklamieren. Und Papiere hat der auch keine mitgekriegt. 1.500 Euro hat der gekostet ohne Papiere. Das hat dieser Carlo der Denise erzählt. Mit warats noch teurer gewesen. 1.500 Euro für so einen Minihund. Es is ja arm, des Viecherl, aber 1.500 Euro ist der nicht wert.«

»Fia des Göd hättast friecha 100 Farln kriegt*«, bestätigte Mitzi.

* Für das Geld hättest du früher 100 Ferkel bekommen.

»Na, zumindest hat sie die 1.500 Euro nicht selber zahlen müssen. Ihr Freund hat ihr den Hund geschenkt.« Hilda beschloss, dass Eisenstadt es doch wert war, nach vier Häusern noch ein Hotel zu bekommen, und stellte einen bunten Spielstein auf das Feld.

»Ihr Freund?«, riefen Vera und Marlies zeitgleich.

»Die Tierärzte melden es uns, wenn sie davon Wind bekommen«, sagte Marlies. »Aber es ist ein Kampf gegen Windmühlen.«

»Ich sollte darüber in unserer Zeitung berichten«, überlegte Vera.

Hilda sprach weiter: »Es ist ein Kreuz. So viele züchten im Hinterhof Hunde, um schnelles Geld zu machen. Tausende, wenn nicht Hunderttausende. Millionen von diesen armen Wauzis werden jeden Tag verscherbelt. Krank, ungeimpft, ohne oder mit gefälschten Papieren. Die Käufer werden konsequent betrogen, die Tiere sterben oft nach dem Verkauf. Da erinnert sich keiner an den Verkäufer. Und wenn, würde er es nicht zugeben.«

Isabella, eine engagierte Natur- und Tierschützerin, die wie immer mit ihrer Tochter Ivy gekommen war, gab Hilda recht. »Eine Sauerei ist das«, sagte sie. »Das ist reinste Tierquälerei. Zuchthündinnen in dunklen Kellerlöchern oder feuchten Ställen, mit Weißbrotmatsch notdürftig ernährt, bei jeder Hitze gedeckt, ohne tierärztliche Versorgung, ohne Kontakt zur Außenwelt, ohne je wieder die Sonne zu sehen … Die Welpen, in der Regel krank und unterernährt wie ihre Mütter, werden im Alter von vier bis fünf Wochen verscherbelt – auf den Wochenmärkten oder an Interessenten aus dem Ausland oder an neue ungarische ›Züchter‹.«

Isabella hatte sich richtig in Rage geredet. Ivy merkte die Unruhe ihrer Mutter und fing zu quengeln an. »Schht. Ist ja schon gut, mein Schatz.« Isabella steckte dem Säugling ihren kleinen Finger in den Mund.

Marlies nickte nur. Sie wusste, dass die illegale Hundezucht in Ungarn ein Riesenproblem war. Aber eines, das die betroffenen Personen nicht als solches sahen. »Das machen doch alle«, hieß es. »Wir handeln ja nur mit Hunden, nicht mit Drogen.«

»Lasst uns von etwas anderem reden«, sagte Mathilde, die merkte, dass die Stimmung kippte. Sie wandte sich an Hilda und die Mädchen. »Wer hat gewonnen?«

»Na, ich natürlich«, sagte Hilda zufrieden und deutete auf den Berg von Hotels und Geldnoten.

»Gibt es endlich Essen?«, fragte Letta.

»Klar, mein Schatz.« Johanna lächelte. »Diesmal habe ich einen Retro-Hühnersalat mit American Dressing, Ananas und Mandarinen gemacht, frisch gebackenes Weißbrot und dem Thema entsprechend Schokokuchen mit einem Hauch Chili.« Alle strömten in den Hofladen, um beim Aufdecken und Servieren zu helfen. Nur Hilda blieb absichtlich zurück.

»Der degenerierte Spitz ist aus irgendeinem Kaff hinter Eberau«, sagte sie zu Vera. »Den Namen weiß ich nicht. Aber die Frau Csmarits ist sich sicher, dass die Denise gesagt hat, es war nicht weit hinter der Grenze. Sie glaubt, dass die Züchterin mit dem Carlo verwandt ist.«

»Und warum hast du das vorher nicht gesagt?«

»Weil ich böse auf die Marlies bin. Die hat mir Vorwürfe gemacht wegen der Friedhofssache. Dass ich ihre

Kollegen nicht papierln soll. Von wegen papierln. Jetzt papierl ich halt sie. Die soll ruhig alle illegalen Hundezüchter Ungarns ausforschen und denen auf den Zahn fühlen. Geschieht denen recht und ihr auch.«

»Mama, das ist aber nicht nett!«

»Ich habe nie gesagt, dass ich nett bin«, stellte Hilda fest. »Außerdem trau ich dieser Betty nicht.«

»Wie kommst du darauf?«

»Nur so ein Gefühl, und sie hat dünne Augenbrauen. Trau nie einer Frau mit dünnen Augenbrauen.«

KAPITEL 33 _ VERA UND DIE WELPEN

Flöhe können den Gurkenkernbandwurm auf Hunde übertragen. Der Floh dient dem Endoparasiten als Zwischenwirt. Zerbeißt der Hund den Floh, gelangen die Larven (Finnen) des Bandwurms in seinen Darm. Im Verdauungsorgan entwickeln sich die Finnen zu erwachsenen Bandwürmern weiter. Diese können zu einer beträchtlichen Größe von etwa einem Meter heranwachsen.

Vera saß in der Redaktion des »Burgenländischen Boten«. Der Standventilator fächelte ihr warme Luft zu und sorgte dabei für mehr Lärm als Erfrischung.

»Was ist los?«, fragte der Chefredakteur und riss zischend eine Dose Energydrink auf. Der Standventilator trug das Aroma frisch geschlachteter Gummibärlis zu Vera. Der Chefredakteur nahm einen Schluck und rülpste diskret. »Du wirkst so bedrückt.«

»Ich habe gerade zum Thema illegaler Welpenhandel recherchiert. Es ist so furchtbar. Wusstest du, dass illegaler Welpenhandel nach Drogen- und Waffenhandel eines der lukrativsten Geschäfte ist?«

»Und was ist so schlimm daran? Daran stirbt zumindest niemand«, sagte der Chefredakteur.

»Was so schlimm daran ist? Alles. Man merkt echt, dass du dich noch nie damit befasst hast. Ich hatte gerade ein Telefonat mit einer Frau, die ein Tierheim in Ungarn betreibt. Das ist unglaublich, was die mir erzählt hat.« Vera redete sich in Rage. »Die hat mir Fotos geschickt. Das sind Tier-KZs. Ausgezehrte Hunde, die in einem verdreckten Schuppen auf dem Betonboden gehalten werden. Die Hündinnen werden mit Hormonen behandelt, damit sie ununterbrochen werfen. Und wenn sie dann alt und verbraucht sind und trotz der ganzen Hormone keinen Nachwuchs mehr bekommen können, kriegen sie einfach kein Futter mehr, bis sie sterben. Wenn du bei denen im Garten den Spaten in die Hand nimmst, findest du dort nur Kadaver und Skelette.«

»Ich dachte, die Ungarn haben ihr Tierschutzgesetz verschärft«, sagte Max, der auf seinen Rechner starrte und das Gespräch verfolgt hatte.

»Das haben sie, aber das hat das Problem nicht gelöst. Bis vor Kurzem gab es in solchen Vermehrstationen im Schnitt um die 200 bis 300 Hunde. Jetzt greifen die ungarischen Behörden härter durch. Aber die Hundemafia hat deswegen nicht aufgehört zu züchten. Sie haben stattdessen auf kleinere Betriebe umgestellt. Die sind unauffälliger, und wenn sie auffliegen und die Tiere beschlagnahmt werden, sind die Verluste kleiner. Die haben Private, die für sie züchten, und die sind dann umsatzbeteiligt, wenn die Hunde über dubiose Kanäle ins Ausland verscherbelt werden.«

»Und was ist dein Pitch für die Story? Organisiertes Verbrechen an Hunden in Ungarn?« Der Chefredakteur schnaufte und lachte kurz auf. »Wir sind der ›Burgenländische Bote‹ und nicht der ›Ungarische Bote‹.«

Vera zog hörbar Luft ein und zählte innerlich bis zehn. »Die Hunde werden alle hierher verkauft. In den Westen. Nach Deutschland, Holland, Belgien und auch nach Oberwart. Ich hab mich erkundigt, es gibt unzählige Betroffene, die einen ach so süßen Hund aus Ungarn geholt haben. Denen hat man was von liebevoller Familienaufzucht erzählt. Und jetzt sind sie am Boden zerstört, weil der Hund ständig krank ist.« Vera deutete auf die Bilder auf ihrem Rechner. »Die Welpen werden viel zu früh von ihren Müttern getrennt. Sie sind schwach, manche haben Infektionen, die auch für kranke und alte Menschen gefährlich sind.«

»Ich weiß nicht.« Der Chefredakteur winkte ab. »Es ist Sommer. Ob die Leute da so was Deprimierendes lesen wollen? Anzeigen bringt so eine Geschichte auch nicht.«

»Wir können nicht immer nur für den Anzeigenmarkt schreiben«, sagte Vera. »Wenn die Zeitung immer langweiliger wird, dann kauft sie auch keiner, und wenn sie keiner mehr kauft, dann will ohnehin bald keiner mehr inserieren.«

»Ich find die Idee gut«, kam Max Vera zu Hilfe. »Hunde und Kinder ziehen bei den Lesern immer. Findet ihr nicht?« Stille. Der Chefredakteur stand auf und streckte sich. »Ich mach mir jetzt einen Kaffee, mag noch wer einen?« Als er keine Antwort bekam, ging er summend in die Kaffeeküche. Er mochte keine Konflikte, und seit Vera befördert worden war, war sie ihm eindeutig zu konfliktfreudig und meinungsstark.

»Ich nehme an, dein Interesse an der Hundemafia hat nicht zufällig etwas mit einem gewissen Grabraub in Jormannsdorf zu tun?«, sagte Max. Er senkte dabei seine Stimme und machte bei dem Wort »Grabraub« Gänsefüßchen in die Luft.

»Ja, nein, ich weiß auch nicht.« Vera blickte wütend zu der Tür, hinter der ihr Chef verschwunden war. »Für mich macht das ja auch alles noch keinen Sinn. Aber ich weiß inzwischen, dass der Ex-Freund von der Denise Csmarits mit ihr einen Welpen in Ungarn gekauft hat. Und wir glauben doch alle, dass er was mit dem Verschwinden von Alex Woods und vielleicht auch mit dem Mord an Bernd Biela zu tun haben könnte.«

»Tun wir das?« Seine Brauen formten sich zu dunklen spitzen Dreiecken, die seinem Gesicht einen provokant diabolischen Ausdruck verliehen.

»Schau nicht so süffisant«, sagte Vera auch prompt. »Du warst bei unserer Recherche am Friedhof dabei. Mitgefangen, mitgehangen. Und selbst wenn ich mich irre: Es spricht doch nichts dagegen, ihn zu finden und auszuschließen, dass er was damit zu tun hat. Vielleicht ist er ein wichtiger Zeuge. Es ist doch seltsam, dass ich diesen Stalker von Alex Woods kurz vor dem Mord und ihrem Verschwinden in unmittelbarer Nähe gesehen habe, und plötzlich ist er wie vom Erdboden verschluckt.«

»Stalker? Wie kommst du darauf?«

»Der Gitarrist ihrer Band hat erzählt, Alex hatte einen Stalker. Sie hat sich darüber aufgeregt, dass ein Mann in Oberwart versucht hat, im Stadtpark ihren Hals zu befummeln. Sie hat gemeint, die Fans werden auch immer dreister. Dieselbe Masche wie bei mir und Betty. Das ist kein Zufall. Das war derselbe Mann.«

»Was sagt Marlies dazu?«

»Dass sie nicht begeistert von unserem Alleingang auf dem Friedhof ist, aber dass sie der Spur nachgehen wird. Und den Brief untersuchen lässt.«

»Dann kannst du dich ja in Geduld üben und warten, was sie rausfindet.«

»Geduld war noch nie meine Stärke.« Vera verzog das Gesicht und griff nach ihrer Tasche. »Kommst du mit?«

»Wohin?«

»Nach Ungarn. Es gibt da ein paar Hundezüchter, die ich besuchen möchte. Und ich denke, ich könnte deine Begleitung gebrauchen.«

*

Gruppeninspektorin Marlies Murlasits saß in der Küche der KAAST und löffelte Bärlauchcremesuppe aus einer angeschlagenen Müslischale mit Engerln drauf, die sie bei der letztjährigen Weihnachtstombola gewonnen hatte. Die Bärlauchcremesuppe hatte sie in einer Plastikdose von daheim mitgenommen und im Büro aufgewärmt. Eigentlich hätte sie bei der Hitze ja eher Lust auf eine kalte Gazpacho gehabt. Aber sie war wieder einmal ein Opfer ihrer Gefriertruhe geworden. Im März hatte sie wider besseren Wissens literweise Bärlauchsuppe gekocht und eingefroren, und jetzt musste das Zeug weg, um Raum für Unmengen an Zucchinicremesuppe zu machen. Die Zucchini im Garten waren bereits echte Monster. Warum hatte sie auch drei Pflanzen angebaut? Eine hätte doch gereicht. Jedes Jahr dasselbe Problem. Marlies wusste, dass sie am Wochenende diese Monsterzucchini endlich verarbeiten musste. Zuwarten war keine Option. Das Gemüse wurde von Tag zu Tag größer. Warten hatte nur eine Konsequenz: noch mehr Zucchinisuppe. Marlies löffelte gegen die Zeit.

Franz kam herein und rümpfte die Nase. »Da knofelts aber ordentlich.«

Marlies ignorierte ihn und löffelte weiter. Sie hatte Ohrenstöpsel in den Ohren, aus denen Musik kam. Ihr Sohn, der Mario, hatte ihr die *EarPods* zum Geburtstag geschenkt. »Damit kannst sogar beim Joggen Musik hören, Mama«, hatte er gesagt. Als ob sie joggen würde! Einmal hatte sie es probiert, um dem Mario einen Gefallen zu tun. Auch wenn sie fand, dass die Ohrstöpsel wie weißer Rotz aussahen. Der Rotz war schon auf Höhe der Molkereistraße herausgefallen.

Allerdings hatte sie dank der *EarPods* jetzt ein neues Hobby entdeckt: Musik hören. Marlies' Musikgeschmack war wie bei vielen Menschen ihrer Generation irgendwann um die Jahrtausendwende herum stehen geblieben. Bei Grönemeyer und Pink. Aber jetzt gab es Streamingdienste, die unglaublich viel an neuer guter Musik lieferten. Marlies' Vorsatz für ihr neues Lebensjahr war nicht zu joggen, sondern ihren Musikgeschmack zu erweitern. Jeden Tag drei neue Songs, die ihr gefielen. Das war ihr Credo. Es war ihr ohnehin schleierhaft, warum alle Menschen ständig ihren Körper optimieren wollten, aber nichts taten, um ihren Geist und die Seele zu bereichern. Musik war doch ideal dafür.

»Was hörst du da?«, fragte Franz auch prompt.

»Ich surf gerade auf *Jamendo*«, sagte Marlies. »Das ist eine Plattform, auf der sich junge Bands präsentieren können, in der Hoffnung, entdeckt zu werden. Der Algorithmus ist richtig gut. Du machst Playlists mit Musik, die dir gefällt, und bekommst dann ähnliche Vorschläge.«

Franz setzte sich neben Marlies und schaute nun ebenfalls auf ihr Handy. Er versuchte, dabei so wenig wie möglich vom Bärlauchatem seiner Kollegin abzubekommen.

»Hier«, Marlies wischte über das Display, »das sind alles Lieder, die meinen Geschmack treffen könnten, und die meisten tun es tatsächlich. Wenn du magst, kannst du auch einmal reinhören.« Sie reichte Franz einen Ohrstöpsel, den er sich nach kurzem Zögern ins Ohr steckte.

Empfehlungen von Songtiteln und Interpreten poppten auf. Marlies spielte ein, zwei Lieder an, scrollte dann weiter durch die Liste, um Franz zu zeigen, wie unendlich groß die Möglichkeiten waren.

Sie legte das Handy kurz zur Seite, um sich einen weiteren Löffel Bärlauchsuppe zu genehmigen.

»Warte!«, rief Franz. »Gib das noch mal her. Ich hab da was gesehen.«

»Was hast du gesehen?«

»Mach das noch mal auf. Diese Liste.«

Marlies entsperrte das Smartphone. »Hier. Was bist du denn auf einmal so aufgeregt, Franz?«

»Nein, du musst weiter runterfahren. So wie vorher.

Da ist etwas gestanden. Da. Hier.« Franz tappte mit dem Finger auf das Glasdisplay.

Jetzt sah auch Marlies den Satz oder, besser gesagt, den Titel eines Songs.

Watch me from behind closed eyelids.

*

»Also wenn das die Spitze des Eisbergs ist, dann will ich gar nicht wissen, wie schlimm der Rest ist«, sagte Max.

Drei Zuchtbetriebe, die Vera in ihrer Recherche ausfindig gemacht hatte, hatten sie nun schon besucht. Alles stillgelegte, nicht einsehbare Bauernhöfe an der österreichisch-ungarischen Grenze, die kaum auffielen. Und auch wenn die Betreiber den Eindruck von Normalität vermitteln wollten, normal war das alles nicht. Zumindest nicht für empathische, tierliebende Menschen wie Max und Vera.

Die erste Züchterin hatte sich aktuell auf französische Bulldoggen spezialisiert. Ein ganzes Rudel dieser Modehunde war in einer fensterlosen Baracke ihres Hofes untergebracht.

»Ich dachte zuerst, die sind weiß, aber die hatten ein schwarzes Fell und waren nur weiß von dem Staub und dem Kalk von den Wänden«, erinnerte sich Max an die schnaufenden Welpen in ihrem dreckigen Gefängnis. Pomeraner gab es aktuell bei ihr leider keine im Angebot.

Der zweite Besuch hatte Vera und Max zu einem Einfamilienhaus geführt. Hier durften die Hunde zumindest ins Freie. Das bewies der komplett zugeschissene Garten. Aber die drei Havaneser-Hündinnen wirkten apathisch und erschöpft, mit riesigen Zitzen und verklebten Augen, weil bei diesen durch einen Zuchtfehler die untere Wimpernreihe nach innen wuchs. Auch hier waren die Pomeraner gerade aus. »Säääähr bäliebtä Hundääää«, sagte die Züchterin.

Die dritte Züchterin hatte aktuell auch keine Pomeraner Welpen, wollte Vera und Max aber einen winzigen, supergünstigen King Charles Spaniel verkaufen, der leider zu Kaiserschnittgeburten neigte und ihr deswegen für die Zucht nicht mehr von Nutzen war. Vera hätte den kleinen, schwer atmenden Hund mit seinen traurigen Augen fast aus purem Mitleid mitgenommen.

Natürlich ließ Vera keine Gelegenheit ungenutzt, ein Bild von Denise und Butzi herzuzeigen, das sie auf *Facebook* gefunden hatte. So einen Hund hätte sie gerne, behauptete sie jedes Mal. Und ob der nicht von hier wäre? Sie hoffte auf ein Zeichen des Wiedererkennens. Aber alles, was sie in den Augen der Damen sah, waren Eurozeichen.

»Maine Tantäää hat Pomeraner«, sagte die Besitzerin des unglücklichen King Charles Spaniels schließlich. »Ich kann anrufen, Notsch Neni.«

Vera willigte ein. »Die Notsch Neni besuchen wir noch«, sagte Vera. »Die Adresse liegt eh auf dem Rückweg in Pornóapáti.« Pornóapáti, zu Deutsch Pernau, war ursprünglich ein mehrheitlich deutschsprachiges Dorf gewesen. Nachdem das Burgenland in den Verträgen von Saint Germain und Trianon Österreich zugesprochen worden war, erfolgte am 5. Dezember 1921 die offizielle Übergabe des kleinen Ortes an Österreich. Nur ein Jahr und einen

Monat später gab der Völkerbundrat zehn Gemeinden, darunter auch Pernau, wieder an Ungarn zurück. Den ungarischen Namen fanden manche Witzbolde so lustig, dass die Ortstafeln unzählige Male fotografiert und auch schon gestohlen worden waren.

Vera gab die Adresse ins Navi ein. Wieder führte es sie zu einem heruntergekommenen Bauernhof, der etwas abseits lag. Wieder war die Reaktion auf ihr Klingeln kläffendes Hundegebell. Wieder war es eine Frau, die ihr öffnete. Eine unfassbar dicke Frau. Vera wusste, dass man Menschen heutzutage nicht mehr als dick bezeichnen durfte. Alles, was als körperliche Beurteilung aufgefasst werden konnte, galt heute als Bodyshaming. Zu Recht. Als Mutter einer Teenager-Tochter war es Vera auch wichtig, niemals einen kritischen oder selbstkritischen Kommentar in diese Richtung zu machen. Letta sollte nicht in diese Falle aus Selbstzweifel, Diätwahn und Minderwertigkeitskomplexen taumeln, in die fast jede Frau irgendwann einmal tapste. Dennoch fiel Vera zu dieser Frau hier kein anderes Wort ein als dick. Und das meinte sie nicht wertend, sondern ganz objektiv. Die Frau war um die 60 und trug eine gemusterte Kittelschürze, unter der sich riesige Mengen an Fleisch wölbten. Sie sah aus wie eine Sumoringerin. Der Hals war unter dem Dreifachkinn nicht mehr sichtbar. Das einzig Dünne an ihr war ihr Haar. Es war eindeutig gefärbt. Allerdings in einem schmutzigen, wenig attraktiven Brünettton. Vera bemerkte es, als die Frau den Haargummi löste und die gulaschbraunen Strähnen kurz über die Schultern fallen ließ, bevor sie den dünnen Zopf erneut festzurrte.

Max und Vera tauschten einen Blick aus. Max ergriff Veras Hand. Er hatte schon bei den vorangegangenen Züchterbesuchen die Erfahrung gemacht, dass es glaubwürdig wirkte, wenn sie sich als Pärchen auf der Suche nach einem Kinderersatz ausgaben.

»Sie müssen die Notsch Neni sein«, sagte Vera. »Ihre Nichte hat uns hergeschickt. Wir möchten uns einen Pomeraner zulegen.«

»Die Welpen sind hinten in der Scheune«, sagte die Frau. Sie sprach perfekt Deutsch. Kein Akzent. Aber auch keine Wärme in der Stimme.

»Sie sprechen aber toll Deutsch, ich wünschte, ich würde so gut Ungarisch sprechen«, schmeichelte ihr Max.

»Ich bin Österreicherin, ich habe hierher geheiratet«, stellte die Züchterin fest.

Sie stapfte breitbeinig voraus, begleitet von vier kläffenden Yorkshire Terriern, die auch als Begrüßungskomitee fungiert hatten. Die Hunde waren gleichzeitig aufdringlich und schreckhaft. Sie umsprangen Vera und Max, stoben aber sofort panisch davon, sobald einer von ihnen Anstalten machte, sie anzusprechen oder gar zu berühren.

»Hier.« Die Frau öffnete die Scheunentür.

Im Inneren war nur sehr wenig Tageslicht. Durch die Spalten zwischen den Brettern der Scheune sah man Staubflocken tanzen. Schon beim Öffnen der Tür brach ein unglaubliches Gekläffe los, in das die Yorkies – augenscheinlich die Privathunde der Frau – hysterisch einstimmten. Vera sah Verschläge mit unterschiedlichen Moderassen. Malteser, Chihuahua, Mops. Wahrscheinlich hatte sich die Dame auf Kleinhunde spezialisiert, weil mehr davon in die Verschläge passten, dachte Vera. Ein beißender Ammoniakgeruch lag in der Luft.

»Sie haben aber viele Hunde«, stellte Max fest.

»Mein Mann ist sehr krank, wir brauchen das Geld«, sagte die Frau knapp.

Im Gegensatz zu den bisherigen Betrieben versuchte sie gar nicht, den Anschein zu erwecken, eine private »Hobbyzucht« aus Liebhaberei zu betreiben.

»Hier sind die, die Sie suchen«, sagte sie und deutete auf einen Verschlag ganz hinten. Vera und Max blickten über das Holztürl. Angekotetes Zeitungspapier lag auf dem Boden, etwas Stroh, eine dreckige rote Fleecedecke. Ein Napf mit Trockenfutter, ein anderer mit einer Pampe, die wie in Milch eingebrocktes Weißbrot aussah. Die Näpfe waren schmutzverkrustet und umschwärmt von Fliegen.

Die Mutterhündin lag hechelnd auf der Seite und säugte vier Fellbälle. Ihre rosa Zunge hing aus dem Maul. Die Frau ging hinein, beugte sich stöhnend zur Hündin hinunter, packte zwei der Welpen und drückte diese Vera und Max in die Hände. Vera dachte, dass sie in ihrem ganzen Leben wohl noch nie etwas Entzückenderes gesehen hatte als diese Babyhunde. Sie sahen aus wie zum Leben erweckte Stofftiere. Beigefarbenes, unglaublich flauschiges Fell, runde Knopfaugen, die sie vertrauensvoll anguckten, eine rosa Zunge, die über ihre Hand schleckte.

»Bussis. Er gibt Ihnen Bussis«, stellte die Frau zufrieden fest. »Er mag Sie.«

»Wie viel kosten die Welpen?«, fragte Max.

»2.500 Euro mit Papieren.«

»Für beide?«, fragte Max.

»Für einen«, sagte die Frau.

»Oh, das ist aber teuer, ich habe mit weniger gerechnet.« Vera gab den Welpen zurück. »Sind sie ohne Papiere günstiger?«, fragte Max.

Die Frau schien abzuwägen, wie sie diese Meldung einordnen sollte.

»Wissen Sie, wir bauen gerade ein Haus. Und die Baukosten sind so explodiert. Und die Denise hat Sie uns empfohlen.«

»Wer?«

»Die Denise Csmarits.«

Vera zeigte das *Facebook*-Foto her. Denise und ihr Hund, der Butzi. Dessen Zunge genau so schief aus dem Maul hing wie die der Mutterhündin hier auf dem Boden.

»Kenn ich nicht«, sagte sie und wich Veras forschendem Blick aus.

Sie hatte es schroff gesagt, nicht mit geheucheltem Interesse wie die anderen Hundezüchter, dachte Vera. Aber vielleicht war das auch einfach ihre Art.

Dann sagte niemand mehr etwas. Als die Stille begann, unangenehm zu werden, gab auch Max seinen Welpen zurück.

»Wir überlegen es uns noch«, sagte er, und dann scherzhaft an Vera gewandt: »Ich glaube, wir müssen einen Kredit für die Hunde aufnehmen, nicht für das Haus, Schatz.«

Die Frau blickte erst Max, dann Vera an. »Rufen Sie an, wenn Sie sich entschieden haben«, sagte sie. »Ein Weiberl und ein Manderl sind noch frei. Aber lassen Sie sich nicht zu lang Zeit. Pomeraner sind gerade sehr gefragt. Ich weiß nicht, ob sie nächste Woche noch da sind.«

Sie begleitete Vera und Max aus der Scheune hinaus. Vera sah noch einmal zurück, als das Tor wieder zufiel. Am liebsten hätte sie alle Hunde mitgenommen.

Auf dem Weg zurück zum Auto bemerkte Vera, dass sie aufs Klo musste.

»Entschuldigung, aber darf ich Ihr WC benutzen?« Die Frau verzog das Gesicht. Sie schien nicht begeistert von Veras Anliegen. »Bitte. Und nur wenn es keine Umstände macht. Wir haben noch eine weite Fahrt nach Oberwart.«

Die Frau deutete Richtung Haus. »Wenn Sie reingehen, erste Tür links«, sagte die Frau. »Und seien Sie bitte leise, mein Mann schläft. Kommen Sie.«

Sie machte kurz Anstalten, Vera zu begleiten. Aber dann fragte Max sie etwas zu den Elterntieren der kleinen Pomeraner, und ihr Geschäftssinn entschied, dass es wichtiger war, dieses Gespräch weiterzuführen, als mit der Frau aufs Klo zu rennen.

Vera betrat den Arkadengang. Die Eingangstür stand offen, Vera trat durch einen Vorhang aus Plastikschnüren hinein. Man stand sofort in der Küche. Eine kleine Eckbank, Plastikfolie über dem Tischtuch. In der Spüle schmutziges Geschirr und dreckige Hundenäpfe. Neben der Spüle eine Brotschneidemaschine. Ein Plastiksackerl mit Schmalzgebäck. Ein anderes mit Pogatschen. Überall Brösel und Fliegen, einige Fliegen klebten an einem gelben Band, einem Fliegenfänger, der an der Lampe über dem Esstisch baumelte. Die gefangenen Fliegen schlugen hysterisch mit ihren Flügeln, konnten aber nicht abheben, weil ihre Beine festklebten. Sie würden mit den Flügeln schlagen, bis sie verhungerten oder vor Erschöpfung starben.

Links gab es zwei Türen. Klo und Bad. Die eine Tür hatte eine eingesetzte Milchglasscheibe. Hinter der anderen war die Toilette. Die Schüssel war voller Urinstein. Braunrote Fliesen. An einer Fliese pickte ein Pickerl. »Ein Herz für Tiere«, stand darauf. Auf Deutsch.

Als Vera zurückging, warf sie noch einen Blick auf den Arkadengang. In klassischer Bauweise lag auch bei diesem Streckhof ein Zimmer neben dem anderen. Rechts von der Küche war wohl das Wohnzimmer, dahinter das Schlafzimmer. Die Fenster der beiden Räume zeigten auf den Arkadengang. Obwohl es hier schattig war, waren die vergilbten Gardinen zugezogen. Hinter dem letzten Fenster endete der Arkadengang an einer Tür. Die Wand war hier anders verputzt. Gröber. Ein Zubau. Solche Zubauten waren in der Vergangenheit oft gemacht worden, wenn ein Kind erwachsen wurde und dennoch bei den Eltern am Hof wohnen blieb. Die Extratür ermöglichte es, das Haus zu betreten und zu verlassen, ohne durch das Schlafzimmer der Eltern spazieren zu müssen.

Vera erfasste eine seltsame Unruhe. Etwas, das sie nicht festmachen, nicht erklären konnte. War es, weil diese Hundezüchterin Pomeraner züchtete? Weil sie genauso dick war wie die tote Denise? Weil sie eigenartig reagiert hatte, als sie den Namen Denise gehört hatte? Hatte die Frau etwas mit dem Verschwinden von Alex zu tun? Das war beides lächerlich. Es gab keinen Grund, sie zu verdächtigen. Oder doch? Bildein ist gleich hier über der Grenze, dachte Vera.

Und diese Tür da. Sie war nachträglich eingebaut worden. Auch das war kein Verbrechen. Aber die Machart.

Die Tür wirkte so fehl am Platz in diesem alten Haus. War das eine Feuerschutztür? Vera spürte ein Prickeln auf der Kopfhaut. Sie sah sich nach allen Seiten um, näherte sich dann vorsichtig. Griff nach der Klinke und drückte diese hinunter. Nichts passierte. Die Tür war verschlossen.

VI. ES REICHT!

Die Türklinke hat sich bewegt. Ich habe es genau gesehen, als ich aus der Dusche herausgekommen bin. Jemand hat versucht hereinzukommen. Ich erstarre und drücke das dünne, fadenscheinige Badetuch enger an mich. Als minutenlang nichts passiert, weiß ich, dass es nicht er war, der hereinwollte. Er meldet sich immer mit Lichtzeichen an. Aus Höflichkeit. War das ein Versehen? Oder sucht mich jemand? Haben sie mich gefunden?

Ich warte, bis sich mein Herzschlag wieder beruhigt. Die Türklinke bewegt sich nicht mehr. Niemand ist da. Habe ich mir das alles nur eingebildet? Ich verliere wohl langsam den Verstand.

Ich soll für ihn komponieren, aber stattdessen dusche ich jeden Tag mehrmals, um den Dreck loszuwerden. Den Dreck, den er mir erzählt. Ich weiß jetzt, dass er pervers ist. Andere Männer haben feuchte Träume. Er hat fette Träume. Ihn geilt es auf, wenn ich esse. Wenn er sieht, wie Fleisch und Käse, Kuchen und Schokolade zwischen meinen Lippen verschwinden, sich mein Magen füllt, mein Körper Fett ansetzt, ich immer feister werde.

»Du magst Essen«, sagt er dann immer. »Und Essen macht dich nur noch schöner.« Er macht aus seiner Leidenschaft keinen Hehl. »Du hast einen wunderschönen Bauchnabel, und er wird noch schöner sein, wenn weicher

Speck deinen Bauch säumt.« Das sollte ein Kompliment sein. Aber mir graust nur vor ihm.

Er macht mir mehr und mehr Angst. Was wird er mit mir tun, wenn er mich endlich für fett genug, für schön genug erachtet? Wird er mich braten und essen wie die böse Hexe in Hänsel und Gretel?

Ich habe versucht, mich seinem Essensregime zu widersetzen. Aber Widerstand ist zwecklos. Er hat Lust an der Mast. Genießt es, wie ich Zentimeter um Zentimeter dicker werde. Und ich werde immer fetter und fetter. Ich habe versucht, mich zu verweigern. Da wurde er wütend. Und ich weiß inzwischen, wozu er fähig ist, wenn er wütend ist.

Ich habe versucht, mich danach zu übergeben. Aber er hat es am Geruch bemerkt. Jetzt bleibt er nach dem Essen immer stundenlang bei mir, bis ich alles verdaut habe.

Ich kneife mich in die Hüften, die in den letzten zwei Wochen immer ausladender geworden sind. Blicke hinunter auf meinen runden Bauch. Ich habe mir schon einmal gewünscht, dass er runder werden würde. Damals, als ich schwanger war. Ich darf nicht daran denken.

Ich habe versucht, ihn abzulenken, mit ihm darüber zu reden. Darüber, was am Campingplatz passiert ist. Aber er will nicht darüber reden. »Es ist nichts passiert«, sagt er. »Es ist nichts passiert.« So, als ob es diese Worte ungeschehen machen könnten. Dabei wissen wir doch beide, dass es passiert ist.

Ich hab es auf die liebe Tour versucht. »Ich kann nicht für immer hier bleiben«, habe ich ihm gesagt. »Ich will dich noch nicht gehen lassen«, hat er geantwortet. »Wer wird dann für dich sorgen? Wer wird für dich kochen, wer wird dich füttern? Wer wird dich mästen, Porcina?«

Da habe ich gewusst, es reicht.

KAPITEL 34 _ AN DER GRENZE

Mücken lieben dunkle Farben.

»Ich brauch jetzt was zu trinken, aber was Starkes«, sagte Vera zu Max, als sie wieder in Oberwart angekommen waren.

»Ein Whisky im *Tamdhu*?«, fragte Max. Vera nickte.

»Ich glaube, das wäre jetzt genau das Richtige.« Das Irish Pub auf der Hauptstraße war an diesem Abend sehr gut besucht. Der Gastgarten mit den alten Kastanien war bis auf den letzten Platz besetzt. Auf der Freiluftbühne, die mit kleinen Glühbirnen geschmückt war, spielten sich vier Musiker die Seele aus dem Leib. Die Musik der *Long Beard Brothers* kam gut an. Die vier Männer trugen Hüte und lange Bärte. Zu Banjo, Gitarre, Kontrabass und Drums ertönte ihr mitreißender vierstimmiger Gesang. Ein Sound aus irischen Volksliedern, Country- und Bluegrass-Klassikern und Rock.

Vera liebte die Band. »Wie super, dass die heute hier spielen«, sagte sie zu Max.

Jetzt sangen sie den Country-Music-Klassiker *Achy Breaky Heart*. Die Besucher klatschten im Rhythmus des Liedes oder bewegten sich im Line-Dance-Style dazu. Ein kleines Mädchen drehte sich direkt vor der Bühne so schnell im Kreis, dass ihm schwindlig wurde und es ins Taumeln kam und sich setzen musste.

»Wir sind bummvoll. Ihr könnt euch nur wo dazusetzen«, sagte Carmen, die Besitzerin des Pubs. Carmen war eine Hiesige, aber sie sah irischer aus als manche Iren mit ihren roten Haaren, ihrem Kilt, dem Gilet und der weißen Bluse mit den Ärmelschonern. Sie deutete in den hinteren Bereich des Gastgartens. »Da, ihr könntet euch zum Beispiel zur Marlies setzen. Ihr kennt euch doch aus dem Gartenklub. Oder?«

Vera nickte.

Marlies hatte die beiden Ankömmlinge schon gesehen und deutete, dass bei ihr frei war. Vera und Max nahmen Platz.

»Bist du allein hier?«, fragte Vera, als sie nur ein einziges Glas *Guinness* am Tisch stehen sah.

»Ich warte auf meinen Mann, aber der Karli verspätet sich, es staut sich heute wieder von Wien runter. Der Bus fährt deshalb über die B50 statt über die Autobahn, da braucht er immer länger.«

Max nickte verständnisvoll. Er war auch einmal Pendler gewesen. Kein Zuckerschlecken.

Carmen nahm die Bestellung auf. Ein Whisky der Sorte *Connemara Malt* für Vera und ein Cola für Max.

»Was gibt es Neues?«, fragte Marlies.

»Wir waren in Ungarn bei ein paar Qualzüchtern für Schoßhunde«, sagte Max und verzog das Gesicht.

Marlies nickte verständnisvoll. »Ich habe über die ungarische Hundemafia schon einen sehr dicken Akt.

Er betrifft Österreicherinnen, die die Hunde in Ungarn illegal züchten und dann mit gefälschten Papieren nach Österreich und Deutschland als Rassehunde verkaufen.«

»Bei so einer waren wir heute auch«, sagte Vera. »Ich mache eine Story für den ›Boten‹«, ergänzte sie. Dann erzählte sie Marlies aber doch alles über die dicke Züchterin, ihre komische Reaktion auf das Bild der Denise Csmarits und die versperrte Tür.

»Das kann alles und nichts bedeuten«, sagte Marlies und seufzte.

»Ich wusste, du sagst so was«, begehrte Vera auf.

»Mir ist heute auch was passiert, was alles und nichts bedeuten kann«, erklärte Marlies.

»Echt?« Vera trank einen Schluck Whisky und genoss die angenehme Wärme, die sich in ihrem Bauch breitmachte. Es war ein bisschen kühl und feucht im Gastgarten. Es herbstelte schon.

»Ich habe heute auf einer Musikplattform ein Lied gefunden. *Watch me from behind closed eyelids …* «

»Glaubst du, der Briefschreiber hat die Zeile aus dem Lied?« Vera lehnte sich nach vorne und stützte die Hände auf.

»Möglich, aber vielleicht hat er es auch selbst geschrieben. Der Interpret nennt sich Carlo. So hat auch der Freund von der Csmarits geheißen.«

»Oh mein Gott, konntest du mehr über ihn herausfinden?«

Marlies schüttelte den Kopf. »Noch nicht. Die Plattform verweist auf die jeweiligen Websites der Interpreten, und die von diesem Carlo ist ›under construction‹, sie wird gerade neu aufgesetzt.«

»Und die Fingerabdrücke auf dem Brief? Habt ihr die Fingerabdrücke identifizieren können?«

»Noch nicht. Das ist nicht so einfach.« Marlies schlug nach einer Gelse.

»Warum nicht, sind nicht durch die neuen Pässe alle Fingerabdrücke gespeichert?«, fragte Max.

Marlies schüttelte den Kopf. »Das glauben viele, aber das ist ein Irrtum. Also ganz grundsätzlich haben die im Reisepass gespeicherten Fingerabdrücke nichts mit der Polizei zu tun, und wir haben auch keinen Zugriff auf diese Daten.«

»Irgendwie beruhigend«, stellte Max fest. »Wir sind also doch noch nicht so gläsern, wie alle sagen.«

»Ich erklär euch das jetzt einmal. Ha, hab ich dich, du Biest.« Marlies hatte es geschafft, die Gelse zu erschlagen. »Wenn wir auf einem Tatort Fingerabdrücke sichern können und diese verwertbar sind, werden sie automatisch mit den in Österreich gespeicherten Abdrücken verglichen. Wenn das Ergebnis negativ ist, dann werden sie in einer anderen Datenbank – dazu gibt es den sogenannten *Prümer Vertrag* – abgeglichen. Wenn die verdächtige Person also in einem Land gespeichert wurde, das diesem Abkommen beigetreten ist, dann bekommen wir relativ schnell – so nach zwei bis drei Tagen – die Antwort, wem die Fingerabdrücke gehören.«

Prümer Vertrag. Anfragen im Ausland. Vera dachte scharf nach und versuchte, die Information in Relation zu dem Fall zu setzen.

Bei Max fiel als Erstem der Groschen. »Ich habt bei den Ungarn angefragt?«

»Die Website dieses Carlo, also die, die ›under construction‹ ist, ist eine ungarische«, bestätigte Marlies. »Wir haben die ungarischen Kollegen auch ersucht, eine Adresse der Person ausfindig zu machen, auf die die Website läuft.«

»Und selbst wenn er nicht vorbestraft sein sollte, kann es doch sein, dass die Fingerabdrücke auf dem Brief und der Tatwaffe ident sind«, mutmaßte Vera. »Die Website könnte uns zu ihm führen, oder wir finden ihn über die Hundezüchterin. Die war mysteriös. Gell, Max? Wie hat die geheißen? Notsch Neni?«

Marlies sah auf. »Notsch Neni? Bist du dir sicher?«

»Ziemlich sicher, warum?«

»Nagynéni heißt Tante auf Ungarisch«, sagte Marlies, »und im Übrigen«, sie sah Vera streng an, »wer sagt, dass wir auf der Tatwaffe Fingerabdrücke gefunden haben?« Ihre Mundwinkel zuckten dabei unmerklich.

»Natürlich habt ihr das«, sagte Vera, leerte ihren Whisky und winkte Carmen, einen weiteren zu bringen.

»Ich hoffe, du hast nicht vor, mit dem Auto heimzufahren«, sagte Marlies trocken.

*

Der junge Gefreite blickte in die unendliche Weite der ungarischen Tiefebene, die sich vor ihm ausbreitete. Es dämmerte bereits. Die Landschaft vor seinen Augen wurde immer mehr zu einer diffusen, dunklen Wolke.

Vielleicht lag das auch an dem Joint, den er heimlich geraucht hatte. Anders konnte man sich hier in der Einöde ja nicht amüsieren.

Leo hatte sich wegen des Geldes zum Dienst an der Grenze versetzen lassen. 3.000 Euro netto monatlich. Das war für einen 20-Jährigen ohne Ausbildung ein Haufen Geld. Für ein bisschen In-der-Gegend-Herumstehen. Das hatte sich nach einem guten Deal angehört, den er allerdings mittlerweile bereute.

Da waren einmal die Nächte: Sie mussten entweder im Freien Wache schieben und sich die Beine in den Bauch stehen oder im Gruppenzelt dahinvegetieren. Die Grenzsoldaten von niedrigem Rang schliefen hier in der Pampa zu acht in einem viel zu kleinen Zelt. Wie die Sardinen mussten sie sich quer in das Zelt schlichten. Die Füße schauten seitlich raus. Ein ewiges Gejammere, Gestoße, Gefurze und Geschnarche war das. Und auch die eigentliche Tätigkeit, das Einfangen der Flüchtlinge, die tagtäglich über die grüne Grenze ins Land strömten, war wesentlich weniger reizvoll, als er sich das vorgestellt hatte.

Er dachte an die Anweisungen seines Ausbildners. Was hatte der Oberstabswachtmeister Uray gesagt? »Ihr schreits einfach ›Halt! Österreichisches Bundesheer!‹, wenns einen von denen sehts. Und wenn die net stehen bleiben, dann repetierts die Waffe. Die Sprache verstehen alle, wurscht, woher sie kommen.«

Ha, wenn es so einfach wäre. Letztens hatte sein Freund, der Edin, eine aufs Maul bekommen. Von einem Schlepper, den er anhalten wollte. Und wie der Edin dann den Schlepper todesmutig verfolgt, von hinten angesprungen und überwältigt hatte, hatte er auch noch einen Anschiss vom Oberstabswachtmeister bekommen. Die Anhaltung war nämlich zwei Meter vor der Grenze passiert. In Ungarn, nicht in Österreich. Und in Ungarn durften sie nichts. Gar nichts. Nicht einmal repetieren. Und schon gar keine Schlepper anspringen.

Leo rieb sich die trockenen Augen, hörte auf, in die Pampa zu starren, und merkte, wie er langsam Appetit bekam. Eine Nachwirkung des Joints. Er setzte sich auf den Boden und widmete sich seiner Kaltverpflegung, bestehend aus einer letscherten Semmel und einer Dose Leberaufstrich, die nach Katzenfutter roch. Zum Glück war Gras appetitanregend, sonst hätte er das Zeug nicht hinuntergebracht. Er schnitt die Semmel in zwei Hälften, stach mit seinem Feldmesser in die rosa Fleischmasse und verteilte etwas davon auf der Semmel.

Als er die Semmel hinuntergewürgt hatte, war es dunkel. Leo saß im Gras und war müde. Er hatte heute Nachtwache. Ob er wohl heimlich ein Nickerchen machen konnte?

Da hörte er Schritte hinter sich. Er erschrak und sprang auf. War das der Oberstabswachtmeister Uray, der seine Truppen kontrollierte? Würde er ihm ansehen, dass er high war? Nein, falscher Alarm. Es war nur sein Kollege, der Edin, dem auch fad war. Der Edin war auch nur wegen des Geldes an der Grenze. Edin war Rekrut, kein Gefreiter, ein Dienstgrad unter Leo, obwohl er genau so lang oder, besser gesagt, so kurz dabei war wie dieser. Der Rekrut ließ sich deswegen nichts anmerken, aber Leo wusste, dass ihn das wurmte. Edin verzog angewidert das Gesicht, als er den Leberaufstrich sah. »Musst es ja nicht fressen«, sagte Leo. Edin war 20, genauso alt wie Leo, aber während der Leo in den Klubs immer seinen Ausweis herzeigen musste, war der Edin gebaut wie der Unglaubliche Hulk. Groß, breit und vermutlich voll mit Anabolika. Er hatte wie immer Kopfhörer in den Ohren und die Hand auf der Waffe. Der Edin, der war ein Waffennarr. Das wusste der Leo. Der liebte es, die schwarze Glock P80, die er am Hüftgurt trug, auseinander- und wieder zusammenzubauen. Immer und immer wieder. Der Edin hätte die Flüchtlinge liebend gerne erschossen, aber weil er das nicht durfte, machte er meist das Zweitliebste: umrennen, zu Boden werfen und festhalten.

»Hey, was geht, Bruder, alles gut?«, sagte Edin. Das war auch so ein Tick von ihm. Dieses »Bruder«.

»Nix geht«, sagte Leo. »Passt eh alles.«

Im nächsten Moment sahen sie einen Schatten. Der Schatten war noch ein gutes Stück entfernt, aber er bewegte sich. Ein Mensch, der lief. Und dieser Mensch rannte genau auf Edin und Leo zu. Wahrscheinlich sah er die beiden gar nicht. Grüne Uniformen an der grünen Grenze. Perfekte Tarnung. Keine Ahnung, warum die Outfits beim Österreichischen Heer seit Neuestem auf braun gefleckt umgestellt wurden. Lag vielleicht am Klimawandel.

»Na, der hat es aber eilig, zu uns rüberzukommen«, sagte der Edin. Sein Griff um die Waffe wurde fester. Die meisten Flüchtlinge schlichen sich still und heimlich über die Grenze. Diese Person hier kam angerannt. Schnaufend und keuchend, wie die beiden nun hören konnten.

»Lass mich, bitte lass mich«, quengelte der Edin mit der gleichen Begeisterung, mit der Leos kleiner Bruder früher gequengelt hatte, wenn es darum ging, wer beim Autofahren vorne sitzen durfte.

»Du musst warten, bis er in Österreich ist«, sagte Leo.

»Ich weiß!«, rief Edin und machte wieder ein paar Schritte zurück ins Landesinnere. Er wollte nicht noch einmal denselben Fehler machen wie bei dem Schlepper.

Aber der Läufer hatte die beiden schon gesehen. Er blieb stehen. Auf ungarischer Seite, wie Edin bedauernd bemerkte. Vielleicht wusste er aber auch nicht, wo er sich befand. Bis auf ein paar Grenzsteine, die in der Dunkelheit ohnehin nicht zu sehen waren, deutete ja nichts auf die Grenzlinie hin.

»Österreichisches Bundesheer. Bleiben Sie stehen!«, schrie der Edin trotzdem.

»Ich steh ja schon«, sagte eine Stimme trocken. Eine weibliche Stimme. Eine Frau. Das war eine Frau.

Edin drehte seine Taschenlampe auf. Gleißendes Licht. Weißes Licht. Wo ihnen doch der Oberstabwachtmeister eingeschärft hatte: »Lichttarnung«. Lichttarnung war das Wichtigste. Sie sollten in so einer Situation, wenn überhaupt, nur das rote Licht auf der Lampe anmachen. Wenn eine weiß leuchtende Taschenlampe wieder ausgeht, sieht man danach im Dunkeln eine Zeit lang nix. Bei Rotlicht passiert das nicht. Aber der Edin, der war eben selbst nicht der Hellste.

Im gleißenden weißen Strahl der Taschenlampe stand eine Frau. Sie war blond und sehr hübsch, aber sie trug viel zu enge Kleider. Drei Knöpfe der Jeans standen offen. Das T-Shirt spannte über Busen und Bauch. Ihr Gesicht wirkte blass und aufgedunsen. Leo und Edin hatten schon viele Flüchtlinge gesehen, aber noch keine in zu engen Kleidern. Die meisten waren nach der wochenlangen entbehrungsreichen Flucht so fertig und ausgezehrt, dass ihnen die Kleider in Fetzen vom Leib hingen.

»Hier geht's nicht weiter«, sagte Edin.

»Wie bitte?« Die Frau wirkte verblüfft.

»Außer Sie kommen zu uns rüber, dann müssen wir Sie festhalten.«

Leo war sich nicht sicher, ob Edin den Joint geraucht hatte oder er. Bei dem Blödsinn, den der verzapfte.

»Aber ich bin Amerikanerin«, sagte die Frau.

»Das ist mir scheißegal«, sagte Edin, der die Amerikaner nicht mochte.

Leo war sich nicht sicher, ob das scheißegal war oder nicht. Die Ukrainer sollten sie auch nur durchwinken, so die Anordnung von Oberstabswachtmeister Uray. Galt das auch für Amerikaner? Aber wenn diese Frau Amerikanerin war, warum redete sie dann mit österreichischem Akzent? Band sie ihnen einen Bären auf?

»Und ich bin auf der Flucht«, ergänzte die Frau.

»Ha, also doch«, sagte Edin, zog seine Waffe aus dem Holster und repetierte.

»Edin, hör auf mit dem Blödsinn. Die kooperiert doch eh«, sagte Leo, der spürte, dass von der Frau keine Gefahr ausging.

»Können Sie sich ausweisen?«, fragte er die Frau.

»Nein, aber mein Name ist Alex Woods.«

»Klingt erfunden«, raunte Edin Leo zu.

Leo seufzte. »Sie kommen jetzt mit«, stellte er fest. Und versuchte, seiner Stimme einen autoritären Klang zu geben.

»Okay«, sagte Alex und spazierte über die Grenze.

KAPITEL 35 _ ALEX ERZÄHLT

Experimente mit Bienen haben gezeigt, dass der Einfluss von Alkohol bei Insekten ganz ähnlich ist wie bei Menschen: Die Koordination wird schwierig, es treten also Probleme beim Krabbeln und Fliegen auf.

Marlies hätte den Anruf fast überhört. Der Karli war ins *Tamdhu* nachgekommen. Und Vera, Max, Karli und sie hatten sich nun ebenfalls zur Bühne vorgedrängt, um den *Long Beard Brothers* zuzujubeln.

Es war der Karli, der bemerkt hatte, dass da jemand versuchte, die Marlies zu erreichen. »Du vibrierst«, hatte er gesagt.

»Ja, vor Energie und Glück. Die Musik ist ein Hit.« Marlies hatte ihn angestrahlt.

»Nein, dein Handy vibriert.« Er deutete auf ihre Jackentasche.

Marlies zog das Telefon heraus. Das Gesicht ihres Kollegen und Vorgesetzten blickte ihr auf dem Display entgegen. »Das ist der Franz. Um die Uhrzeit? Das muss etwas Dienstliches sein.«

Der Karli nickte nur verständnisvoll. Er war seit 28 Jahren mit der Marlies verheiratet. Er war solche Störungen gewohnt.

Vera, die hinter den beiden gestanden war, spitzte die Ohren, als Marlies zu sprechen begann. Zum Glück stimmten die *Long Beard Brothers* gerade eine ruhigere Ballade an. *You can't always get what you want* von den Stones. Vera konnte nun zumindest lauschen, wie sie wollte.

»Was? Was sagst du?«, rief Marlies aufgeregt ins Telefon. »Sie sagt, sie ist Alex Woods? Ist sie es wirklich? Ist sie okay? Ja klar, ich komme sofort.«

»Was ist passiert?«, wollte Vera wissen. »Haben sie Alex Woods gefunden? Lebt sie?«

»Das ist dienstlich«, sagte Marlies.

»Marlies, bitte«, stöhnte Vera.

»Ich muss sofort nach Bildein«, sagte Marlies. »Oh verdammt, ich kann nicht fahren. Ich habe zwei große *Guinness* getrunken.«

»Ich auch«, sagte der Karli schuldbewusst.

»Ich kann dich fahren«, sagte Max. »Ich habe nur Cola getrunken.«

»Aber wir sind mit meinem Auto unterwegs. Dann komme ich mit«, stellte Vera klar.

Marlies überlegte kurz. Es war Samstagabend. Die *Inform*, eine Messe mit allseits beliebtem Volksfest, hatte begonnen. Alles war auf den Beinen. Trinken, feiern, Party machen. Sie konnte ein Taxi rufen. Aber es konnte eine Stunde dauern, bis das da war. »Also gut, ihr könnt mich fahren«, willigte sie ein. »Aber ihr wartet im Auto«, sie fuhr sich durch die Haare, »der Franz bringt mich um, wenn ich zu einer Zeugenbefragung mit der Lokalpresse auftauche.«

Franz sah tatsächlich ein bisschen überrascht drein, als Marlies mit Vera und Max im Schlepptau beim Militärlagerplatz im Bildeiner Wald auftauchte.

»Sie haben mich nur gefahren, weil ich zwei *Guinness* getrunken habe«, stellte Marlies klar. »Das letzte übrigens vor über einer Stunde. Ich bin also komplett nüchtern im Kopf, aber ich wollte nicht …«

»Wenn du zwei *Guinness* getrunken hast, kannst du auch keine Befragungen durchführen«, stellte Franz klar. »Wir sind nicht in so einem Regionalkrimi, wo sich die Kommissare vor den Befragungen reihenweise Obstler reinstessen.« Und dann etwas versöhnlicher: »Aber du kannst zuhören. Die ausführliche Einvernahme wird ohnehin erst morgen sein. Aber die wichtigsten Einzelheiten möchte ich jetzt gleich von ihr hören. Diese Frau ist verschwunden, nachdem vor ihrem Zelt ein Mann erschlagen wurde. Wir wissen nicht, ob sie selbst Opfer oder Täterin ist.«

»Ich bin ein Opfer«, sagte Alex schrill. »Dieser Irre ist mir zum Zeltplatz nachgeschlichen. Er hat Bernd Biela niedergeschlagen und mich entführt. Er hat mich fast drei Wochen in seinem verdammten Tonstudio gefangen gehalten.«

»Sind Sie okay? Hat er … hat er Ihnen was angetan?«, fragte Marlies.

»Er hat mich nicht vergewaltigt, wenn Sie das meinen, aber er hat mir dennoch körperliche Gewalt angetan. Er hat mich anders gequält. Der Typ ist krank. Komplett pervers. Ein Feeder.«

»Was ist ein Feeder?«, fragte Franz.

*

Carlo erzählte Alex von seiner Vision. Immer und immer wieder. Die Vision von einer schöneren Welt ohne Diäten und Magerwahn. Eine Welt, in der sich dicke Frauen nicht mehr schämen mussten, sondern ihre großen Bäuche mit Stolz vor sich herschieben durften. Eine Welt, in der Völlerei und Genuss wichtiger waren als der Drang, sich ständig zu kasteien und zu kontrollieren. Wo man als Frau wieder Platz und Raum einnehmen durfte. Carlo empfand Fülle als eine köstliche, liebevolle, sexy und durch und durch weibliche Angelegenheit. Er fand, dass eine Frau erst durch Gewichtszunahme ihre individuelle Schönheit erlangte. Dürre Frauen, die sahen figurmäßig doch alle gleich aus. Hinten und vorn flach wie ein Brett. Aber die fetten Frauen? Da sah keine aus wie die andere. Jeder Frauenkörper veränderte sich anders, wenn er sich nur ausdehnen durfte. Die einen entwickelten einen prallen Bauch, die anderen eine hocherotische Hängewampe. Und wieder andere bekamen massige, anbetungswürdige Stampfer. Fettwerden machte auch Brustimplantate überflüssig. Ausschweifendes Essen reichte völlig aus, um riesige Titten zu bekommen. Wie schön und sexy würde Alex werden, wenn sie nicht so stur wäre.

»Weißt du, ich würde dir so gerne zu deinem vollen Potenzial verhelfen«, sagte er und lächelte Alex an.

»Aber ich fühle mich so wohl, wie ich bin, ich will nicht zunehmen«, protestierte sie.

Er lächelte. »Das ist die Gesellschaft, die dir ein unsinniges Schönheitsideal einredet. Du wirst dich noch viel wohler fühlen, wenn du dich von diesen Fesseln befreist.«

Alex ließ ihre verspannten Schultern knacken. »Ich mach mir nicht so viel aus Essen. Das hab ich dir doch schon gesagt.« Sie bemühte sich, ihrer Stimme einen geduldigen Klang zu geben.

»Es muss doch irgendein Gericht geben, das du mit schönen Gefühlen verbindest«, beharrte er. »Irgendein Kindheitsessen, Kartoffelpüree mit Butter, Milchreis mit Benco, Schnitzel?« Alex dachte nach. »Fondue? Fondue. Das hat es zu Silvester immer gegeben. Ich gehöre zu den wenigen Menschen, die Silvester mögen. Es fühlt sich immer an wie ein Neubeginn.« Sie knackste noch mal mit dem Nacken.

»Ich werde dir das beste Fondue deines Lebens machen«, sagte er. Und er hielt Wort.

Er hatte das zarteste Fleisch gekauft, das zu bekommen war, Rinderfilet, Schweinslungenbraten, Hühnerbrüste, Riesengarnelen. Er hatte winzige Kartoffeln gedämpft und in Butter, grobem Salz und Rosmarin geschwenkt. Er hatte etliche Grillsoßen selbst angerührt. Schnittlauchsoße, Knoblauchsoße, Currysoße, American Dressing. Dazu Dips aus Avocados oder Oliven, mit Schafskäse oder Ziegenkäse. Es gab eingelegte Paprika, ungarische Krautsalate, marinierte Zwiebeln, selbst gemachten Nudelsalat mit Schinken und Käse, Couscous-Salat mit Granatapfelkernen, Nüssen und Minze. Er hatte sogar Brot gebacken. Knuspriges Baguette mit einem flaumigen Kern.

»Wer soll das alles essen?«, fragte Alex ungläubig, als er anfing, den Tisch zu decken. »Du, Porcina«, sagte er, »wir müssen nur warten, bis das Öl heiß ist, dann können wir anfangen.«

Er erhitzte das Öl auf dem kleinen Gasherd, bis es begann, kleine Bläschen zu bilden. Dann stellte er es auf das Metallgestell. Drehte den Spiritusbrenner etwas zurück.

»Was möchtest du als Erstes, Porcina?«

»Rind«, sagte Alex. »Medium rare.« Er spießte ein Stück auf den Fonduespieß und tauchte es in das siedende Öl. »Möchtest du inzwischen Brot, Porcina?« Er bestrich ein Stück Baguette mit Gewürzbutter und schob es ihr in den Mund. »So ist es brav. Das wird ein Festmahl.« Er leckte sich die Lippen.

Alex schnürte es den Hals zusammen, aber sie würgte den viel zu fetten Happen hinunter. Wie ihn das aufgeilte. Aber das Brot war erst der Anfang gewesen. Jetzt ein Stück Fleisch mit Remouladensoße. Dann eine Kartoffel. Ein bisschen Nudelsalat. Je mehr sie kaute, desto mehr erregte es ihn. Sie merkte, dass sie satt war. Das war der Punkt, wo es für ihn erst spannend wurde. »Noch einen Bissen, meine Schöne. Und noch einen. Nimm einen Schluck Wasser, dann rutscht es besser.«

Alex würgte einen Schluck Wasser hinunter, obwohl sie dachte, sie würde platzen. Ihr Bauch tat ihr weh.

»Darf ich dich auch einmal füttern?«, fragte sie.

Er sah sie überrascht an.

Er war ein Feeder, kein Feedee. Er sah den Sinn nicht.

»Bitte«, sagte sie. Er ließ sich überreden. »Aber nur so zum Spaß, warum nicht?«

Sie drehte den Spiritusbrenner hoch. Steckte ein Stück Rinderfilet auf einen dunkelbraunen Holzspieß, der hinten einen roten Plastikpunkt hatte.

»Wie magst du es?«, fragte sie.

»Medium rare«, sagte er.

»Mach die Augen zu«, sagte sie. »Das ist sinnlicher.« Er schloss die Augen, öffnete den Mund. Leckte sich erwartungsvoll über die Lippen.

Das Nächste, was er spürte, war ein nie geahnter, unfassbarer Schmerz. Ein Schmerz, der wie aus der Hölle kam. Er schrie auf. Alex hatte ihm das siedende Öl ins Gesicht geschüttet.

Er wollte aufspringen, aber der Schock streckte ihn zu Boden. Er fiel, wand sich vor Schmerzen, schrie und wimmerte. Es tat so weh, so unendlich weh. Er brüllte und schrie und schnappte nach Luft, und als er dachte, er könne die rasenden Schmerzen gar nicht mehr ertragen, wurde er erlöst.

*

Marlies ging zum Wagen zurück. »Ich glaube, wir brauchen doch deine Hilfe«, sagte sie. Vera versuchte, sich ein triumphierendes Lächeln zu verkneifen. »Alex Woods gibt an, sie sei entführt gewesen. Von einem Carlo. Du hast also doch den richtigen Riecher gehabt. Schaun wir uns mal dein Tantchen an.«

»Ja, ich habe es gewusst«, sagte Vera triumphierend.

Marlies stieg nicht darauf ein. »Sie konnte entkommen und hat ihren Entführer in dem Raum eingesperrt, in dem sie selbst die letzten zweieinhalb Wochen gefangen gehalten wurde. Das Problem ist nur, sie weiß nicht, wo das genau war. Sie ist einfach losgerannt, sie hat sich weder umgeschaut noch das Haus eingeprägt. Aber sie hat gesagt, sie hat aus einer Scheune Hunde bellen gehört. Viele Hunde. Und dieser Carlo hat ihr wohl erzählt, dass seine Tante Hunde züchtet, weil sein Onkel schwer krank ist. Wir brauchen den *Google-Maps*-Standort von dem Hof, auf dem ihr heute wart.«

Sie wandte sich an Franz. »Hast du die ungarischen Kollegen informiert?« Der nickte nur.

»Na, dann los.« Vera und Max fuhren voraus, da sie den Weg kannten, Franz mit Marlies auf dem Beifahrersitz und Alex auf der Rückbank hinterher. Als die beiden Wagen an der Adresse ankamen, waren die Kollegen schon da.

»Rendőrség«, Polizei, stand auf dem blau-weißen Renault, der vor dem Streckhof parkte. Franz hatte ihnen die Info gegeben, dass die österreichischen Behörden auf der Suche nach einem mutmaßlichen Entführer waren. Laut Zeugenbericht hatten sie Grund zur Annahme, dass sich besagter Carlo möglicherweise in diesem Streckhof aufhielt. Wobei noch nicht klar war, ob dieser Carlo österreichischer oder ungarischer Staatsbürger war.

Das könnte wieder ein Papierkram werden, dachte Franz.

Marlies beugte sich zu Alex nach hinten. »War es hier? Sind Sie von hier weggelaufen?« Diese nickte nur.

»Sie können im Auto sitzen bleiben. Vera, Max, ihr bleibt bei ihr.«

Marlies und Franz betraten den Innenhof, aus dem bereits lautes Stimmengewirr drang.

Eine unglaublich dicke Frau gestikulierte wild und deutete zum Haus. Die beiden ungarischen Beamten redeten beschwichtigend auf sie ein.

»Was ist los, warum habt ihr nicht auf uns gewartet?« Marlies hatte den einen Beamten zur Seite genommen. Zum Glück sprach er gut Deutsch, wie viele der Ungarn in der Grenzregion.

»Wollten wir ja. Aber wir sind vorgefahren, und sie ist sofort herausgelaufen und hat gedacht, wir kämen ihr zu Hilfe. Sie hat die Polizei und die Rettung verständigt.«

»Hilfe wofür?«, fragte Marlies.

»Jemand hat ihrem Neffen kochendes Öl ins Gesicht geschüttet. Er ist schwer verletzt. Sie sagt, es war wohl ein Beziehungsstreit mit der Freundin des Neffen.«

KAPITEL 36 _ DAS WAR SO FURCHTBAR

Was sich die Fallschirm-Leuchterblume für die Bestäubung ihrer Blüten hat einfallen lassen, ist ein kompliziertes Täuschungsmanöver mit Freiheitsberaubung. Sie imitiert den Geruch sterbender Honigbienen, der auf Nistfliegen unwiderstehlich wirkt. Die Fliegen stürzen sich in die Kesselfallenblüten und werden dann dort gefangen gehalten.

»Das war so furchtbar, der hat ausgesehen wie der Niki Lauda nach dem Unfall, nur das Ohr hat er noch dran gehabt.« Hilda Horvath hatte den verletzten Carlo, der im echten Leben Milán Bence hieß, zwar nicht gesehen, aber Vera hatte ihr alles ganz genau beschrieben.

Und was die Vera ihr nicht beschrieben hatte, konnte sich Hilda zusammenreimen. Sie hatte ja einen Hausverstand.

»Und dann diese unsäglichen Schmerzen«, sagte Hilda. »Es gibt nichts Schmerzhafteres als Verbrennungen. Überleg amal, wie lang des wehtut, wennst dir nur den Finger beim Backen verbrennst. Und dem sein ganzes G'sicht ist verbrennt.«

Die Frau Csmarits nickte grimmig. »G'schieht ihm recht. Mir tut er nicht leid. Jetzt, wo ich weiß, dass er meine Denise quasi zu Tode gefüttert hat.«

Sie hatte Denises Tagebuch der Polizei übergeben. Und die hatte im Tonstudio dann auch noch eine Festplatte gefunden. Da waren Fotos drauf gewesen von der Denise und dem Butzi und dann auch ein paar von der Alex. Immer waren die abgebildeten Frauen beim Essen aufgenommen worden. Berge von Essen waren auf diesen Fotos zu sehen gewesen. »Foodporn der anderen Art«, hatte die Vera gesagt.

Hilda und die Frau Csmarits waren wie jeden Nachmittag mit den Hunden im Kurpark unterwegs. Die Hunde waren leinenlos und jagten laut bellend einem Eichhörnchen hinterher.

Die beiden Damen ließen sie gewähren. Die Eichhörnchen waren ohnehin flink auf dem nächsten Baum, bevor sie einer der Hunde erwischen konnte. Sie hatten sich getroffen, um Informationen auszutauschen. Die Hilda erzählte, was sie aus ihrer Tochter herausgequetscht hatte. Und die Frau Csmarits erzählte, dass die Kriminalpolizei sie besucht hatte. »Die wollten wissen, ob ich glaub, dass die Denise auch gefangen gehalten wurde«, sagte sie.

»Und, glauben Sie das?«

Die Frau Csmarits schüttelte den Kopf. »Nein, aber da hat er ja auch keinen Grund gehabt. Sie war so verliebt in ihn. Sie wollte ja mit ihm zusammen sein. Zumindest am Anfang. Und als sie genug von ihm hatte, ist sie wieder heim zu uns. Aber da war es schon zu spät. Da hatte sie wohl schon viel zu viel Cholesterin. Wahrscheinlich hat er die Alex festgehalten, weil er nicht wollte, dass sie ihn auch verlässt.«

Hilda nickte. »Man sagt ja immer, Liebe geht durch den Magen. Aber das hat mit Liebe nichts zu tun. Das ist ein Geisteskranker.« Sie tippte sich mit dem Finger gegen die Stirn.

»Mich würd interessieren, welche Rolle die Tante gespielt hat«, sinnierte Frau Csmarits. »Bei der Polizei hat sie angegeben, dass sie von nichts gewusst hat.«

»Mir kannst das nicht erzählen«, sagte Hilda. »Die muss was mitbekommen haben. Dass da Frauen im Tonstudio gewesen sind. Allein die Unmengen an Essen, die der Carlos angeschleppt hat. Das muss ja auch irgendwo zubereitet worden sein.«

Die Hunde hatten eingesehen, dass die Eichhörnchen oben am Baum unerreichbar waren, und fanden ein neues Ziel, dem man nachjagen konnte. Kurgäste.

»Herr Schröder, Butzi, da kommts her!« Hilda brüllte die Hunde an, die kläffend an zwei Parkbesuchern hochsprangen. »Die tun nichts. Die wollen Sie nur begrüßen.«

»Und was glaubst, passiert jetzt mit diesem Verbrecher?«, fragte die Frau Csmarits.

»Den haben s' in eine Verbrennungsklinik gebracht. Wahrscheinlich kommt er in den künstlichen Tiefschlaf. Und wenn s' ihn dann wieder aufwecken, müssen s' ihm Haut von den Oberschenkeln und vom Hintern ins Gesicht transplantieren. Das hab ich im Internet gelesen, dass das so g'macht wird. Der tragt dann quasi seinen Orsch im G'sicht. Na, bei dem passt das eh. Ein

Orschg'sicht. Und wenn der Orsch dann gut ang'wachsen ist, kommt er ins Gefängnis. Ich weiß aber nicht, ob er ins ungarische oder ins österreichische Gefängnis kommt. Die Vera hat es auch nicht gewusst. Der war ohnmächtig, als die Polizei kommen ist. Wenn man sich schwer verbrennt, klappt der Kreislauf zusammen.« Hilda seufzte. »Bin gespannt, was der den Polizisten für Märchen erzählen wird, wenn er wieder aufwacht. Der wird sicher seine Haut retten wollen. Obwohl es da eh nichts mehr zu retten gibt. Bei den Brandwunden. Der wird sein Leben lang mit einem Kapperl oder einem Hut herumlaufen müssen, damit sich die Leute nicht schrecken. Wobei, im Gefängnis ist es wahrscheinlich wurscht, wie du aussiehst.« Sie dachte kurz nach. »Vielleicht ist es sogar besser, wennst schiarch bist.« Sie wandte sich wieder dem Hund zu. »Herr Schröder, da komm her, Fuß. Sie brauchen keine Angst haben. Der will nur spielen.«

*

Vera saß mit Alex auf der Veranda von Hackis und Bettys Haus. Alex hatte sich bereit erklärt, Vera ein Interview für den »Burgenländischen Boten« zu geben. Das einzige Interview, wie sie betonte. »Und das nur, weil du eine gute Freundin meiner Schwester bist.«

Vera blickte Alex verständnisvoll an. Sie sah fertig aus. Aufgedunsen, mit einem dicken Pickel auf dem Kinn und strähnigen Haaren. Der dunkle Nachwuchs am Haaransatz war deutlich zu sehen. Die Fingernägel waren abgekaut.

Alex verzog das Gesicht zu einer Grimasse. »Morgen fliege ich nach Mexiko. In ein Retreat. Es wird von einem Schamanen geführt, der mir schon einmal geholfen hat, als es mir schlecht ging. Ich will diese ganze Geschichte so schnell wie möglich hinter mir lassen.«

»Danke, dass du bereit bist, mir die Geschichte zu erzählen. Ist es okay, wenn ich unser Gespräch aufzeichne? Es geht nur darum, dich später richtig zu zitieren.«

Alex nickte und begann zu sprechen.

»Wir waren auf einer Party. Bei einer gewissen Birgit. Mike hat die angeschleppt. Eine Vorarlberger Künstlerin, die hier in Bildein ihr Atelier hat. Er findet immer Frauen, die ihn hofieren.« Sie lächelte dünn. Aber es war kein nettes Lächeln. »Diese Birgit war so eine Mischung aus Fan und Gönnerin. Hat uns zu Ehren eine große Party gegeben. Als Musikerin kennt man diese Sorte Mensch. Das sind Leute, die umgeben sich gerne mit uns, weil sie sich dann selbst wichtiger nehmen können. Es tut ihrem Image gut.«

Sie sah Vera scharf an. »Das brauchst du jetzt aber nicht schreiben.«

»Natürlich nicht«, sagte Vera.

»Irgendwer hat den Leuten wohl was in die Drinks gemischt. So ganz off the record, ich glaube, das war die Gastgeberin selber. Partypillen, damit alle lockerer werden. Damit ihre Party unvergesslich wird. Ich war auf der Hut, ich hab nur Wasser getrunken und ein bisschen Champagner. Aber den Hacki hat es ziemlich ausgeknockt.« Ihre Mundwinkel zuckten. »Der ist halt ein Landbub. Der kennt so was nicht. Für den ist schon

Uhudler eine Droge. Der Hacki war wie in Trance. Voll weggespaced. Betty war unauffindbar, also habe ich auf Hacki aufgepasst. Ich war sozusagen seine Drug-Nurse. Ich habe dafür gesorgt, dass er genug Wasser trinkt, sich in nichts reinsteigert, nicht aus Versehen noch mehr von dem Zeug abbekommt. Er ist ja mein zukünftiger Schwager. Ich habe mich für ihn verantwortlich gefühlt. Irgendwann war Betty dann wieder da. Sie hat mir später erzählt, dass sie ihr auch was in die Drinks gemischt haben, und das hat sie wohl ein bisschen paranoid gemacht. Sie hat den Hacki rausgezerrt.«

»Wie spät war es da?«, fragte Vera.

Alex sah sie überrascht an. »Keine Ahnung, aber es war sicher weit nach Mitternacht. Ich hab mir dann Sorgen um die beiden gemacht. Ich hab gedacht, ich geh lieber nachschauen, ob sie und der Hacki sicher beim Zeltlager angekommen sind. Aber dort waren sie nicht. Ich wollt schon wieder gehen. Da stand auf einmal dieser Bernd Biela hinter mir. Der war auf ein Abenteuer aus und ist mir wohl nachgestiegen. Er hat gesagt, dass er mich immer schon heiß gefunden hat.«

Sie sah Vera bedeutungsvoll an. »Weißt du, das ist so ein Erfolgstyp. Der nimmt sich, was er will.«

»Mhm.« Vera spürte ein flaues Gefühl im Magen. Diese Bernd-Sache ließ sie immer noch nicht kalt. Jedes Mal, wenn sie an ihn dachte, war da dieser Mix aus Peinlichkeit und Enttäuschung. Sie versuchte, teilnahmslos dreinzuschauen und sich nichts anmerken zu lassen.

»Und er war ja auch voll auf Drogen, hat mich zugelabert.« Alex fuhr sich durch das strähnige Haar. »Zuerst hab ich ihn reden lassen. Aber dann ist er immer zudringlicher geworden, wollte mich küssen. Hat gesagt, dass ich noch genauso heiß wäre wie damals im *Carwash*. Er ist immer näher gekommen, und ich hab gesagt, wenn er mit dem Blödsinn nicht aufhört, fang ich zu schreien an. Und dann hab ich geschrien, und er, voll auf Drogen, hat ebenfalls geschrien. So ›Buh‹, wie man ein kleines Kind erschreckt. Und hat die Augen aufgerissen und die Arme in die Höhe geworfen wie so ein Monster und hat so getan, als wolle er sich auf mich stürzen. Und zack, dann ist er plötzlich umgefallen wie ein Baum.« Alex riss die Augen auf, als hätte sie das Erschrecken von damals wieder gepackt.

»Da war dieser Stalker, dieser Carlo. Er hat dem Bernd mit einer Schaufel eins übergebraten und mich dann an der Hand gepackt und zu seinem Lieferwagen gezerrt. Er hat mich hinten reingestoßen. Da lag eine Matratze. Das war wohl sein Campingschlafplatz. Und dann ist er losgefahren. Ich weiß nicht, wie lang die Fahrt gedauert hat. Es ist mir wie eine Ewigkeit vorgekommen. Aber vielleicht war es auch nicht so lang, wie ich dachte. Wir waren dann auf einem Hof. Ich habe Hundegebell gehört. Er hat mich in sein Tonstudio gebracht. Er hat gesagt, er ist auch Musiker. Und dass er sich jetzt um mich kümmern würde. Und dann hat er mich dort festgehalten.« Sie machte eine Pause.

»Rauchst du? Ich hätte jetzt urgerne eine Tschick.«

Vera schüttelte den Kopf. »Was glaubst du, warum hat er den Biela niedergeschlagen?«

»Warum?« Alex riss die Augen auf. »Er wollte mich retten. Dieser Irre dachte, Bernd würde mich wirklich bedrohen. Und er wollte mich ganz für sich haben. Er hatte mich schon seit Tagen verfolgt.« Sie steckte den Daumen in den Mund und fing an, am Nagel zu knabbern.

»Betty hat gesagt, du hast ihn in der Nacht gesehen, als er auf dem Weg zu mir war, um mich zu entführen.«

Vera nickte. »Auf dem Weg zurück von den Klos. Er hat mich zu Tode erschreckt, weil er mir an den Hals gegriffen hat.«

»Das war nicht sein einziger Spleen«, sagte Alex grimmig. »Er wollte Frauen nicht nur ständig berühren. Er wollte sie auch zu Tode mästen. Schau mich an.«

Sie stand auf und zwickte sich selbst in Hüften und Bauch. »Ich schau aus wie ein Schwein.«

Vera fand, dass Alex eigentlich ganz normal aussah, vielleicht hatte sie ein paar Kilo mehr als vor drei Wochen, die ihr nicht einmal schlecht standen. Aber Vera verkniff sich eine Beurteilung.

»War er … hat er …? Also hat er dich …?«, fragte sie.

»Ob er mich vergewaltigt hat? Das hat mich die Polizei auch gleich gefragt.« Sie schüttelte den Kopf. »Nein, ich glaube, ich war ihm noch nicht schön genug, nicht fett genug. Sein Kick war es, mich zu füttern. Immer und immer wieder. Glaub mir, das ist auch eine Art Vergewaltigung. Schau dir mal diese Fetischportale im Internet an, wo sich diese Feeder tummeln. Das sind richtig perverse Schweine. Die träumen von Fettpumpen und Mastschläuchen. Ich will gar nicht wissen, was der noch alles mit mir angestellt hätte, wenn ich ihm nicht entkommen wäre. Er ist dann böse geworden, weil ich nicht mehr essen wollte, nicht mehr essen konnte. Sehr böse.

Ich musste mich wehren. Ich hab ihn mit seinen eigenen Waffen geschlagen.«

»Eigenen Waffen? Du hast ihm einen Liter kochend heißes Fondue-Öl ins Gesicht geschüttet.«

»Genau«, sagte Alex. »Fett. Ich habe ihn mit Fett besiegt.«

KAPITEL 37 _ DAS BLIAMAL

Bei täglich zehn Ausflügen mit 20 Blütenbesuchen bestäubt eine Sammelbiene 200 Blüten am Tag.

»Ich bin so froh, dass der Fall gelöst ist und ihr nicht mehr verdächtig seid.«

Vera saß mit Betty und Hacki im *Bliamal*. Das Gartencafé hatte heute den ersten Tag offen und machte seinem Namen alle Ehre. Überall sah man Blumen und Pflanzen. Als Sträuße, in Töpfen, als Samen und Zwiebeln im Essen und in den Limonaden und im Tee. Zarte Wiesenblumen waren in ausgedienten Marmeladengläsern arrangiert, die Johanna dekorativ umhäkelt hatte. Buschige Gartensträuße kamen in alten Kristallvasen prächtig zur Geltung. Buntes, angeschlagenes Emaillegeschirr vom Flohmarkt beherbergte nun Farne und Hauswurzen.

Drinnen war das Gartencafé urig und gemütlich. Es gab eine Handvoll Tische, einen Schaukelstuhl, eine Couch mit selbst bestickten Kissen und eine Kredenz mit Gartenbüchern.

An den Wänden hingen viele kleine Bilderrahmen mit Illustrationen aus alten Botanikbüchern: Blumen, Wurzeln, Pilze und Früchte.

Johanna hatte eine alte Kredenz zur Kuchenbar

umfunktioniert. Diese war nun Display für Kuchen und Kekse, die keine Kühlung brauchten. Im Eingangsbereich gab es eine weitere Kredenz. Sie enthielt jede Menge Gartenbücher sowie Kisten mit Samen und Körbe mit Stoffen und Wolle. Jeder Gast konnte hier etwas reinstellen und dafür etwas anderes entnehmen.

Es war ein richtiges Wohlfühlcafé geworden, in dem man sommers wie winters Zeit verbringen, relaxen und stöbern konnte.

»Ich liebe euer Geschirr«, sagte Vera und zeigte auf ein Tablett mit bunt zusammengewürfeltem Porzellan. Teller mit Goldrand, Lilienporzellan, Gläser mit orangefarbenem 70er-Jahre-Blumenprint. »Manches ist so schiach*, dass es schon wieder schön ist«, stellte sie fest und deutete auf ein Weinglas, das an das 50-jährige *Raika*-Jubiläum im Jahre 1975 erinnerte.

Die meisten Gäste tummelten sich an diesem Eröffnungstag freilich draußen im Gastgarten.

Mathilde, Eva und Johanna hatten alle Hände voll zu tun, den schier nie enden wollenden Strom an Besuchern zu bedienen. Man hatte zusätzlich zu den gusseisernen Gartencafémöbeln lange Heurigentische aufgestellt, damit an diesem besonderen Abend jeder Besucher Platz nehmen und verweilen konnte.

Die Tische waren mit Hausleinen gedeckt. Johanna hatte rund um den Gastgarten weitere Staudenbeete angelegt, in denen inmitten des Blumenmeers Rosenkugeln aus Keramik für zusätzliche Farbtupfer sorgten.

Der Einfachheit halber gab es heute nur ein einziges

---

* hässlich

warmes Gericht, aber das war etwas ganz Besonderes: Rotweinnudeln mit Salzzitronenpaste und Parmesan. »Die Nudeln sind ein Traum«, sagte Vera und drehte ein paar der dunkelroten Linguini auf ihre Gabel. »Als ich hörte, dass dafür Nudeln in Rotwein gekocht werden, war ich erst skeptisch. Aber das hier ist ein Gedicht!«

»Geheimrezept von der Regine Polczer vom Eisenberg«, sagte Johanna im Vorbeigehen. »Woher kennst du es dann, wenn es so geheim ist?«, feixte Mathilde, die gerade zwei Portionen davon am Nebentisch servierte. »Sie hat es mir im Geheimen verraten«, lachte Johanna.

»Weil sie weiß, dass bei der Johanna Geheimnisse gut aufgehoben sind. Nicht so wie bei dir, Mathilde«, feixte Hacki.

Mathilde streckte ihm die Zunge heraus.

Hacki war unerwartet gut gelaunt und gelöst.

»Habt ihr schon gehört, der Gemeinderat hat ein Veto gegen das Bauprojekt am Csaterberg eingelegt. Da gibt es jetzt ein paar junge, engagierte Winzer, die mehr Weitblick haben, und die haben auch aufgedeckt, dass alle diese Verkäufe und Umwidmungen nicht ganz mit rechten Dingen zugegangen sind. Vera bringt in der nächsten Ausgabe des ›Burgenländischen Boten‹ eine große Reportage darüber. Und das Beste …«, Betty streichelte Hacki über den Arm, »Hacki kriegt seinen Grund zurück! Der Tod des Investors und jetzt das – das ist zu viel negative PR für die Verantwortlichen. Da brechen sie lieber ihre Zelte ab und ziehen zum nächsten Weinberg weiter.«

»Das sind wirklich schöne News«, sagte Vera. »Und ich bin froh, dass mein Artikel dazu beitragen kann.«

»Deine Story über Alex war auch toll«, sagte Hacki.

»So einfühlsam. Es war sicher nicht leicht, da den richtigen Ton zu treffen. Nicht zu sachlich und nicht zu sensationsheischend.«

»Alex hat aber auch sehr offen und ehrlich mit mir gesprochen«, sagte Vera. »Sag mal, Betty, hatte deine Schwester einmal einen Hit, der *Carwash* hieß?«

»Nicht dass ich wüsste. Aber sie hatte einige Songs, die bei uns nicht so bekannt sind – warum fragst du?«

»Sie hat im Interview erwähnt, dass Bernd sie in *Carwash* toll fand. Ich dachte, das ist ein Video, hab im Netz aber nichts dazu gefunden und es dann im Interview weggelassen. Ist ja auch nicht so wichtig.«

»Warum hast du sie nicht selbst gefragt?«

»Sie ist nicht mehr im Lande. Sie ist nach Mexiko geflogen, zu einem Schamanen. Sie will die bösen Energien loswerden.«

»Verständlich«, sagte Hacki.

»Also hier sind nur gute Energien«, stellte Betty fest. »Es ist einfach perfekt, das *Bliamal*, und man sieht überall Johannas Handschrift.« Sie sah sich um.

»Schau mal, ist das da hinten nicht deine Mutter?« Hacki deutete auf Hilda, die neben einer alten Schmalztesn stand und von Letta gefilmt wurde.

Vera schüttelte den Kopf. »Das war ja klar, meine Mama und meine Tochter nutzen Johannas großen Tag, um *TikTok*-Werbung in eigener Sache zu machen.«

»Lass nur«, sagte Eva versöhnlich. »Ich mag den Kanal von deiner Mutter. Sie ist so unverblümt.«

»Unverblümt ist das richtige Wort.«

Das Gespräch in der Gruppe verstummte, und alle sahen

neugierig hinüber, wie Letta das Smartphone auf ihre Oma richtete und zu sprechen begann.

»Oma, heute reden wir über die ernsten Seiten des Lebens. Es sind in diesem Sommer ein paar schreckliche Dinge passiert. Eine Entführung, ein Mord, dieser schlimme Hagel. Du hast ja in deinem Alter schon viel erlebt. Wie schafft man es generell, in schwierigen Lebenssituationen nicht den Mut zu verlieren?«

»Na, des is einfach, da gibt es genau eines, was man sich in solchen Situationen sagen kann.«

»Lass mich raten«, sagte Letta. »Gib alles, nur nicht auf.« Sie strahlte Hilda erwartungsvoll an. »Das sagst du immer, wenn ich rumjammere.«

»Der Spruch ist auch wahr, aber den mein ich nicht.«

»Vertraue auf dich, dann hilft dir Gott«, riet Letta. »Das hast du auch schon oft gesagt, Oma.«

»Von mir aus, das könnts euch da draußen auch hinter die Löffel schreiben. Aber ich hab einen Satz für euch, an dem könnts euch festhalten. Selbst wenns keine Kraft und kein Vertrauen mehr habts. Mit diesem Satz ist eigentlich alles gesagt.«

»Und der wäre, Oma?«

Hilda grinste verschmitzt. »Der Satz lautet: Es ist, was es ist. Aber es wird, was du daraus machst.«

»Das ist alles, Oma?«

»Genau, denk amal darüber nach. Und jetzt bring mir auch solche Rotweinnudeln, ich hab an Hunger.«

THE END

EPILOG

»Der Frauenfütterer ist tot!« Der Chefredakteur sah von seinem Schreibtisch auf. »Es steht im Newsletter von der ungarischen Bezirkszeitung.«

»Der wer?« Vera sah ihn fragend an.

»Der Verrückte, der die Sängerin zu Tode mästen wollte. Wie hat die noch mal geheißen? Alex Stones?«

»Alex Woods. Alex Woods hat sie geheißen. Das Ganze ist gerade einmal ein paar Wochen her! Sie war bei uns auf dem Titelblatt, und du weißt ihren Namen nicht mehr?«

»Ich hab auch viel im Kopf den ganzen Tag«, der Chefredakteur tippte sich auf die Stirn, »da kann ich mir nicht alle Kleinigkeiten merken.«

»Wie ist er gestorben?«, fragte Vera. »Da steht Sepsis«, sagte der Chefredakteur. »Wahrscheinlich ein Krankenhauskeim.«

»Das darf ich nicht meiner Mutter erzählen, die geht mir nie wieder in ein Spital.«

»Für den armen Teufel war der Tod sicher eine Erlösung. Der konnte nicht einmal mehr sprechen. Wusstest du, dass seine Zunge auch verbrannt war? Das war ein infernalisches Fegefeuer, das der durchgemacht hat. Der hat seine Strafe wirklich gekriegt. Fährst du heute noch zu deiner Bestatterfreundin?«

»Warum?«

»Ich hab einen Haufen Altpapier für sie. Die braucht doch immer alte Zeitungen, um ihre Särge auszustopfen, hast du mir erzählt.« Er deutete auf einen Karton mit Zeitungen und Zeitschriften, der in der Ecke stand. »Die liegen bei mir seit Ewigkeiten auf dem Dachboden. Ich hab gedacht, ich heb sie auf, vielleicht sind die mal was wert. Aber jetzt sind mir da die Mäuse rein und haben alles angefressen. Also ich geb sie deiner Freundin gerne, wenn ihr nicht graust.«

»Betty ist Bestatterin. Der graust vor gar nichts«, sagte Vera und dachte an die Nacht, als Betty ohne mit der Wimper zu zucken eine Leiche exhumiert hatte.

Betty grauste wirklich vor nicht viel. Sie nahm den Karton mit den Zeitschriften gerne an.

»Hier ist schon wieder Hochbetrieb«, sagte sie. »Mein ganzes Kühlhaus ist voll. Der Max und ich wissen gar nicht, wo wir zuerst hingreifen sollen. Falls du einen Nebenjob brauchst …«

Vera winkte dankend ab. Sie bemerkte zu ihrer Freude, dass sie es genoss, dass Betty und sie sich viel besser verstanden als früher. Betty bezeichnete sie seit dem gemeinsamen Abenteuer auf dem Friedhof als Freundin, und langsam wurden sie wirklich welche.

»Nein danke, aber ich hör mich um«, verabschiedete sich Vera.

Betty hob den Karton an, um ihn in ihr Lager zu schleppen. Es war der obere Teil einer Bananenkiste und nicht sonderlich stabil. Das bemerkte sie, als beim Anheben die Zeitschriften plötzlich durchbrachen und alles auf den

Boden fiel. »Verdammt!« Sie bückte sich, um die Zeitschriften wieder einzusammeln. Echt schade, dass da die Mäuse reingekommen waren. Nicht angeknabbert hätten Sammler dafür wohl Liebhaberpreise bezahlt. Ein »Playboy« aus 1998 mit Eiskunstläuferin Katarina Witt am Cover. Leider hatten die Mäuse ein Loch in ihr Dekolleté gefressen. »Donald Duck«-Hefte und jede Menge Musikzeitschriften, »Bravo«, »Popcorn«, »Pop Rocky«. Das war noch eine Zeit, als man Poster und Starschnitte sammelte und damit sein Zimmer tapezierte. Sie klaubte die Zeitschriften wieder auf. Da blieb ihr Blick an einer englischsprachigen Zeitschrift hängen. 1995. Ein blonder Mann mit halblangem Haar und trotzig-traurigem Blick auf dem Cover. Kurt Cobain. Es war ein amerikanisches Musikmagazin. Betty war damals ein riesiger *Nirvana*-Fan gewesen. Das musste sie sich jetzt genauer ansehen. Sie setzte sich mit überkreuzten Beinen auf den Fußboden, las den Bericht über die spektakuläre Grunge-Band aus Seattle und schwelgte in Erinnerungen.

Sie blätterte noch ein bisschen in der Zeitschrift und wollte sie gerade weglegen, als ihr Blick auf einen anderen Artikel fiel. Ein viel kleinerer Artikel als der über Kurt Cobain. Nur ein Foto und zwei Spalten Text. »Good bye Girl«, war der Titel. Und auf dem Foto waren Alex und ein Mann zu sehen. Betty begann zu lesen und gleichzeitig im Kopf zu übersetzen.

Good bye Girl

Eine erfolgreiche Band zu bilden ist schwer. Noch viel schwieriger ist es, sie unter Kontrolle zu hal-

ten! Oft kommt es zu Konflikten zwischen den Mitgliedern und/oder dem Management. So gesehen bei der Girlsband FAQ, *der nach dem Sieg bei »California sucht den Superstar« alle Türen offen stehen. Doch noch bevor die Mädels ihre Tour beginnen, ist das A aus* FAQ *auch schon wieder Geschichte. Austro-Import Alexandra Pomper flog aus der Band. Unser Fazit: Besetzung großartig, Musik hervorragend, aber irgendwie dürfte es hinter den Kulissen der Band doch ordentlich gekriselt haben. Und das, obwohl Alexandra noch vor einer Woche turtelnd mit Börsenmakler Bernie Facker im In-Lokal* Carwash *gesehen wurde. Facker gilt trotz seiner Jugend als wichtiger Investor für Popkultur und hat maßgeblich Geld in die im Studio kreierte Band gepumpt. Ob da wohl der »Return of Invest« nicht gegeben war? Bernie Facker war auf Anfragen der Redaktion nicht erreichbar. Die PR-Agentur von* FAQ *hat bestätigt, dass man sich aufgrund interner Probleme leider von Alexandra Pomper hatte trennen müssen.*

Sie starrte auf das Bild. Ihre Schwester, blond, schön, blutjung. Wie alt sie wohl damals war? 18? 19? Das musste nach dem großen Streit gewesen sein, bei dem sie Alex aus der Wohnung geworfen hatte. Sie und Alex hatten wochenlang nicht miteinander gesprochen. Bis zu dem Ausflug ans Meer. Bis zu dem Autounfall. Sie starrte auf das Bild. Der Mann, der den Arm um Alex' Hüfte gelegt hatte, war gut zehn Jahre älter als sie, sah aber aus ihrer heutigen Perspektive ebenfalls unglaublich jung aus. Er hatte ein hübsches Babyface, eine Frisur, bei der die Haare an den Seiten und hinten kurz und am Oberkopf strubbelig waren. Die Haarspitzen waren blond gefärbt. Dazu trug er einen kurzen Ziegenbart am Kinn und einen Bartflaum auf der Oberlippe. Bartmode, die erst Jahrzehnte später in Oberwart ankommen würde. Und noch etwas stimmte an diesem Bild nicht. Betty rieb sich die Augen und starrte das Bild an, bis schwarz-weiße Punkte vor ihren Augen tanzten. Die Unterschrift war falsch. Das waren nicht Alexandra Pomper und Bernie Facker. Das waren Alexandra Pomper und Bernd Biela.

Sie überlegte, wie spät es jetzt wohl in Mexiko war. Überschlug im Kopf die Zeitdifferenz. Es war weit nach Mitternacht. Egal. Sie musste jetzt mit Alex sprechen. Sofort. Sie startete einen Webanruf. Ließ es klingeln. Eine Ewigkeit lang.

»Hallo.« Eine Stimme von ganz weit weg. Die Stimme klang fremd. War Alex high? »Was ist mit dir los?«

»Microdosing«, sagte Alex und lachte. »Mein Schamane schwört darauf. Man nimmt ganz kleine Mengen an psychodelischen Heilpilzen. Das soll gegen Depressionen wirken und helfen, Traumata zu überwinden. Aber ich glaube, für mich ist schon eine kleine Menge zu viel gewesen. Ich leg mich besser wieder hin.«

»Nein, bitte, Alex. Es ist wichtig. Ich hab da einen Zeitungsartikel gefunden aus 1995. Da steht was über dich und einen Bernie Facker. Aber der Typ auf dem Foto, das ist Bernd Biela. Erklärst du mir das bitte?«

Eine lange Pause.

»Alex, bist du noch da?«

»Ja.« Alex schien nachzudenken. Es war nicht ganz klar, ob sie darüber nachdachte, was damals gewesen war, oder überlegte, ob sie das, was gewesen war, erzählen sollte.

Sie stieß hörbar Luft aus. »Er hat seinen Namen geändert, er hat den Mädchennamen seiner Mutter angenommen. Er wollte nicht Facker heißen. In einem englischsprachigen Land kannst nicht erfolgreich sein, wenn du Facker heißt.« Sie lachte. Das Lachen wirkte nervös. »Damn, ich glaube, ich spür echt die Pilze. Können wir nicht morgen reden?«

»Du bleibst jetzt dran«, sagte Betty. Es klang wie ein Befehl. »Ich erinnere mich. Lass mich raten. Du warst mit ihm zusammen. Damals, als du das Kind verloren hast, bei dem Autounfall. Du hast gesagt, jetzt ist der kleine Bernie tot.«

»Hab ich das? Es hätte mit uns eh nie funktioniert.«

»Er war Financier deiner Band, ihr wart zusammen und dann wart ihr plötzlich nicht mehr zusammen, und du warst schwanger. Bist du deshalb aus der Band geflogen?«

Wieder Schweigen.

»Alex, rede mit mir.«

Wieder Schweigen. Dann sprudelte es plötzlich aus ihr heraus. »Er wollte, dass ich ihn heirate. Das Kind kriege. Mit ihm Familie spiele. Ich hätte alles aufgeben sollen. Die Musik, das Singen. Und das, obwohl wir kurz vor dem Durchbruch waren. Ich wollte das nicht. Ich wollte noch nicht Mutter sein. Mit 18.«

Ihre Stimme war auf einmal ganz anders, monotoner, ruhiger. Waren das die Pilze?

»Ich wäre eine lausige Mutter geworden, Betty. Du weißt doch, wie unfähig unsere Mutter war. Was sie uns emotional angetan hat, mit der Art, wie sie uns behandelt hat. Wir sind doch beide psychisch belastet.«

»Und was ist dann passiert?«

»Ich hab ihm gesagt, dass ich das Kind nicht will, dass ich panische Angst habe, Mutter zu werden. Dass ich es wegmachen lassen werde. Dass ich singen will. Auf Tournee gehen will. Dass diese Band meine einzige große Chance ist. Die Chance meines Lebens. Dass er mir mein Leben ruiniert, wenn er mich jetzt mit einem Kind an Haus und Herd fesselt.«

»Und was hat er gesagt?«

»Er ist ausgeflippt. Hat geheult, weil ich die Karriere über unsere Liebe stelle. Hat mir gesagt, dass ich kein Recht habe, sein Kind umzubringen. Dass er mir das nie verzeihen wird. Wir haben fürchterlich gestritten. Und Schluss gemacht. Und eine Woche später hat mir das Management von *FAQ* mitgeteilt, dass sie mich nicht mehr in der Band haben wollen. Dreimal darfst du raten, wem ich das zu verdanken hatte.«

»Du bist aber nicht abtreiben gegangen?«

»Ich wollte es. Aber vor der Klinik haben mich so christliche Fundamentalistinnen mit winzigen Plastikbabys in den Händen aufgehalten, von Gott gefaselt und auf mich eingeredet, es nicht zu tun. Die haben mich so fertig gemacht. Ich wusste nicht mehr, was ich tun sollte. Ich hab zu Gott gebetet, dass er mir die Entscheidung abnimmt. Und am nächsten Tag hast du angerufen, ob wir an den Strand fahren wollen, und dann hat sich die Sache anders erledigt. Du hast mich an den Haaren gerissen, du hast die Sache erledigt.«

»Ich hab gar nichts erledigt!«, schrie Betty. »Du hast das Lenkrad verrissen.«

»Wenn du es sagst.« Alex musste jetzt wirklich in Trance sein. Eine hellwache Alex hätte nämlich nun ebenfalls losgebrüllt.

Betty zögerte, bevor sie die nächste Frage stellte. Die wichtigste Frage. »Was ist in Bildein passiert?«

»In Bildein? Ich habe meinen einzigen Hit gesungen. *Two Times a Fool.* Das Lied, zu dem er mich inspiriert hat. Und er hat es nicht einmal gecheckt. Genauso wenig, wie er gecheckt hat, dass er mein Leben zerstört hat. Die *FAQ* sind weltberühmt geworden. Die haben Millionen gescheffelt. Meine ehemaligen Band-Kolleginnen sind heute mit Popstars und Fußballern verheiratet. Sie zeigen sich mit ihren perfekten Familien in ihren Traumhäusern auf *Instagram*. Sie haben eine eigene Modelinie oder machen Schmuck oder Parfüm. Sie haben alles. Und ich? Ich lebe in einem fucking Trailerpark und tingle durchs Südburgenland.« Sie begann zu weinen. »Und jetzt sitze ich in einer dreckigen Hütte in Mexiko und vögle meinen Schamanen, damit ich das Retreat nicht bezahlen muss, und lasse mich mit Giftpilzen füttern. Das ist aus mir geworden.«

»Was hast du getan?«, flüsterte Betty.

»Ich wollte ihn nicht umbringen. Wirklich nicht. Wir haben gestritten. Wie damals. Er hat mich wütend gemacht, da habe ich mit dem Spaten nach ihm geschlagen. Ich wollte ihm nur wehtun.«

»Das ist Bullshit, man schlägt nicht einfach so mit dem Spaten nach jemandem, um ihm wehzutun. Das war vorsätzlicher Mord, Alex. Du hast ihn unter irgendeinem Vorwand zum Zeltplatz gelockt und dann erschlagen.«

»Wenn du es sagst«, sagte Alex gleichmütig. »Dann war es wohl so. Aber ich hatte einen guten Grund. Er hat mein Leben zerstört.«

»Ich frag mich nur, wie du es geschafft hast, die Fingerabdrücke dieses Stalkers auf die Mordwaffe zu bekommen«, sinnierte Betty.

»Das war leicht«, triumphierte Alex. »Ich hab ihn am Vortag gebeten, damit Holz für ein Feuer kleinzumachen. Du weißt ja, dass dein Hacki immer nur das Beste kauft. Das war so ein Multifunktionsspaten mit Sägefunktion.«

»Du hast ihn also ausgenutzt. Oh mein Gott, du warst gar nicht entführt? Wahrscheinlich hast du ihm auch was vorgegaukelt.«

»Ich hab ihm nichts vorgegaukelt. Er hat mich ständig gestalkt. Er war auf einmal da und hat gefragt, was los ist. Ich hab gesagt, es war ein Unfall, aber dass er es niemandem sagen darf, weil ich ein Star bin und nicht mit so was in Verbindung gebracht werden darf. Er hat angeboten, mich mit zu sich nach Hause zu nehmen. Ich dachte, es ist eine gute Idee unterzutauchen, bis ein bisschen Gras über die Sache gewachsen ist. Ich hab ihn gefragt, ob er mich beschützen mag. Er war begeistert. Dieser Idiot.«

»Du hast diesen Mann eiskalt ausgenutzt. Weißt du überhaupt, dass er inzwischen gestorben ist? Du hast zwei Menschen auf dem Gewissen.«

»Sei nicht so selbstgerecht«, antwortete Alex. »Der Typ war schwer gestört. Ein Psycho. Du hast keine Ahnung, was ich alles ertragen musste für diese Gastfreundschaft. Ich habe immer noch fünf Kilo zu viel.«

»Du narzisstisches, manipulatives Miststück«, sagte Betty, die sich nicht mehr zurückhalten konnte. Sie rang nach Worten. »Ich leg jetzt auf. Genieße deinen Trip. Ich werde …«

»Was wirst du, mich bei den Bullen vernadern? Sei nicht lächerlich. Das kannst du nicht machen. Wir sind Schwestern. Zwillingsschwestern. Blut ist dicker als Wasser.« Täuschte sie sich, oder klang Alex' Stimme plötzlich einen Tick unsicherer?

»Außerdem bist du schuld, dass ich damals mein Kind verloren habe …«

Von wegen unsicher. Sie würde sich niemals ändern.

Tut, tut, tut … Betty hatte aufgelegt.

*

»Irgendwas stimmt bei diesem Fall nicht!«, sagte Marlies. »Das hab ich im Urin.«

»Gibst du noch immer keine Ruhe?«, fragte Franz. »Der Akt ist längst geschlossen.«

»Weil es nach dem Tod von Milán Bence am einfachsten war. Auch für die Ungarn. Keiner von uns mag diese grenzüberschreitenden Ermittlungen, wo man ständig um Zuständigkeiten streiten muss. Aber mir sind da einfach zu viele Unstimmigkeiten. Lauter Sandkörner, aber zusammen ergeben sie ganz viel Sand im Getriebe.«

»Und das wäre?« Franz stand auf und schloss das Fenster. Der Herbst war da, und ein kalter Wind war aufgekommen. »Hast du gehört, dass der Hacki wieder Wein macht, er hat sich mit dem Polczer zusammengeschlossen. Ich freu mich für ihn.«

»Ja, das ist schön, aber lenk nicht ab.«

»Also gut, erzähl mir von deinem Sand im Getriebe.«

Marlies atmete tief ein. »Erstens, Alex Woods hat angegeben, dass Bernd Biela ihr nachgestiegen wäre. Wir wissen aber, dass er eine Penisverletzung hatte, können also davon ausgehen, dass er alles, was eine Erektion herbeigeführt hätte, vermieden hätte.«

»Hmmm, aber er war auf Drogen«, sagte Franz. »Und manche Männer denken immer an Sex.«

»Sexistisches Stereotyp«, wehrte Marlies den Einwurf ab. »Zweitens, die Fingerabdrücke von Milán Bence auf der Tatwaffe lassen auf einen sehr ungewöhnlichen Griff beim Gebrauch schließen. Auf gut Deutsch: So greift niemand zu, wenn er wen erschlagen will.«

»Es war stockdunkel, er hat gepackt, was er in die Finger kriegen konnte, und irgendwie zugeschlagen.«

»Alex Woods Fingerabdrücke waren ebenfalls auf dem Klappspaten.«

»So wie die von Hacki und Betty, die wir ebenfalls ausgeschlossen haben.«

Marlies gab nicht auf. »Und drittens, und das kommt mir am seltsamsten vor, es gibt von ihr keine Fingerabdrücke innen an der Tür des Musikstudios, in dem sie angeblich wochenlang gefangen gehalten wurde. Die Tür muss also offen oder angelehnt gewesen sein, als sie geflohen ist.«

»Vielleicht hat der Entführer die Türklinke abgewischt.«

»Nachdem sie ihm das Gesicht verbrannt hat und bevor er in Ohnmacht gefallen ist?«

»Oder es war die Tante. Die wollte ihren Neffen schützen.«

»Das impliziert aber gefinkeltes kriminalistisches Denken.«

»Alex Woods hatte kein Motiv«, schloss Franz. »Wir können den Fall erst wieder aufnehmen, wenn wir ein Motiv haben. Der Staatsanwalt wird einer Wiederaufnahme sonst nie zustimmen.«

Das Telefon läutete. Marlies hob ab.

»Marlies, bist du es?«

»Ja?«

»Hier ist Betty, Betty Pomper. Ich möchte«, sie räusperte sich, »ich muss eine Aussage machen. Ich weiß jetzt, wer Bernd Biela wirklich umgebracht hat.«

MEIN LIEBLINGSREZEPT. EINFACH, SCHNELL & KÖSTLICH.

Blaufränkische Rotweinnudeln mit Salzzitronen von Regine Polczer

Zutaten:

1,75 Liter Rotwein
0,25 Liter Wasser
400 g Pasta
2 EL Zucker
1 TL Salz
2 Handvoll Blattspinat, klein gehackt, oder auch
2-3 Rosetten TK-Blattspinat
oder auch einfach gehackten Porree
250 ml Schlagobers (Sahne)
Chiliflocken oder Chili aus der Mühle
2-3 EL (je nach Geschmack) Salzzitronenpaste
Frischer Parmesan

Zubereitung:

1,75 Liter Rotwein, am besten unseren Blaufränkisch, und 0,5 Liter Wasser mit 2 EL Zucker aufkochen und ca. 20 Minuten köcheln lassen. 1 TL Salz beimengen und nochmals 5 Minuten köcheln.

Darin 400 g Pasta al dente kochen (ca. 8 Minuten).

Pasta abseihen und bitte nicht mit kaltem Wasser abschrecken. Damit würdest du die Stärke von der Pasta abspülen und die Soße kann sich nicht perfekt mit der Pasta verbinden.

Soße:
2 Handvoll frischen, gehackten Blattspinat (oder auch 2-3 TK-Rosetten), 2-3 EL Salzzitronenpaste und 250 ml Obers vermengen und kurz aufkochen.

Anstatt des Spinats kann man auch frischen Lauch fein hacken, in Olivenöl kurz anbraten und dem Obers und den Salzzitronen beimengen.
Die Soße nun mit Chili und/oder Pfeffer abschmecken.

Vorsicht: kein Salz mehr verwenden, da dieses bereits reichlich in der Salzzitronenpaste vorhanden ist.

Soße und Pasta vermengen und frischen Parmesan drüberhobeln.

Dazu Polczer Blaufränkisch servieren und einfach nur genießen.

Salzzitronenpaste:
Bio-Salzzitronenpaste gibt es im *Mülihaisl*, Eisenberg 1a, in Eisenberg an der Pinka. Man kann sie natürlich auch leicht selber machen. Dazu brauchst du aber Zeit und Geduld. ;)

Man nehme: Bio-Zitronen und grobes Meersalz.

Die Zitronen einschneiden und mit grobem Meersalz füllen. Ca. 3 Zitronen in ein Glas (ideale Möglichkeit zum Recyceln deiner alten 500g-Gläser) geben und mit dem Saft von einer Zitrone übergießen. Dies wiederholen und die gefüllten Gläser einfach bei Zimmertemperatur an einen gut zugänglichen Ort stellen. Die Gläser nun täglich einmal gut durchschütteln. Nach 15 Tagen die Gläser mit heißem Wasser bis zu ¾ des Glases auffüllen. Wieder gut verschließen und den täglichen Schüttelvorgang weitere 6 Wochen fortsetzen. Nach gesamt ca. 8 Wochen hat sich deine Geduld gelohnt und das Salz hat nun gemeinsam mit dem Zitronensaft die Zitronenschale fein mürbe gemacht. Die Zitronen nun vierteln, gegebenenfalls entkernen, pürieren und in kleine Gläser füllen. So sicherst du dir deinen Salzzitronenpastenvorrat für ein Jahr.

DANKE EUCH VON HERZEN!

Dieses Buch entstand in meinem dritten Jahr als Schriftstellerin. Ich wollte erstens dem Burgenländischen Rockfestival *picture on* (www.pictureon.at) ein Denkmal setzen und fand das Thema Wein spannend. Winzer Hans Polczer vom Weingut Polczer (www.polczer.at) am Eisenberg erklärte mir geduldig, was die großen Herausforderungen seines Berufs sind. Danke dafür. Als seine Frau Regine bei einem Besuch am Weingut großartige Rotweinnudeln auftischte, stand auch gleich fest: Dieses Rezept muss ins Buch. Ich danke euch. Im Rahmen von Crowdfarming kann man bei den Polczers übrigens Blaufränkisch Rebstöcke für eine selbst bestimmte Dauer adoptieren. Als Entlohnung gibt es den fertigen Wein. Die Arbeit erledigen die Profis im Weingut.

Die Figur der Johanna ist von der allerbesten Gartenfreundin Tina Schabhüttl inspiriert. In diesem Band bekommt Johanna ein Gartencafé, das von meiner Social-Media-Crowd auf *martina_parker_schreibt* virtuell eingerichtet wurde. Danke, liebes Parker Pack, für eure tollen Ideen. Beim Pflanzen-Know-how gab es sowohl Unterstützung von Tina als auch von Tanja Westfall-Greiter (www.tanjasgarten.at), die in diesem Buch als Figur auftaucht. Danke auch an den Geid in Aschau und seine Tochter Ines, die mich dort hingebracht hat, sowie an ihren Mann Peter Prisching, der mir für Veras Date mit

Bernd Biela die Penthouse-Suite des *AVITA*-Hotels (www.avita.at) geborgt hat.

Details zu Bestattung und Begräbnissen kamen von Robert Inghofer. Danke dafür. Die zur Polizeiarbeit von Karin Hirczy-Hirtenfelder. Ich hätte den Fall ohne dich nicht lösen können und unglaublich viele Ermittlungsfehler gemacht. Danke, dass du das verhindert hast.

Danke an meine Familie, meinen Mann Alan, meinen Sohn Jack und meine Mama Margit, die sich mittlerweile damit abgefunden haben, dass ich manchmal ganz schön geistesabwesend – da gerade beim *Klub der Grünen Daumen* – bin.

Danke an meine Freunde, die immer noch erlauben, dass ich Gesprächsfetzen mitnotiere und daraus Dialoge spinne. Danke an meine Erst- und Testleserinnen: Superstar und Grammatik-Nerd Barbara Karlich, Schreibschwester Susanne Kristek, der allerbesten Sigrid Panser, die smartesten Frauen, die ich kenne. Weiters Adlerauge Katrin Scheiblhofer und natürlich Danke an meine großartige Lektorin Claudia Senghaas und das Team vom »Gmeiner-Verlag« sowie der »Verlagsvertretung Neuhold«.

Ganz besonders dankbar bin ich für die inzwischen mehrjährige, ausgezeichnete Pressearbeit von Dr. Barbara Brunner und ihrem Team: Mag. Nadine Ratzenberger, Mag. Martina Kaps und Katharina Klappacher. Danke auch an Petra Asprion für die verlagsinterne PR Betreuung. Und nachdem wir jetzt wieder im Verlag gelandet sind: Danke an alle tollen Menschen im Gmeiner Universum, vor allem aber Jochen Große-Entrup, Alex Schulz, Maike Worczewsky-Schwarz und Frank Liebsch, die immer ein offenes Ohr für mich haben, für die konstruktive Zusammenarbeit.

Als Schriftstellerin hat man ja nicht wirklich Arbeitskollegen. Umso mehr freut es mich, dass sich auch unter uns Schreiberlingen mittlerweile wunderbare Freundschaften entsponnen haben. Danke für die vielen Chats und Gespräche, meine lieben Kollegen und Kolleginnen: Michaela Baumgartner, Alex Beer, Ellen Dunne, Colin Hadler, Theresa Prammer, Claudia Rossbacher und Christian Schleifer. Von Christian stammt übrigens der Titel und von Ellen der Hinweis, dass manche Menschen einen Luftballonfetisch haben.

Ihr trefft uns übrigens auch alle auf *Instagram* und *Facebook*, wo ich in Schreibphasen immer noch zur Montagsfrage aufrufe. Kommt und macht mit. Und wer regelmäßig Post von mir bekommen möchte, findet auf der Startseite von martinaparker.com die Anmeldung zum Newsletter. Ich freue mich auf euch.

Dickes Busserl aus dem Südburgenland, M.

UND SO GEHT ES WEITER MIT DEM KLUB DER GRÜNEN DAUMEN.

COMING SOON ANBANDELT

KAPITEL 1_ DIE OPERATION

Wird es tropischen Fledermäusen zu heiß, verfallen sie minutenlang in einen Torpor. Eine Art Winterschlaf, der sie scheintot wirken lässt. Damit regulieren die Tiere ihre Körpertemperatur und schützen sich so vor Überhitzung.

Felix Csar wischte die Blutspritzer sorgsam auf. Er war sich nicht mehr sicher, ob es sein Blut war oder das der Katze, die er soeben untersucht hatte. Seine Unterarme waren komplett zerkratzt. Lange rote Striemen zogen sich von den Handgelenken bis zu den Ellenbeugen. Berufsrisiko. Felix Csar war Tierarzt. Seit Neuestem Landtierarzt im südburgenländischen Buchschachen.

Die Tierarztpraxis hatte er mitsamt dem Kundenstock übernommen, nachdem der alte Tierarzt in Pension gegangen war. Die Leute im Dorf nannten Felix Csar deshalb den jungen Tierarzt, obwohl seine dichten dunklen Locken an den Schläfen bereits grau wurden. Das schmälerte den jugendlichen Eindruck seiner Erscheinung aber in keinster Weise. Als Kind hatte er zu den Spätzündern gezählt. Er war klein und schmal gewesen. Ein kluger, aber stiller Bub mit einer ständig verschmierten Brille. Er hatte lieber Kaulquappen gefangen und beobachtet oder *Yps*-Comics gelesen, statt sich am Schulhof wichtig zu machen.

Dann zwischen 18 und 20 hatte er sich ausgewachsen. Er schoss in die Höhe und sein sehniger Körper wurde muskulös, das blasse, aber hübsche Kindergesicht bekam Konturen. Brillen wurden cool. »Komisch, dass du Tiermedizin studierst, du siehst aus wie ein fescher TU-Student«, sagte eine Studienkollegin einmal.

Sie wollte damit ausdrücken, Felix hätte die Aura eines klugen Nerds. Und irgendwie war er das auch. Die Frauen entdeckte er spät. Oder besser gesagt, sie entdeckten ihn. Und das war nicht unbedingt gut für ihn. In einem Alter, in dem man an Heiraten und Familie dachte, hatte Felix zu wenig Erfahrung mit dem anderen Geschlecht, um zu wissen, wer langfristig zu ihm passen könnte, oder auch nicht. Seine Ex-Frau Beatrice hatte nicht zu ihm gepasst. Unüberbrückbare Differenzen wie es im Scheidungsdeutsch so schön heißt. Deshalb jetzt dieser Neuanfang in Buchschachen.

Felix blickte sich um. Er hatte die Praxis von einem Kollegen übernommen, der in den Ruhestand gegangen war.

An der Wand hingen noch die Fotos von genesenen Patienten und die Dankesbriefe ihrer Besitzer an den alten Tierarzt.

»Unser Kasimir litt jahrelang an schrecklichen Zahnschmerzen und Kieferproblemen. Wir waren bei Spezialisten in Südafrika und in Köln. Niemand konnte Kasimir helfen und dann sind wir durch Zufall hier gelandet und wurden endlich kompetent beraten. Jetzt wissen wir, dass es bei uns im Südburgenland die kompetentesten Tierärzte gibt.«

Die Praxis muss ich auch noch neu dekorieren, dachte Felix. Aber mit einem Blick auf seine malträtierten Unterarme wusste er, dass das sein geringstes Problem war.

Ich brauche dringend eine zuverlässige Ordinationshilfe, dachte Felix. Eine, die weiß, wie man solche Bestien, wie diese Norwegische Waldkatze, die er gerade behandelt hatte, während einer Impfung beruhigte und festhielt.

Er zog die Handschuhe aus, wusch sich die Hände und entnahm dann etwas Desinfektionsmittel aus dem Spender neben dem Waschbecken. Das Mittel brannte, als er es auf seinen Wunden verteilte.

»Der Nächste bitte.« Er blickte in den Warteraum. Ein junges Mädchen saß da. Sie hatte einen nussbraunen Teint und dichte dunkle Locken, die an den Spitzen blau gefärbt waren. Ein Katzen-Transportkorb stand vor ihr auf dem Boden. Am Plastiksessel neben dem Mädchen trohnte mit kerzengeradem Rücken eine ältere Frau. Sie sprang auf, kaum dass Felix seine Nase bei der Tür herausgesteckt hatte. »Die Nächsten? Das sind dann wohl wir. Hilda

Horvath heiße ich. Und das ist meine Enkeltochter, die Letta. Wir sind hier, weil …«

Hilda Horvath kam nicht dazu, ihr Anliegen vorzuspringen. Denn im selben Moment, in dem sie ihren Satz beenden wollte, öffnete sich die Eingangstür der Ordination, und eine Frau stolperte herein. Sie war rundlich mit grauem ungekämmten Haar und rot geweinten Augen. Die Tränen hatten sichtbare Spuren in ihrem Gesicht hinterlassen. Ein Rinnsal aus Schmutz und billiger Wimperntusche.

Sie keuchte, während sie ihr Anliegen stoßweise vorbrachte. »Herr Doktor, Herr Doktor. Ein Notfall. Ein Notfall. Sie müssen etwas machen. Er atmet nicht mehr. Mein Waldi. Sein Herz – es schlägt nicht mehr. Herr Doktor. Tun Sie was.«

Hilda und Letta starrten die Frau mit offenen Mündern an, was nicht nur an ihrem Auftritt, sondern auch an ihrer Erscheinung lag. Sie trug ockerfarbene Wollstrümpfe und darüber unförmige rosa Plastikschlapfen, einen zerschlissenen braunen Faltenrock und einen fusseligen grellgelben Pulli. Beides war verwaschen und fleckig und wirkte so, als hätte sie es aus der Altkleider-Sammlung gezogen. Genauso armselig wirkte das Bündel, das sie in den Armen hielt. Ein Etwas, das in eine schmutzige, rote Fleece-Decke gehüllt war und sich nicht mehr bewegte. Das Etwas musste der Waldi sein. Sie streckte ihre Hände aus und reichte dem Tierarzt das Bündel. »Hier Herr Doktor. Tun Sie was. Der Waldi bewegt sich nicht mehr. Er ist tot! Hören Sie? Er ist tot.«

Der Tierarzt blieb angesichts des akuten Notfalls erstaunlich entspannt. Er setzte ein Lächeln auf und fasste die aufgelöste Frau am Arm. »Gar kein Problem, Frau Mikitsch, das können wir ganz schnell lösen. Wir werden den Waldi ganz schnell wiederbeleben. Kommen Sie einfach weiter.«

Er warf einen entschuldigenden Blick auf die Horvaths. »Das dauert nur eine Minute, entschuldigen Sie bitte«, er zwinkerte ihnen zu. »Nur ein klitzekleiner, kurzer Notfall.«

Letta und Hilda Horvath sahen sich verwirrt an. Da die Tür zum Behandlungsraum offen blieb, konnten sie mitverfolgen, was hier weiter vor sich ging.

Die Frau legte das schmutzige Bündel auf die Behandlungsliege und schlug vorsichtig die Decke zurück. Das Tier darin bewegte sich wirklich nicht. Es sah toter als tot aus. Aber halt – war das nicht? Letta beugte sich vor und riss die Augen auf. Hilda setzte ihre Brille auf und kniff die Augen zusammen. »Das ist ein Stoffhund«, wisperte Letta ihr zu.

Der Tierarzt sah in ihre Richtung und warf ihr einen Blick zu, den Letta nicht deuten konnte. Die Besitzerin des reglosen Patienten hatte die Bemerkung gar nicht gehört. »Können Sie den Waldi operieren, Herr Doktor?«, fragte sie.

»Das kann ich in der Tat«, sagte Felix Csar. »Ich bin Spezialist in Wiederbelebung.«

»Wo ist Ihre Ordinationshilfe?«, fragte die Frau und sah sich suchend um.

»Die hat heute frei.«

Die Frau verschränkte die Arme vor dem Körper.

»Ohne Ordinationshilfe geht das nicht. Im Fernsehen ist da auch immer eine Ordinationshilfe.«

»Ich schaffe das auch alleine. Versprochen!«, Felix nahm seine Brille ab und polierte sie mit dem Zipfel seines Pullovers. »In zwei Minuten ist der Waldi wieder wohlauf und springlebendig. Er wird auch wieder bellen.«

»Los komm, wir verschwinden, der neue Tierarzt ist komplett plemplem, genauso wie die da«, zischte Hilda ihrer Enkelin zu.

Aber Letta machte keine Anstalten zu gehen. Sie starrte gebannt auf die Frau, die schon wieder ein Heulkonzert anstimmte. »Ohne Ordinationshilfe stirbt der Waldi. Verstehen Sie das nicht? Es muss so sein wie im Fernsehen. Wie bei *Hund, Katz, Maus*!!! Die Frau lief aufgebracht auf und ab und raufte sich die Haare. »Es muss immer so sein!!!«

»Aber Frau Mikitsch, so beruhigen Sie sich doch.«

Aber die Frau Mikitsch beruhigte sich nicht. Ganz im Gegenteil. Sie ging zur Wand mit den Dankesschreiben und fing an, ihren Kopf dagegen zu schlagen. Nicht fest, aber immer wieder, und bei jedem Schlag stieß sie immer die gleichen zwei Worte aus. »Waldi tot, Waldi tot, Waldi tot.«

Plötzlich hatte Letta eine Eingebung. Sie stand auf und ging zum Türrahmen, räusperte sich lautstark und klopfte dann mit den Knöcheln kräftig gegen das Türblatt.

Felix sah sie überrascht an. Die Frau hörte kurz auf, ihren Kopf gegen die Wand zu schlagen.

»Ich bin die Ordinationshilfe. Letta Horvath ist mein Name. Entschuldigen Sie, dass ich zu spät bin, Herr Doktor.«

Felix Csar blickte sie verwirrt an. Dann hellte sich seine

Miene auf. »Ach, gut, dass Sie da sind, Fräulein … Fräulein?«

»Frau Horvath«, sagte Letta bestimmt. Sie war 17 und der Ansicht, dass die Anrede Fräulein veraltet war, selbst in einer Posse wie dieser.

»Entschuldigen Sie bitte, Frau Horvath«, verbesserte sich Felix. Und dann an die Frau Mikitsch gewandt. »Die Ordinationshilfe ist da.« Seine Stimme klang übertrieben euphorisch. »Wir können den Waldi operieren.«

Frau Mikitsch lächelte und fuhr sich mit der Hand über die gerötete Stirn. »Gut.«

Felix wandte sich wieder an Letta: »Könnten Sie das Tier bitte halten, während ich es betäube?«

Letta nickte und begann den Kopf des Plüschhundes zu streicheln. »Schauen Sie, gleich spürt er nichts mehr«, sagte sie zu Frau Mikitsch.

Die Besitzerin des Stoffhundes nickte selig.

Felix setzte eine Injektion. Letta bemerkte, dass die Spritze weder Inhalt noch Nadel hatte, aber der Besitzerin des Plüschhundes schienen diese Details egal zu sein.

»Er ist jetzt bereit für die OP«, sagte Felix zu Frau Mikitsch. Diese nickte nur und biss erwartungsvoll an ihren Fingernägeln. Sie hatte aufgehört zu weinen, aber die Augen waren noch stärker verschwollen als zuvor, und am rechten Nasenloch hing eine Rotzglocke. »Sind Sie sicher, dass er überleben wird?«

Hilda, die nun ebenfalls näher getreten war, reichte der Frau ein Taschentuch. Frau Mikitsch schnäuzte sich lautstark.

»Ganz sicher«, sagte Felix. Dann drehte er den betäubten Stoffhund auf die Seite und öffnete das Batteriefach. Er entfernte die beiden alten AA-Batterien und setzte zwei neue ein. Er schloss die Plastikklappe wieder, setzte den Hund auf und betätigte einen Knopf am Nacken des Tieres. Die Beine des Hundes begannen sich zu bewegen und der Hund begann zu kläffen.

»Waldi, mein Waldi.« Frau Mikitsch riss den Plüschhund an sich und drückte ihn fest an ihren Busen. Ein Strahlen ging über ihr Gesicht. »Er lebt wieder, er lebt.« Sie fing an, den Hund mit Küssen zu überhäufen. »Herr Doktor, Sie sind der Beste. Ich bin Ihnen so dankbar. Der Waldi und ich sind Ihnen so dankbar.«

Sie klemmte den Hund, der immer noch zappelte und bellte, unter die linke Achsel und fuhr mit der rechten Hand in ihre Rocktasche. Dann zog sie ein unverpacktes eisblaues Hustenbonbon heraus, an dem zahlreiche Fussel und Tabakkrümel klebten. »Hier, Herr Doktor, Ihre Bezahlung.«

Felix wich einen Schritt zurück und hob abwehrend die Hände. »Das zahlt die Krankenkassa.«

»Was für ein Glück, dass wir in so einem gesegneten Land leben«, sagte die Frau, nahm ihren immer noch zappelnden Stoffhund und die Decke und verließ überglücklich die Praxis.

»Ja, was für ein Glück«, echote Hilda.

»Entschuldigen Sie bitte die Farce«, Felix lächelte Hilda und Letta entschuldigend an. »Ich hab die Frau Mikitsch mit der Ordination mitgeerbt. Sie haben es ja mitbekommen. Sie ist geistig …«

»… gestört«, sagte Hilda.

»… woanders«, sagte Felix, »aber sie ist harmlos und glücklich. Also solange die Batterien ihrer Stofftiere nicht ausgehen.«

»Sie haben ein gutes Herz«, stellte Hilda fest. Dem Ton ihrer Stimme war nicht zu entnehmen, ob sie es spöttisch oder anerkennend meinte. Vermutlich beides.

»Entschuldigen Sie, dass Sie warten mussten.« Er blickte kurz in seinen Computer. »Aber nun zu Ihnen. Ah, da haben wir Sie ja. Horvath. Sie sind wegen der Impfung ihrer Katze da? Nicht wahr? Na dann wollen wir uns den Patienten mal ansehen.«

Letta stellte den Katzenkorb auf die Behandlungsliege und hob den Deckel ab.

»Name?«, fragte Felix.

»Horvath«, sagte Hilda.

»Ich meine die Katze.«

»Katze.«

»Einfach nur Katze?«

»Sie hat keinen Namen. Wir haben sie mit dem Haus mitgeerbt«, sagte Letta. »Nachdem wir von Wien ins Burgenland zurückgezogen sind, war sie einfach da.«

»Sie wissen ja, wie das ist«, schmunzelte Hilda, »Sie haben die Frau Mikitsch mit übernommen, meine Enkelin eine namenlose Katze.«

»Wobei – vielleicht wird es Zeit, dass sie einen Namen bekommt«, sinnierte Letta.

»Wie heißen Sie, junger Mann?«, fragte Hilda den Tierarzt.

»Csar … Csar Felix.«

»Felix ist ein schöner Name. Aber schade, die Katze ist ein Weiberl, da ist Felix blöd.«

»Die weibliche Form von Felix ist Felicitas oder Felice«, wandte Letta ein. »Das bedeutet die Glückliche.«

Hilda wandte sich an die Katze. »Felice klingt schön. Magst du Felice heißen?«

Der Tierarzt musste ihre Oma ja echt beeindruckt haben, wenn diese spontan beschloss, die namenlose Katze nach ihm zu benennen, dachte Letta.

»Bekommen wir Prozente, wenn wir die Katze nach Ihnen taufen?«, fragte Hilda listig.

Felix lachte. »Sie bekommen Prozente, weil Ihre Enkeltochter so eine hervorragende Tierarzthelferin ist.«

Letta hob geschmeichelt den Kopf. Dann konzentrierte sie sich wieder ganz auf ihre Aufgabe und hielt die frisch getaufte Felice während der Impfung sicher und ruhig fest.

»Ich suche übrigens wirklich eine Ordinationsassistenz«, sagte Felix, nachdem Felice wieder sicher in ihrem Katzenkorb verstaut war. »Also wenn Sie von jemandem hören, der so eine Arbeit sucht. Am Land kennen ja alle alle. Nur ich als Zuagroaster kenn noch niemanden.« Er grinste verlegen.

»Ich könnte das machen, nach der Schule«, sagte Letta spontan. »Ich überlege, nach der Matura Tiermedizin zu studieren.«

»Ich dachte, du willst Reitlehrerin werden?«, wandte Hilda ein.

Letta rollte mit den Augen. »Das wollte ich, als ich zehn war, und überhaupt, das eine schließt das andere nicht aus.« Sie blickte Felix Csar an. »Ich hab keine Ausbildung oder so. Aber ich arbeite mit Pferden und kenn mich mit Katzen, Hunden und Hühnern aus.«

Felix dachte kurz nach. »Hmm. Es ist eine verantwortungsvolle Aufgabe. Du darfst nicht empfindlich sein. Und es braucht eine große Portion Courage, um widerspenstigen, wehrhaften Tieren und ihren Besitzern freundlich-bestimmt die Stirn zu bieten.«

»Courage hat sie. Die hat sie von mir«, sagte Hilda.

Felix Csar lächelte. »Das kann ich mir vorstellen.«

Er deutete auf den Praxisplan. »Wir können es ja mal probeweise versuchen. Ich habe zweimal die Woche von 16 bis 19 Uhr Praxis und samstags von 9 bis 12 Uhr. Könntest du dir vorstellen, diese Schichten zu machen?«

Letta strahlte. »Urgerne.«

»Dann komm am Samstag zur Probe, und wenn es dir gefällt, reden wir über alles andere. Aber schau einmal, ob du dir das zutraust und das Ganze hier packst.«

Hilda hatte wie immer das letzte Wort. »Die Letta kann das. Wissen Sie, die hat in der Gastro gearbeitet. Und glauben Sie mir: Dort sind auch lauter Affen unterwegs.«

Weitere Titel finden Sie auf den folgenden Seiten und im Internet: